中国民航统计资料汇编

（1949—2011）

中国民航科学技术研究院　编

中国民航出版社

图书在版编目（CIP）数据

中国民航统计资料汇编：1949～2011/中国民航科学技术研究院编.—北京：中国民航出版社，2014.3
ISBN 978-7-5128-0157-8

Ⅰ.①中… Ⅱ.①中… Ⅲ.①民用航空-统计资料-汇编-中国-1949～2011 Ⅳ.①F562-66

中国版本图书馆 CIP 数据核字（2013）第 309277 号

责任编辑：邢 璐

中国民航统计资料汇编（1949—2011）

中国民航科学技术研究院 编

出版 中国民航出版社
社址 北京市朝阳区光熙门北里甲 31 号楼（100028）
排版 中国民航出版社照排室
印刷 北京华联印刷有限公司
开本 880×1230 1/16
印张 26.5
字数 780 千字
版本 2014 年 3 月第 1 版 2014 年 3 月第 1 次印刷

书号 ISBN 978-7-5128-0157-8
定价 400.00 元

指导委员会

编审委员会

编者说明

一、为真实记录和客观反映中国民航业发展历史，充分反映中国民航业发展历程和运行态势，全面反映全国各地区的民航事业发展，为民航行业和社会各界提供了解中国民航历史和现状的第一手资料。

二、本书内容分为十一部分，涵盖航空运输、通用航空、飞机、机场、航空安全、正常性与服务质量、财务、对外关系、企业基本情况、教育培训、世界经济与世界航空等方面的内容。

三、本书的统计数据来源于中国民用航空局发展计划司、航空安全办公室、财务司、人事科教司、国际司、运输司、航空器适航审定司、机场司和空中交通管理局等司局编制或发布的年鉴和年报等有关统计资料。书中收录的有关国际民航统计数据，均摘自国际民航组织和国际航空运输协会统计年报。

四、本书所涉及的全国性统计数据，均未包括香港、澳门特别行政区民航业和台湾省民航业数据。

五、本书的出版得到中国民用航空局发展计划司等上述司局，以及刘功仕、刘海云、李纯坚、丁跃、李华等专家的大力支持和协助，在此一并表示感谢。

目　　录

编者说明

图表

一、航空运输

二、通用航空

三、飞机

四、机场

五、航空安全

六、正常性与服务质量

七、财务

八、对外关系

九、企业基本情况

十、教育培训

十一、世界经济与世界航空

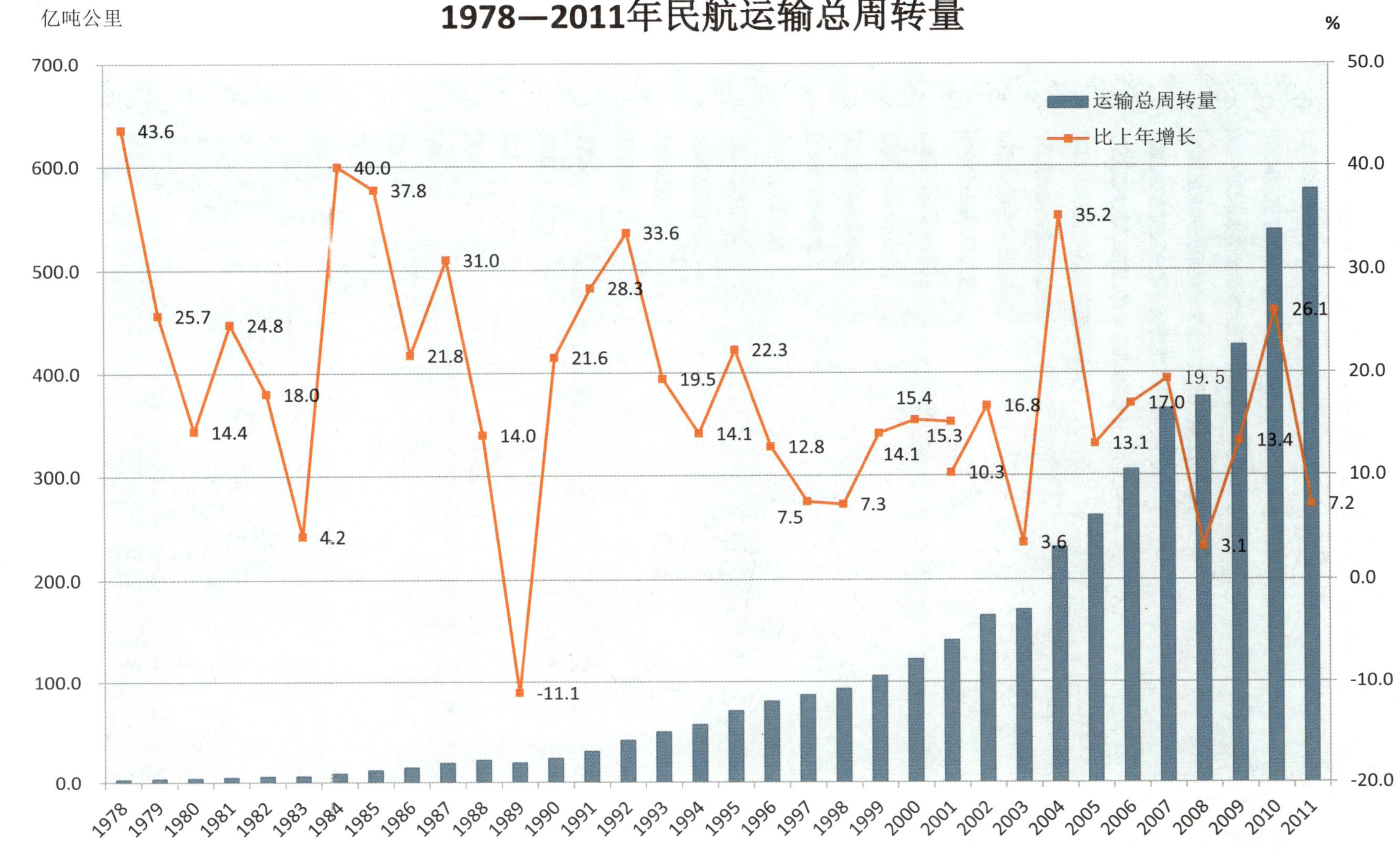

注：因2001年开始实行民航局88号令，采用新的统计口径，故对2001年增长率作了调整。

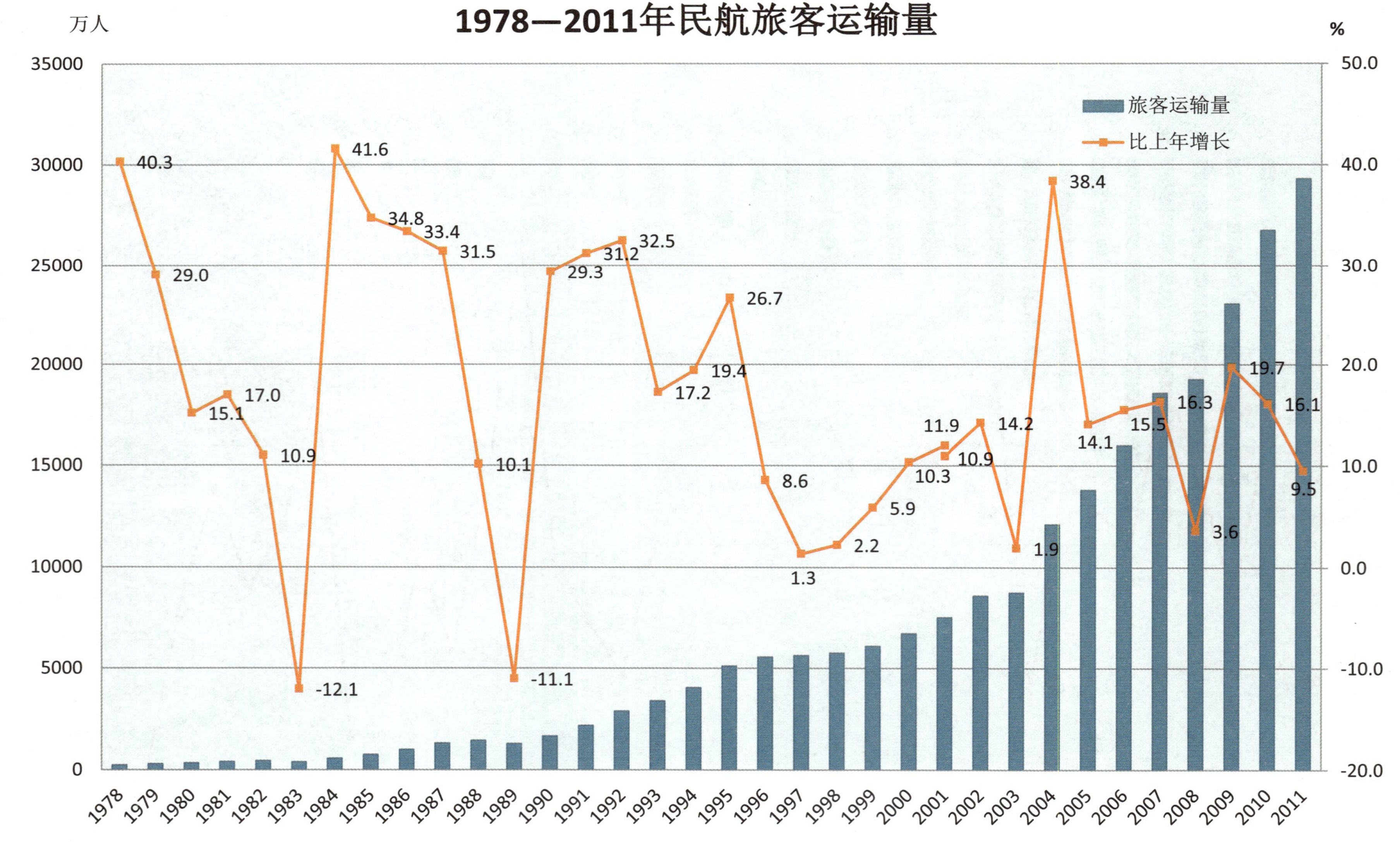

注：因2001年开始实行民航局88号令，采用新的统计口径，故对2001年增长率作了调整。

1978—2011年民航货邮运输量

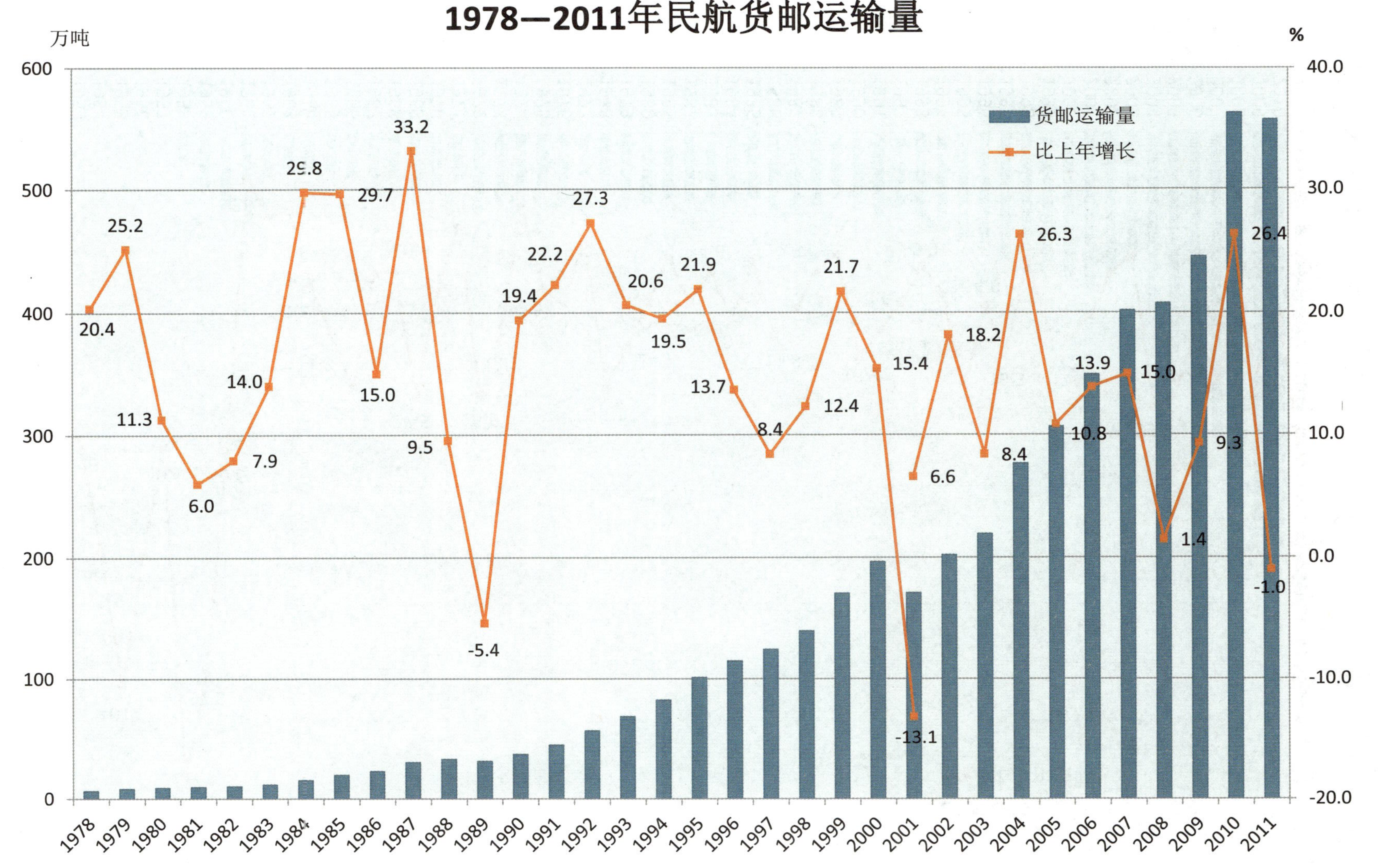

注：因2001年开始实行民航局88号令，采用新的统计口径，故对2001年增长率作了调整。

1953—2011年民航通用航空飞行小时

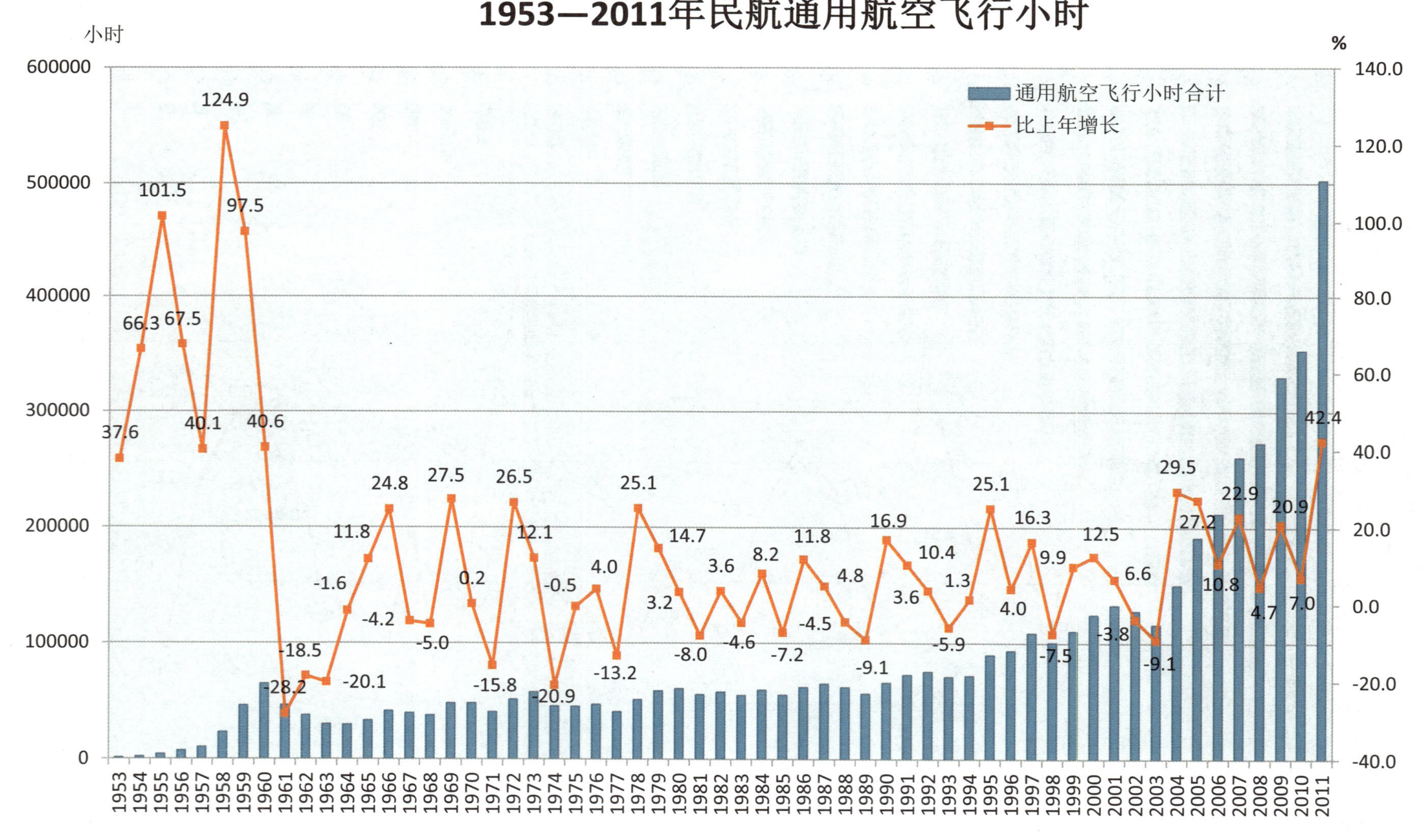

注：1. 本章数据均根据《中国民航统计资料汇编(1949—2000)》、《从统计看民航》和《民航运输、通用航空生产统计年报》整理。
2. 2011年通用航空统计上报企业数量较往年大幅增加。

1950—2011年我国民航飞机期末架数

架数
3000
2500
2000
1500
1000
500
0
1950 1951 1952 1953 1954 1955 1956 1957 1958 1959 1960 1961 1962 1963 1964 1965 1966 1967 1968 1969 1970 1971 1972 1973 1974 1975 1976 1977 1978 1979 1980 1981 1982 1983 1984 1985 1986 1987 1988 1989 1990 1991 1992 1993 1994 1995 1996 1997 1998 1999 2000 2001 2002 2003 2004 2005 2006 2007 2008 2009 2010 2011

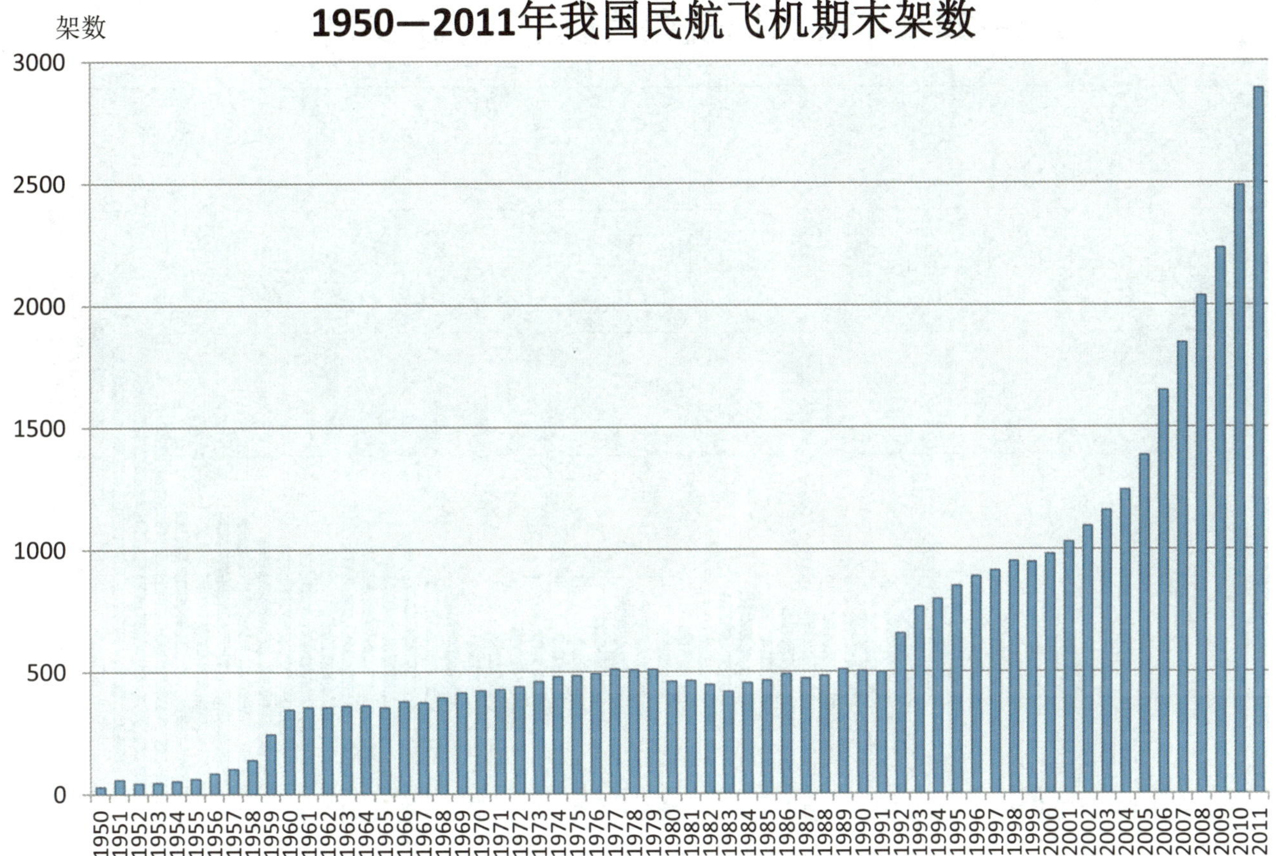

1950—2011年我国民航运输飞机期末架数

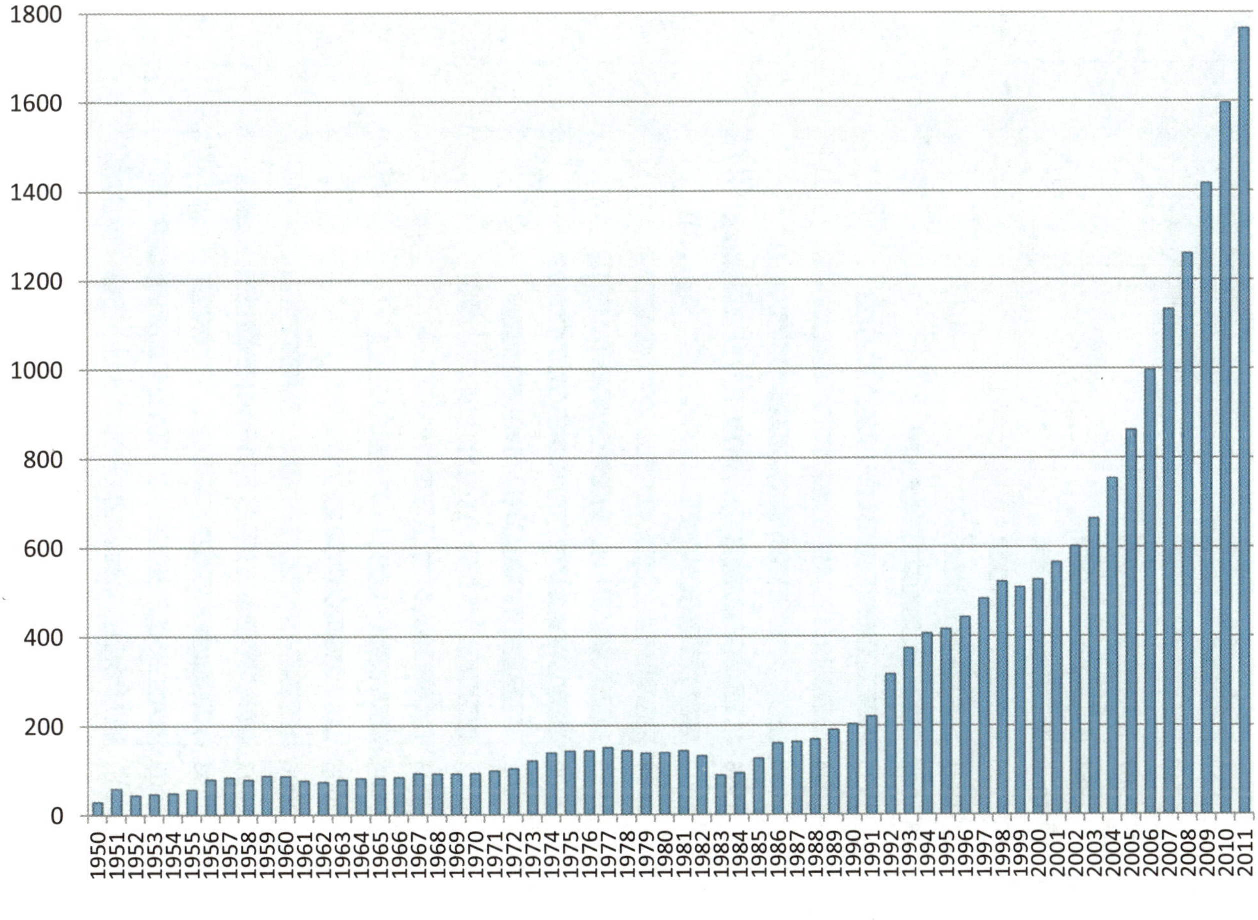

架数
1800
1600
1400
1200
1000
800
600
400
200
0
1950 1951 1952 1953 1954 1955 1956 1957 1958 1959 1960 1961 1962 1963 1964 1965 1966 1967 1968 1969 1970 1971 1972 1973 1974 1975 1976 1977 1978 1979 1980 1981 1982 1983 1984 1985 1986 1987 1988 1989 1990 1991 1992 1993 1994 1995 1996 1997 1998 1999 2000 2001 2002 2003 2004 2005 2006 2007 2008 2009 2010 2011

1954—2011年我国民航通用航空飞机期末架数

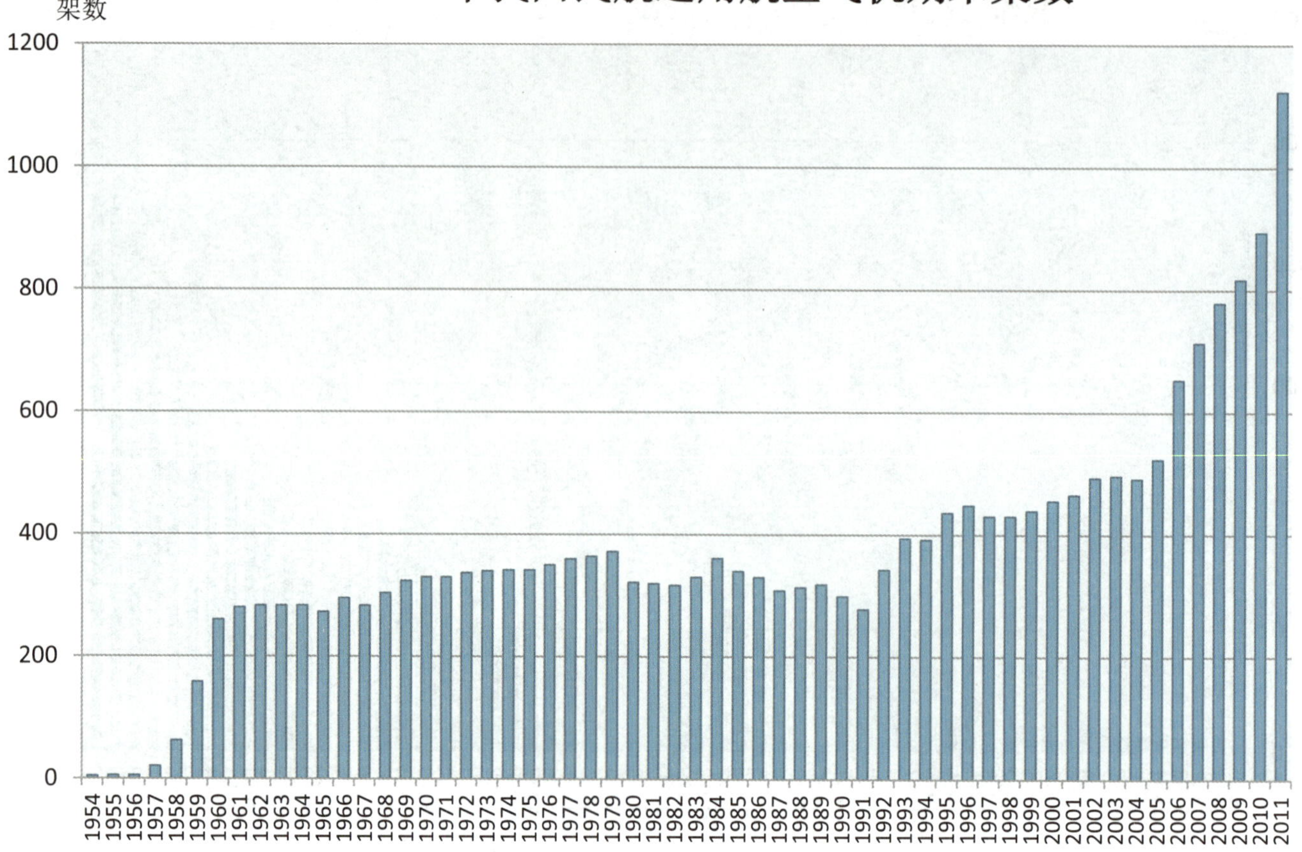
架数
1200
1000
800
600
400
200
0
1954 1955 1956 1957 1958 1959 1960 1961 1962 1963 1964 1965 1966 1967 1968 1969 1970 1971 1972 1973 1974 1975 1976 1977 1978 1979 1980 1981 1982 1983 1984 1985 1986 1987 1988 1989 1990 1991 1992 1993 1994 1995 1996 1997 1998 1999 2000 2001 2002 2003 2004 2005 2006 2007 2008 2009 2010 2011

1985—2011年我国运输航空公司数量

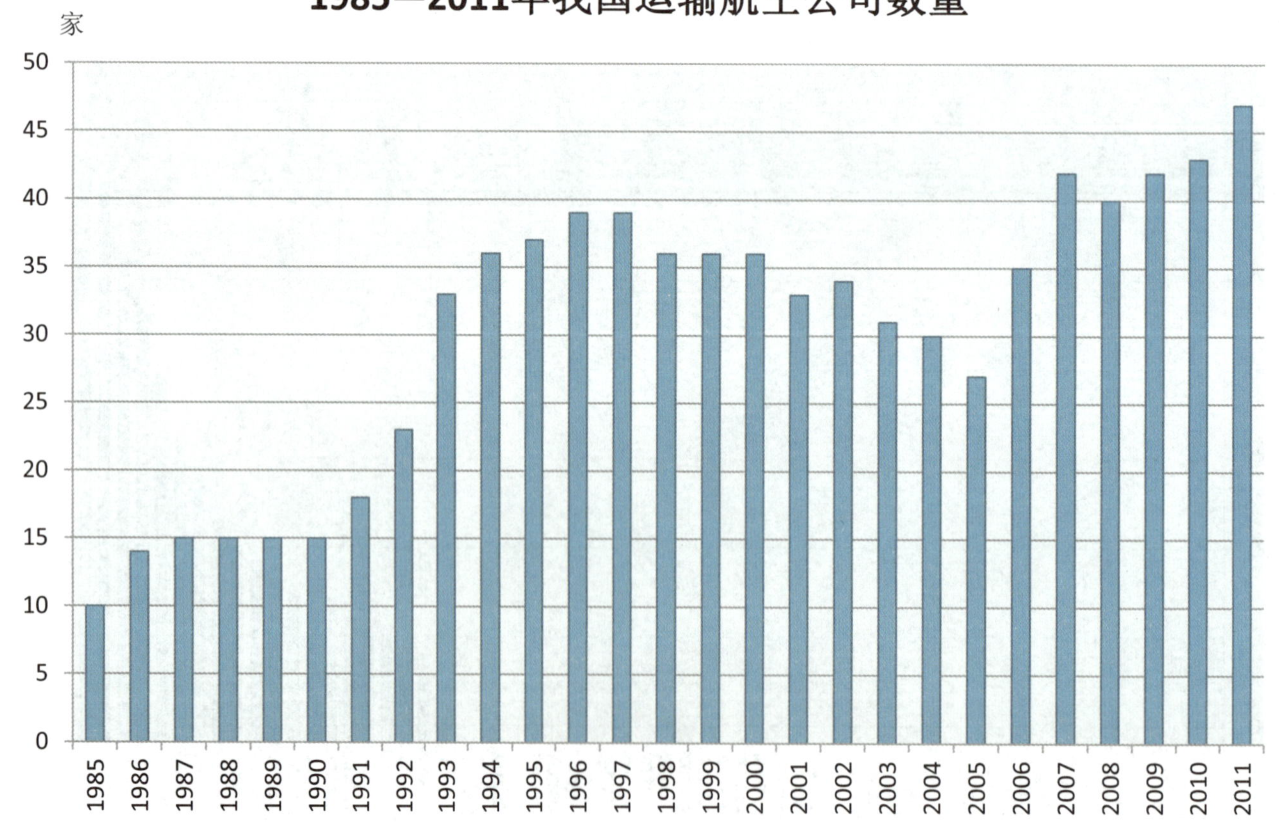
家
50
45
40
35
30
25
20
15
10
5
0
1985 1986 1987 1988 1989 1990 1991 1992 1993 1994 1995 1996 1997 1998 1999 2000 2001 2002 2003 2004 2005 2006 2007 2008 2009 2010 2011

1950—2011年民航飞行小时合计

小时
7000000
6000000
5000000
4000000
3000000
2000000
1000000
0
1950 1951 1952 1953 1954 1955 1956 1957 1958 1959 1960 1961 1962 1963 1964 1965 1966 1967 1968 1969 1970 1971 1972 1973 1974 1975 1976 1977 1978 1979 1980 1981 1982 1983 1984 1985 1986 1987 1988 1989 1990 1991 1992 1993 1994 1995 1996 1997 1998 1999 2000 2001 2002 2003 2004 2005 2006 2007 2008 2009 2010 2011

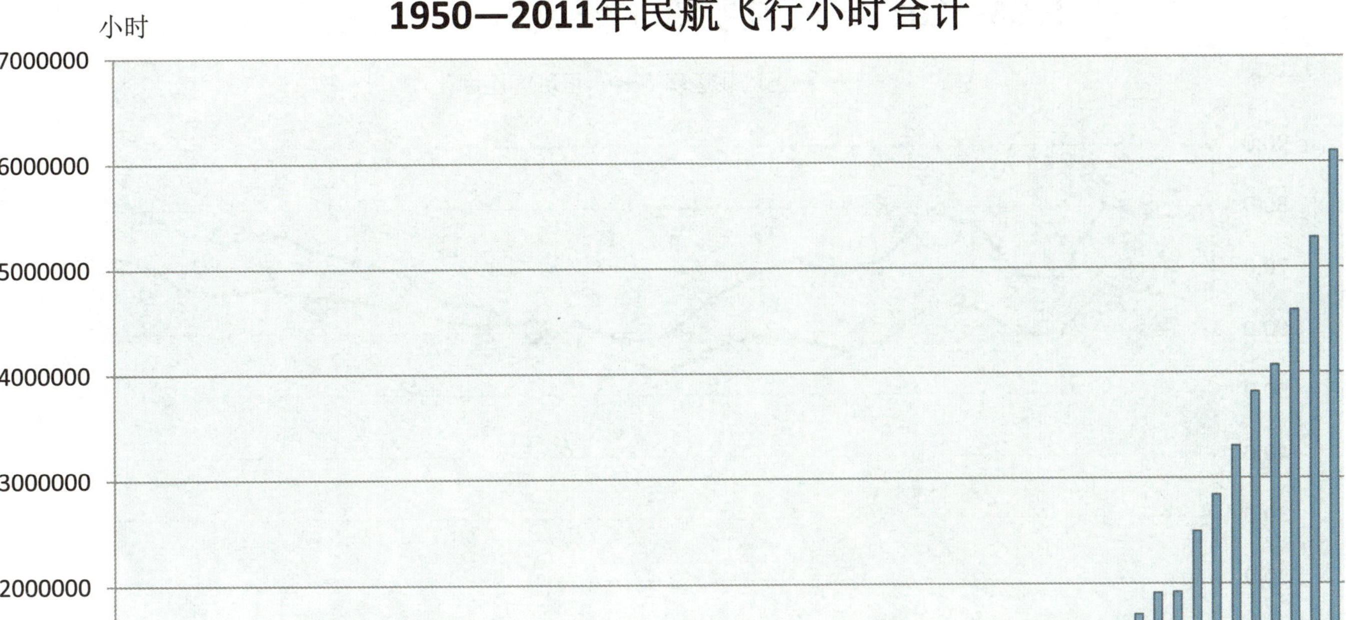

1950—2011年民航运输飞行小时

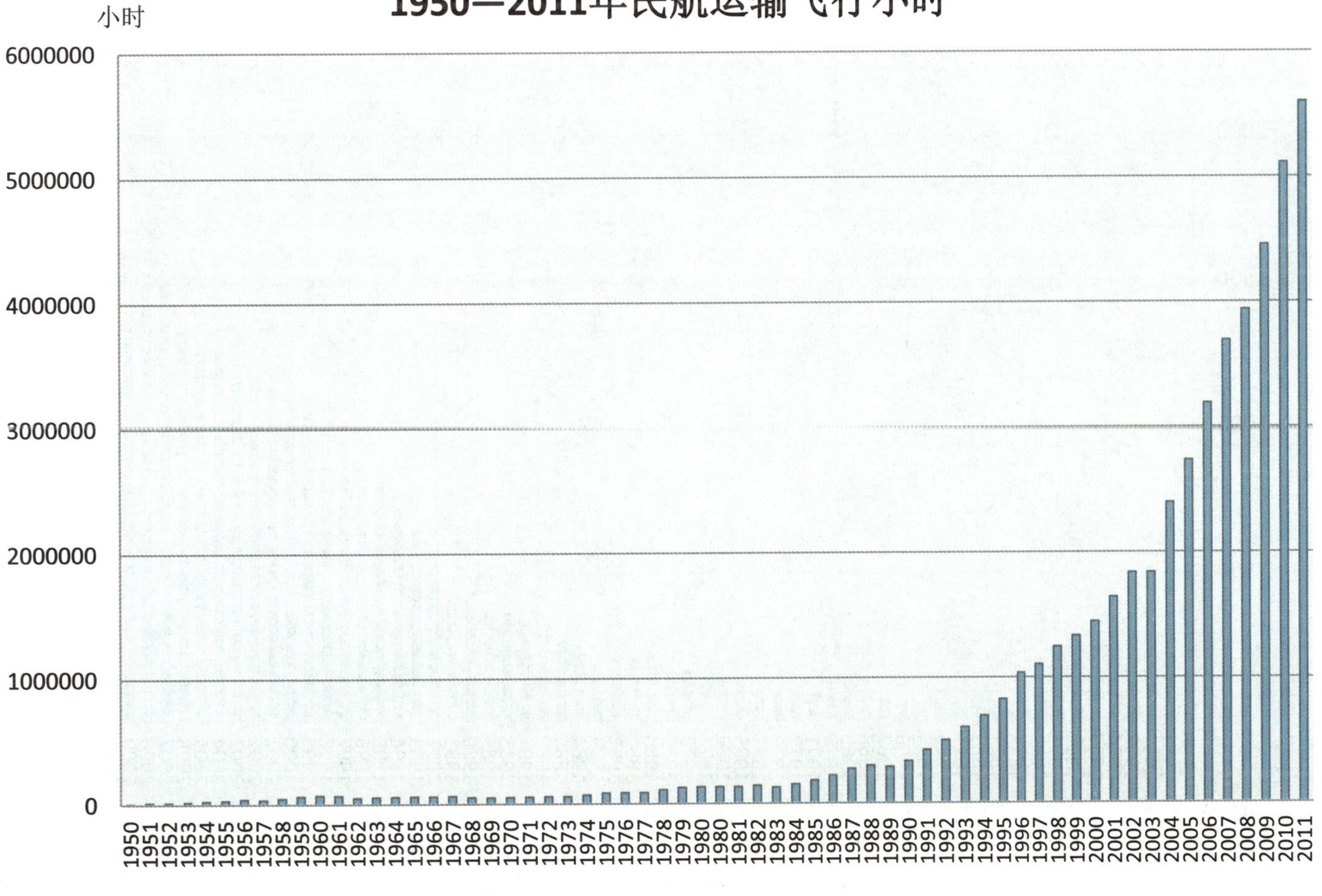

小时
6000000
5000000
4000000
3000000
2000000
1000000
0
1950 1951 1952 1953 1954 1955 1956 1957 1958 1959 1960 1961 1962 1963 1964 1965 1966 1967 1968 1969 1970 1971 1972 1973 1974 1975 1976 1977 1978 1979 1980 1981 1982 1983 1984 1985 1986 1987 1988 1989 1990 1991 1992 1993 1994 1995 1996 1997 1998 1999 2000 2001 2002 2003 2004 2005 2006 2007 2008 2009 2010 2011

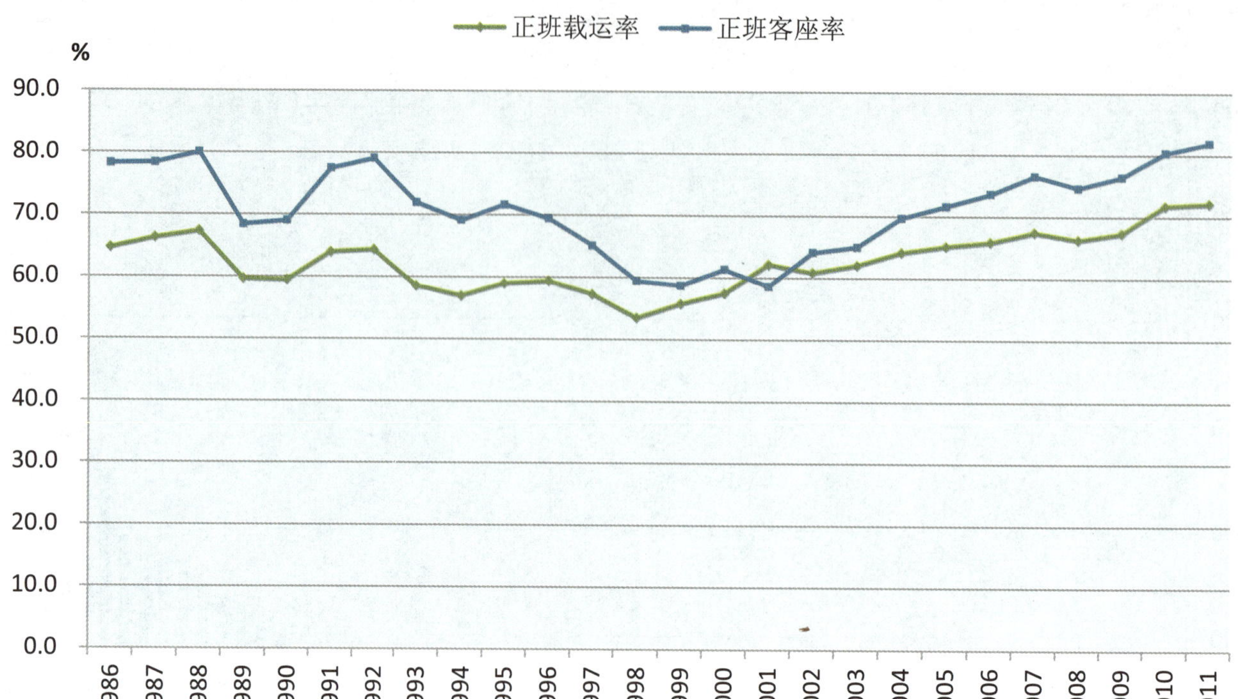
1986—2011年民航航班正班载运率、客座率
正班载运率
正班客座率
%
90.0
80.0
70.0
60.0
50.0
40.0
30.0
20.0
10.0
0.0
1986
1987
1988
1989
1990
1991
1992
1993
1994
1995
1996
1997
1998
1999
2000
2001
2002
2003
2004
2005
2006
2007
2008
2009
2010
2011

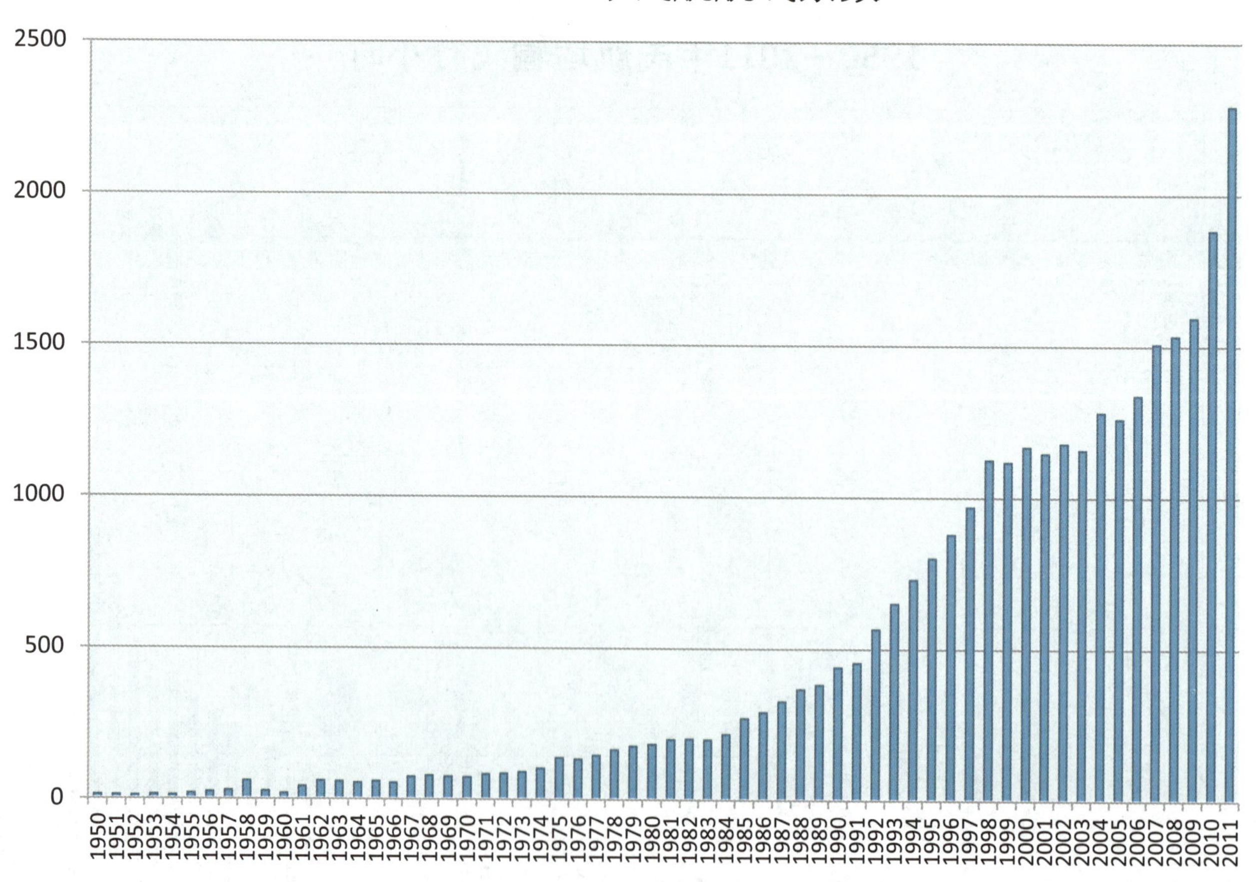
1950—2011年民航航线条数
2500
2000
1500
1000
500
0

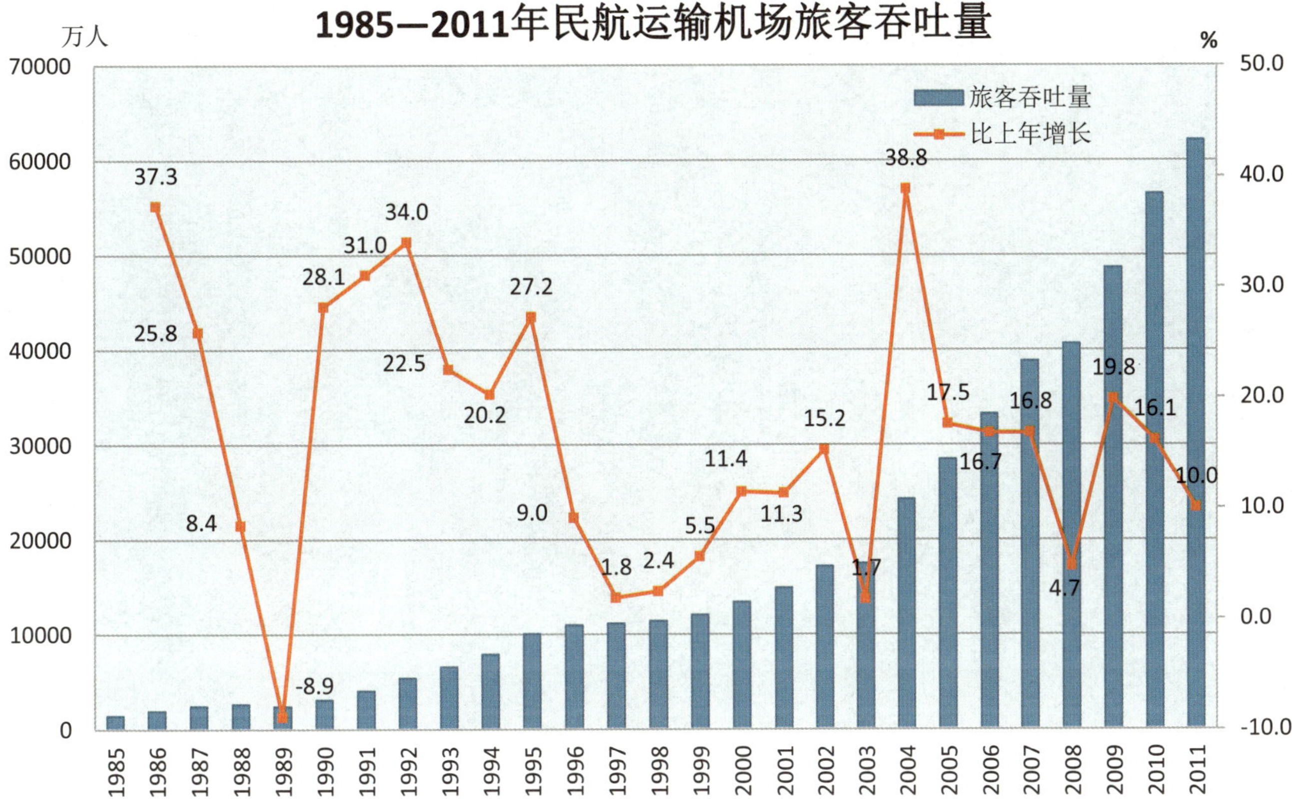

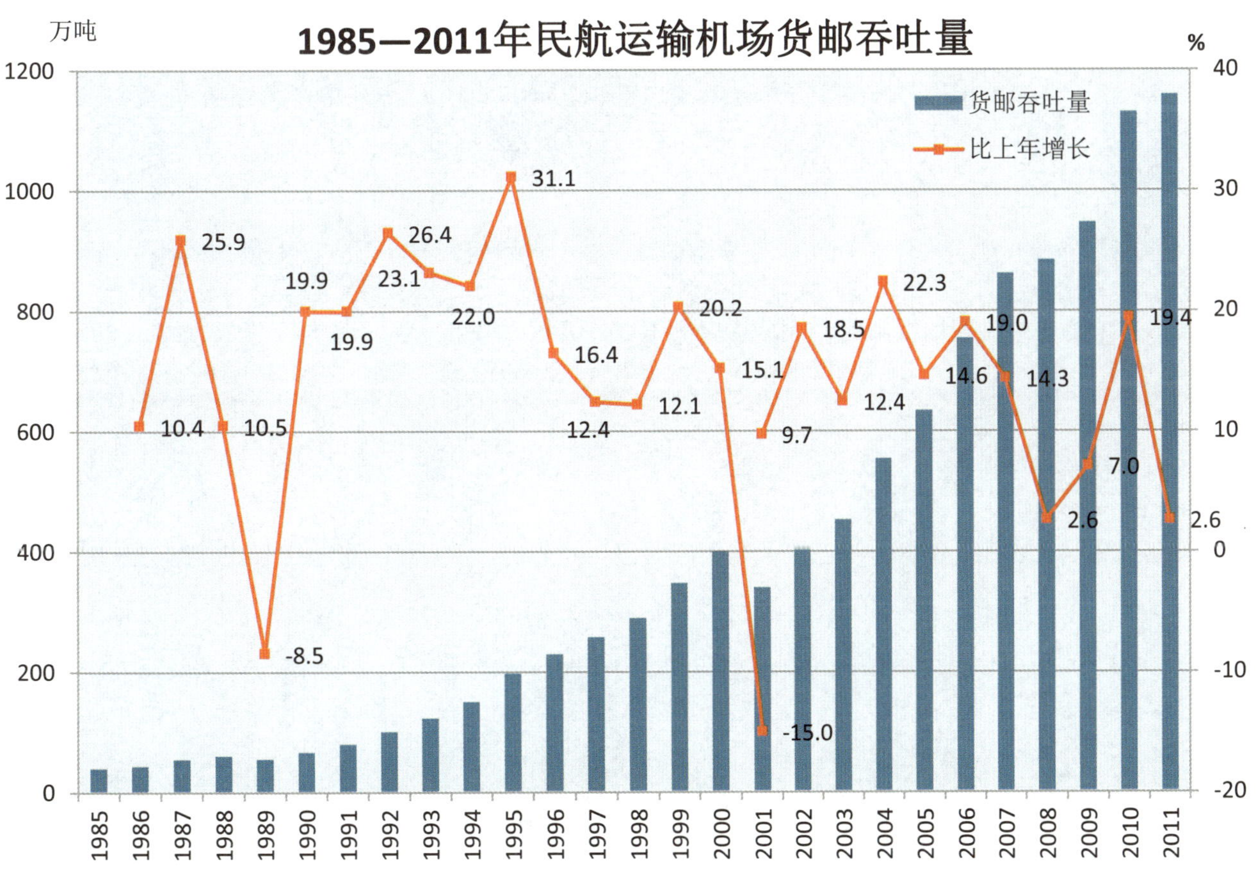

注：因2001年开始实行民航局88号令，采用新的统计口径，故对2001年增长率作了调整。

一、航 空 运 输

1-1 航空运输主要生产指标

年份	旅客运输量（万人）	旅客周转量（万人公里）	货邮运输量（吨）	货邮周转量（万吨公里）	运输总周转量（万吨公里）	正班载运率（%）	正班客座率（%）
1950	1.04	978	767	82	157	69.5	
1951	2.39	2261	1670	168	349	73.5	
1952	2.22	2409	2047	243	435	69.8	
1953	2.84	3322	3608	447	712	79.9	
1954	4.21	5017	4734	560	969	79.7	
1955	4.86	5685	4711	514	1012	72.5	
1956	8.84	10352	7925	826	1733	80.8	
1957	6.85	7987	7976	825	1534	76.5	
1958	12.35	11881	15099	1331	2290	81.1	
1959	15.96	14264	25659	2233	3393	86.4	
1960	20.73	16188	31788	2649	4045	87.7	
1961	20.20	13805	29255	2398	3586	85.5	
1962	16.88	11724	18469	1544	2561	81.2	
1963	17.60	14011	18414	1720	2935	78.6	
1964	23.58	19948	20349	1957	3672	67.9	
1965	27.21	24835	25016	2510	4662	73.4	
1966	26.29	21889	31150	3237	4965	71.9	
1967	30.56	24357	35245	3802	5568	74.3	
1968	24.97	20657	30383	3167	4664	71.8	
1969	21.64	17132	32745	3275	4528	63.9	
1970	21.73	17924	36891	3520	4822	63.3	
1971	33.63	29520	33171	3206	5373	68.0	
1972	46.48	41918	29633	2944	6089	71.1	
1973	60.01	57257	28149	3004	7228	71.6	
1974	94.19	93191	35307	4180	11062	56.8	
1975	138.99	153854	46556	6016	17181	58.9	
1976	146.31	157441	53179	7255	18681	58.9	
1977	164.57	183449	53019	7592	20801	63.9	
1978	230.91	279191	63816	9705	29866	66.4	
1979	297.98	349927	79873	12341	37536	64.0	
1980	343.12	395552	88866	14060	42935	63.0	

1-1 航空运输主要生产指标（续 1）

年份	旅客运输量（万人）	旅客周转量（万人公里）	货邮运输量（吨）	货邮周转量（万吨公里）	运输总周转量（万吨公里）	正班载运率（%）	正班客座率（%）
1981	401.29	501602	94206	16966	53583	63.1	
1982	445.23	595053	101676	19810	63249	64.4	
1983	391.45	589633	115926	22860	65903	66.4	
1984	554.17	831576	150439	31086	92249	66.8	
1985	746.79	1157163	195059	41513	127102	68.2	
1986	996.41	1460028	224341	47627	154801	64.5	78.1
1987	1310.03	1860634	298758	65236	202833	66.1	78.2
1988	1442.47	2169087	327237	73184	231212	67.2	79.9
1989	1283.07	1867691	309698	69341	205602	59.5	68.3
1990	1659.61	2304797	369722	81825	249950	59.3	68.9
1991	2178.12	3013185	451985	100954	320663	63.8	77.3
1992	2886.38	4061204	575269	134240	428456	64.2	78.9
1993	3383.15	4776045	693935	166139	511820	58.4	71.8
1994	4039.39	5515802	829434	185766	584122	56.8	69.0
1995	5117.13	6813036	1011145	222981	714385	58.8	71.5
1996	5555.39	7478419	1149715	249325	806078	59.2	69.3
1997	5629.66	7735168	1246589	291024	866771	57.1	65.0
1998	5754.82	8002444	1400555	334505	929736	53.3	59.3
1999	6093.81	8572818	1704296	423427	1061127	55.6	58.6
2000	6721.66	9705437	1967123	502683	1225007	57.3	61.2
2001	7524.28	10913539	1709814	437150	1411918	62.0	58.5
2002	8594.17	12687022	2020620	515515	1649267	60.7	64.0
2003	8759.22	12631853	2190416	578976	1707946	61.9	64.9
2004	12122.90	17822791	2767001	718036	2309985	64.0	69.6
2005	13826.99	20449288	3067168	788954	2612724	65.0	71.5
2006	15967.84	23706600	3494320	942753	3057979	65.7	73.5
2007	18576.21	27917258	4018485	1163867	3652993	67.3	76.4
2008	19251.16	28827993	4076376	1196023	3767652	66.1	74.5
2009	23051.64	33752354	4455347	1262307	4270726	67.2	76.3
2010	26769.14	40389960	5630371	1788982	5384490	71.6	80.2
2011	29316.66	45369629	5574779	1739131	5774427	72.0	81.8

注：1. 从 2001 年开始实行民航局 88 号令，采用国际通行的统计口径，不再对行李运输单独进行统计，以下各表同。

2. 本章数据均根据《中国民航统计资料汇编（1949—2000）》、《中国民航统计年鉴》和《民航运输、通用航空生产统计年报》整理。

3. 本表中部分数据因四舍五入原因，存在与分项合计不等的情况，未作调整，以下各表同。

1-2 国内航线航空运输主要生产指标

年份	旅客运输量（万人）	旅客周转量（万人公里）	货邮运输量（吨）	货邮周转量（万吨公里）	运输总周转量（万吨公里）	正班载运率（%）	正班客座率（%）
1970	20.88	17041	35823	3427	4662		
1971	32.48	28161	32384	3120	5186		
1972	45.20	40331	28836	2856	5882		
1973	58.72	55697	27402	2918	7024		
1974	91.99	83034	34226	3800	9921		
1975	133.44	124467	43799	4656	13620		
1976	140.38	127388	49783	5561	14733		
1977	157.37	148263	49184	5625	16195		
1978	219.88	219232	58554	6697	22416		
1979	273.71	266128	68408	7039	25949		
1980	294.27	282989	68591	7483	27712		
1981	325.69	316895	70130	7536	30299		
1982	355.73	344097	72278	7931	33050		
1983	298.45	309135	80601	8927	31494		
1984	434.26	479908	104172	12065	47098		
1985	594.87	689762	134242	16405	67423		
1986	830.79	990256	155809	19612	91901	72.3	89.7
1987	1085.01	1282547	211557	26836	121472	74.7	89.5
1988	1170.83	1412120	225992	29744	132926	75.7	89.2
1989	1051.73	1253639	207446	27994	119505	67.4	78.5
1990	1345.66	1576561	248837	31647	145157	65.1	76.9

1-2　国内航线航空运输主要生产指标（续 1）

年份	旅客运输量（万人）	旅客周转量（万人公里）	货邮运输量（吨）	货邮周转量（万吨公里）	运输总周转量（万吨公里）	正班载运率（%）	正班客座率（%）
1991	1797.35	2117406	288962	37803	190329	68.6	84.4
1992	2394.10	2944009	369681	49504	260459	68.4	86.9
1993	2804.59	3517912	441896	60606	312621	59.9	76.6
1994	3445.38	4193544	565202	77515	377594	58.4	73.5
1995	4418.80	5287232	702557	96604	474660	59.9	75.9
1996	4781.68	5731759	821556	114190	540717	60.1	72.4
1997	4780.15	5692815	868519	122961	546426	55.5	66.4
1998	4921.49	5873301	1002608	142601	579196	51.4	60.1
1999	5088.66	6055966	1161463	165276	615398	51.3	57.6
2000	5627.81	6874878	1339325	191699	702938	54.0	60.3
2001	6831.66	8463034	1354019	196090	951550	58.5	60.8
2002	7756.04	9719846	1595299	232451	1100647	60.3	62.8
2003	8077.69	10148311	1676253	243156	1150153	63.4	65.9
2004	11046.00	13841737	2062165	299243	1535884	66.6	70.6
2005	12602.42	15925225	2295618	336504	1757488	67.8	72.3
2006	14553.17	18467539	2572582	378625	2026659	68.9	74.1
2007	16884.02	21733123	2845422	415733	2353072	71.8	77.8
2008	17732.05	23055343	2881668	422340	2478663	69.2	76.2
2009	21578.14	28090274	3194364	467982	2971215	68.9	77.5
2010	24837.71	32800635	3704056	535954	3454801	72.4	81.0
2011	27198.61	36589118	3794352	551604	3806075	74.0	83.2

注：国内航线 1997 年后含内地至香港航线，1999 年后含内地至澳门航线，2009 年后含内地至台湾航线。

1-3　国际航线航空运输主要生产指标

年份	旅客运输量（万人）	旅客周转量（万人公里）	货邮运输量（吨）	货邮周转量（万吨公里）	运输总周转量（万吨公里）	正班载运率（%）	正班客座率（%）
1970	0.85	883	1068	93	160		
1971	1.15	1359	785	86	187		
1972	1.28	1587	797	88	207		
1973	1.29	1578	747	86	204		
1974	2.20	10157	1081	380	1141		
1975	5.55	29387	2757	1360	3561		
1976	5.93	30053	3396	1694	3948		
1977	7.20	35186	3835	1967	4606		
1978	11.03	59959	5262	3008	7450		
1979	14.77	81016	9647	5246	11322		
1980	24.65	99868	13905	6065	13759		
1981	28.30	145048	14716	8356	19236		
1982	36.88	203126	17748	10506	25334		
1983	43.67	234224	21508	12240	29338		
1984	55.73	290306	28418	16724	37917		
1985	75.10	387009	37922	21990	50615		
1986	76.06	379348	42118	24848	52540	55.4	60.0
1987	95.41	464178	57231	34360	68245	56.5	59.6
1988	114.91	583050	63435	38417	80980	58.3	64.4
1989	86.37	441193	65123	36450	69539	50.7	51.4
1990	113.58	516910	81102	43830	82595	52.4	54.0

1-3　国际航线航空运输主要生产指标（续 1）

年份	旅客运输量（万人）	旅客周转量（万人公里）	货邮运输量（吨）	货邮周转量（万吨公里）	运输总周转量（万吨公里）	正班载运率（%）	正班客座率（%）
1991	152.73	644647	103724	55424	103772	56.9	61.3
1992	201.79	795337	133724	75612	134903	57.9	59.3
1993	234.23	862420	167262	94522	158708	56.8	57.5
1994	287.65	968129	186731	98094	170017	55.9	57.3
1995	368.13	1149710	229632	115894	201250	59.2	59.6
1996	440.09	1361709	247126	124217	225802	60.0	62.0
1997	504.80	1635499	291143	156132	278132	61.0	61.0
1998	525.72	1754666	314942	180498	311262	57.5	56.5
1999	630.97	2056091	423745	241194	394489	64.6	61.7
2000	690.47	2328154	492356	291549	465190	63.5	64.2
2001	692.62	2450505	355795	241060	460367	58.4	66.3
2002	838.13	2967177	425321	283064	548619	61.4	68.1
2003	681.53	2483542	514163	335820	557794	59.0	61.1
2004	1076.90	3981054	704835	418793	774101	59.4	66.1
2005	1224.57	4524063	771551	452450	855235	60.0	68.9
2006	1414.67	5239061	921738	564128	1031319	60.2	71.4
2007	1692.19	6184134	1173063	748134	1299921	60.6	71.8
2008	1519.11	5772650	1194708	773683	1288988	60.9	68.4
2009	1473.50	5662080	1260983	794325	1299511	63.5	71.1
2010	1931.43	7589325	1926315	1253028	1929689	70.3	77.1
2011	2118.05	8780512	1780427	1187527	1968352	68.5	76.3

1-4 港澳台航线航空运输主要生产指标

年份	旅客运输量（万人）	旅客周转量（万人公里）	货邮运输量（吨）	货邮周转量（万吨公里）	运输总周转量（万吨公里）	正班载运率（%）	正班客座率（%）
1979	9.50	2783	1818	56	265		
1980	24.20	12695	6370	512	1464		
1981	47.30	39659	9360	1074	4048		
1982	52.63	47830	11650	1373	4865		
1983	49.33	46275	13817	1693	5071		
1984	64.18	67642	17849	2297	7234		
1985	76.83	80392	22895	3118	9064		
1986	89.56	92360	26414	3618	10360	59.3	67.1
1987	105.97	111866	29970	4040	12206	59.7	68.3
1988	156.75	169644	37810	4923	17307	60.5	72.4
1989	144.94	159665	37137	4902	16558	56.8	62.9
1990	200.37	211333	49153	6349	22199	56.8	68.1
1991	228.04	251132	59299	7727	26562	61.6	74.6
1992	290.49	321859	71864	9125	33094	60.8	78.6
1993	344.34	395713	84777	11011	40491	52.4	69.2
1994	306.36	354129	77501	10157	36510	44.9	56.3
1995	330.19	376094	78956	10483	38475	45.6	57.8
1996	333.63	384951	81033	10918	39559	45.2	57.0
1997	344.71	406855	86928	11931	42214	34.4	41.2
1998	307.61	374478	83007	11405	39278	48.0	58.2
1999	376.18	460761	119089	16958	51240	49.6	56.2
2000	392.90	487534	131883	18974	55252	52.7	57.7
2001	424.32	536808	82796	12495	60452	52.1	57.1
2002	438.22	567557	96836	14856	65578	55.6	58.5
2003	341.50	450344	106906	16451	56684	55.2	54.9
2004	469.03	643597	167640	26018	83490	58.1	62.7
2005	508.96	709205	169247	26263	89509	54.7	62.0
2006	536.28	758073	179164	28264	95743	56.1	65.0
2007	541.23	767865	166813	26129	94370	59.2	66.0
2008	500.48	718211	156221	24089	87925	57.8	66.1
2009	517.48	749114	159019	22743	89293	57.5	68.3
2010	672.37	981817	216603	28700	115895	63.7	74.9
2011	760.19	1116167	210028	27607	126425	63.5	76.7

1-5 航线条数及通航国家和城市

年份	航线条数	国内航线		国际航线		港澳台航线	
		航线条数	通航城市	航线条数	通航国家	航线条数	通航城市
1950	12	9	7	3	1		
1951	11	8	9	3	1		
1952	10	7	12	3	1		
1953	13	9	9	4	1		
1954	11	8	23	3	1		
1955	17	15	17	2	1		
1956	22	18	23	4	3		
1957	27	23	36	4	3		
1958	58	54	55	4	4		
1959	24	20	25	4	4		
1960	17	12	27	5	5		
1961	40	36	41	4	4		
1962	58	53	35	5	5		
1963	56	52	66	4	5		
1964	52	48	45	4	5		
1965	57	51	50	6	5		
1966	52	48	48	4	4		
1967	72	68	67	4	4		
1968	76	72	69	4	4		
1969	73	69	63	4	4		
1970	71	67	65	4	4		
1971	82	78	70	4	4		
1972	84	80	72	4	4		
1973	89	85	73	4	4		
1974	101	93	75	7	10		
1975	135	128	80	7	10		
1976	131	123	80	8	11		
1977	144	136	81	8	11		
1978	162	150	79	12	14		
1979	174	159	78	15	13		
1980	181	159	75	18	19	3	3
1981	197	171	79	19	15	7	7
1982	199	171	75	21	17	7	7
1983	197	169	75	21	17	7	7
1984	214	183	74	24	17	7	7

1-5 航线条数及通航国家和城市（续 1）

年份	航线条数	国内航线		国际航线		港澳台航线	
		航线条数	通航城市	航线条数	通航国家	航线条数	通航城市
1985	267	233	82	27	18	7	7
1986	287	253	83	27	19	7	7
1987	323	277	83	39	22	7	7
1988	363	313	86	42	23	8	7
1989	378	326	87	44	24	8	7
1990	437	385	94	44	24	8	7
1991	452	395	96	49	29	8	7
1992	563	492	109	58	38	13	12
1993	647	563	113	71	38	13	12
1994	727	630	121	84	39	13	12
1995	797	694	133	85	31	18	17
1996	876	757	134	98	33	21	20
1997	967	851	135	109	31	23	21
1998	1122	983	135	131	34	24	21
1999	1115	987	132	128	34	22	23
2000	1165	1032	126	133	33	42	43
2001	1143	1009	130	134	33	42	36
2002	1176	1015	130	161	32	44	37
2003	1155	961	125	194	32	43	35
2004	1279	1035	132	244	33	45	38
2005	1257	1024	133	233	33	43	38
2006	1336	1068	140	268	42	43	37
2007	1506	1216	146	290	43	48	41
2008	1532	1235	150	297	46	49	39
2009	1592	1329	163	263	44	72	43
2010	1880	1578	172	302	54	85	46
2011	2290	1847	175	443	58	91	45

注：1. 内地至香港自 1978 年开始包机飞行，本表所列为定期航班执飞的航线。

2. 1997 年、1999 年香港、澳门回归祖国前，内地至两地航线称为地区航线。

3. 国内航线 1997 年后含内地至香港、1999 年后含内地至澳门航线。此后，港澳台航线属特殊管理的国内航线，国内航线均包括内地城市至三地航线。至港澳台航线通航城市为内地城市。

1-6 航线里程

单位：公里

年份	合计		国内航线		国际航线		港澳台航线	
	不重复距离	重复距离	不重复距离	重复距离	不重复距离	重复距离	不重复距离	重复距离
1950	11369	12131	4485	5247	6884	6884		
1951	11249	11249	4365	4365	6884	6884		
1952	13123	13885	7979	8741	5144	5144		
1953	13950	19093	8939	12918	5011	6175		
1954	15243	16185	10232	11174	5011	5011		
1955	15511	22778	12516	19783	2995	2995		
1956	19082	27476	14227	22621	4855	4855		
1957	26445	39927	22120	35602	4325	4325		
1958	32995	45564	28631		4364			
1959	37169		31821		5348			
1960	38060		32712		5348			
1961	39077		34607		4470			
1962	35330		30893		4437			
1963	35766		31329		4437			
1964	38502		34065		4437			
1965	39436		34961		4475			
1966	39436		34961		4475			
1967	44477	88861	40719	85103	3758	3758		
1968	40071	92959	35676	88564	4395	4395		
1969	39928	86574	35533	82179	4395	4395		
1970	40642	81250	36247	76855	4395	4395		
1971	42079	105171	37684	100776	4395	4395		
1972	42503	106714	38108	102319	4395	4395		
1973	45355	104204	40960	99809	4395	4395		
1974	81346	147543	44284	110481	37062	37062		
1975	84166	180158	47104	143096	37062	37062		
1976	97818	85224	56885	144291	40933	40933		
1977	132099	194130	91166	153197	40933	40933		
1978	148941	236660	93599	168840	55342	67820		
1979	159971	266800	108658	191793	51313	75007		
1980	195252	310887	110414	196187	81237	111099	3601	3601
1981	218241	347831	125767	201978	82808	136187	9666	9666
1982	232734	368733	123186	207847	99947	151285	9601	9601

1-6 航线里程（续 1）

单位：公里

年份	合计		国内航线		国际航线		港澳台航线	
	不重复距离	重复距离	不重复距离	重复距离	不重复距离	重复距离	不重复距离	重复距离
1983	229115	362932	118809	201106	99947	151285	10368	10541
1984	260207	417954	141836	228951	107436	177722	10935	11281
1985	277217	498574	160323	293920	105959	193373	10935	11281
1986	323125	505614	205102	303341	107575	189674	10368	12599
1987	389097	602800	229292	322086	148870	269433	10935	11281
1988	373824	621005	234268	357157	128322	282278	11224	11570
1989	471862	781745	296364	395140	166350	374896	9148	11709
1990	506762	852352	329493	436670	166350	374896	10919	14086
1991	559127	821368	370324	486863	177397	322919	11406	11586
1992	836642	1123909	515186	734848	303010	370615	18446	18446
1993	960779	1221936	663584	809170	278749	394220	18446	18446
1994	1045592	1355473	675288	889846	351858	447181	18446	18446
1995	1128961	1420584	750794	958966	431626	348175	29992	29992
1996	1166521	1633739	746310	1104016	386341	495853	33870	33870
1997	1424951	1858704	910927	1255999	504449	593130	9575	9575
1998	1505811	2182600	994130	1535372	504429	635835	7252	11393
1999	1522221	2244892	998921	1570311	523300	674581	30812	30812
2000	1502887	2229600	994482	1572523	508405	657077	55759	55759
2001	1553596	2224270	1036737	1623692	516859	600578	55759	55759
2002	1637708	2296455	1063238	1648721	574470	647734	61626	61626
2003	1749545	2372486	1034276	1507808	715269	864678	62874	62874
2004	2049394	2780816	1155219	1613670	894175	1167146	62484	62484
2005	1998501	2724535	1142569	1623380	855932	1101155	61056	63207
2006	2113505	2888906	1147337	1675924	966168	1212982	62846	64961
2007	2342961	3289490	1295543	1989622	1047418	1299868	71169	73284
2008	2461840	3373408	1341674	1996905	1120166	1376503	68592	70651
2009	2345085	3330615	1425186	2199934	919899	1130681	107262	109849
2010	2765147	3980873	1694980	2714447	1070167	1266426	121437	123838
2011	3490571	5127695	1996184	3180038	1494387	1947657	135103	135681

1-7 中国国际航空股份有限公司运输主要生产指标

年份	飞行班次（班）	飞行小时（小时）	旅客运输量（万人）	旅客周转量（万人公里）	货邮运输量（吨）	货邮周转量（万吨公里）	运输总周转量（万吨公里）
1958	5042	18993	4.74	4807	6359	583	1010
1959	5902	22936	5.25	5360	8155	820	1303
1960	6797	22800	6.40	6209	9962	977	1525
1961	7886	24435	5.84	4717	9974	878	1293
1962	5304	16289	4.62	4116	5724	563	933
1963	5130	16995	4.98	5327	5779	575	1052
1964	4646	15615	6.99	8732	6012	629	1399
1965	3684	12836	7.74	10797	5714	709	1668
1966	4686	15136	10.39	11797	11950	1452	2471
1967	4794	14928	10.16	13076	14219	1798	2753
1968	3882	12121	8.38	11416	11433	1491	2322
1969	4578	12247	8.09	9467	12438	1520	2220
1970	3908	11938	7.96	10300	14398	1694	2447
1971	4010	13076	13.29	18000	12872	1630	2958
1972	4140	13194	16.67	21158	11747	1489	3140
1973	5188	15382	25.32	33161	13617	1796	4284
1974	7528	20787	40.39	57512	18307	2838	7151
1975	8682	25999	54.84	92193	20076	3801	10527
1976	8818	26316	54.25	90763	23604	4773	11399
1977	9221	25320	61.48	106244	21573	4894	12544
1978	10100	30818	81.13	162361	25383	6379	18070
1979	9941	33127	83.90	181303	28859	7805	20859
1980	9764	33180	88.28	193494	30915	8705	22830
1981	11076	36719	104.86	261609	35011	11358	30456
1982	12731	42698	124.34	337687	39278	13867	38518
1983	11981	40601	126.77	368281	45807	16177	43062
1984	13324	45997	158.11	450421	54223	21353	54333

1-7 中国国际航空股份有限公司运输主要生产指标（续 1）

年份	飞行班次（班）	飞行小时（小时）	旅客运输量（万人）	旅客周转量（万人公里）	货邮运输量（吨）	货邮周转量（万吨公里）	运输总周转量（万吨公里）
1985	17080	57498	216.01	612548	67313	28836	73020
1986	15067	54609	194.25	547460	72329	27803	69426
1987	19664	70558	255.06	680190	88785	39118	89454
1988	20479	76408	257.47	772936	91477	42612	99963
1989	17733	69773	186.07	573285	83464	38195	80765
1990	19733	76620	220.32	654176	94779	45490	94085
1991	23040	86116	289.37	804995	119128	56055	115810
1992	25178	94189	369.03	973501	143597	65614	137424
1993	31961	109490	451.51	1090744	173428	76162	156350
1994	39884	119853	536.52	1179200	191374	78142	164617
1995	47496	130327	646.13	1333344	229278	95520	193145
1996	51738	156711	667.88	1397832	235934	99767	204062
1997	52155	158970	653.39	1415444	253812	117324	222848
1998	54381	175681	647.96	1466352	271918	132053	241291
1999	53527	180424	669.40	1573514	351446	178171	295485
2000	62801	201042	805.67	1834564	410188	194566	331492
2001	71988	223723	928.89	2040660	359840	162960	345762
2002	77043	245484	1058.67	2400148	426106	190432	405486
2003	147225	390150	1805.37	3347703	564211	220630	520037
2004	183693	510189	2450.00	4664454	665253	258171	675138
2005	236517	597493	2769.47	5240477	732995	275962	743995
2006	268466	674761	3150.43	6034396	606611	167551	707028
2007	284690	736770	3484.12	6699962	659742	187780	787001
2008	286796	760443	3425.67	6616037	646727	195821	787635
2009	320017	828757	3983.00	7342659	678438	196182	852155
2010	349757	926853	4624.50	8629493	762966	223893	994225
2011	353395	965449	4867.22	9329816	757547	227850	1058918

1-8 中国东方航空股份有限公司运输主要生产指标

年份	飞行班次（班）	飞行小时（小时）	旅客运输量（万人）	旅客周转量（万人公里）	货邮运输量（吨）	货邮周转量（万吨公里）	运输总周转量（万吨公里）
1958	1614	7310	1.41	1396	1824	157	258
1959	3095	10742	1.99	1633	3973	334	452
1960	4185	13854	3.18	2028	5644	450	622
1961	4002	12323	2.36	1491	5150	443	570
1962	3084	9988	2.31	1374	3478	286	403
1963	3713	11029	3.09	1971	4258	328	496
1964	3949	12165	3.73	2499	5114	443	655
1965	3620	11675	3.88	2557	5417	496	722
1966	3323	11287	2.93	1662	5710	534	648
1967	3489	11625	3.72	2038	6718	609	755
1968	2816	9937	2.30	1321	5585	532	627
1969	2810	9048	1.65	902	5695	526	592
1970	2852	10190	1.59	840	6307	562	622
1971	3934	10960	3.55	1990	6041	511	654
1972	3560	10483	5.26	3312	4594	391	629
1973	3378	10211	6.14	4470	3804	333	655
1974	4334	12277	9.83	7023	4227	343	849
1975	5523	15211	16.13	13150	6934	606	1552
1976	5865	15068	17.69	14597	7625	667	1718
1977	6157	15252	21.26	19737	8693	823	2244
1978	7372	18218	29.26	29575	9917	934	3063
1979	8826	20712	37.94	38102	12417	1228	3972
1980	9792	21502	46.22	46492	13978	1456	4850
1981	9676	20501	57.44	60090	14365	1549	5936
1982	10992	21926	64.07	65862	15268	1672	6480
1983	10410	21459	60.01	65309	19388	2128	6895
1984	13324	26466	94.87	107724	27914	3341	11447

1-8 中国东方航空股份有限公司运输主要生产指标（续 1）

年份	飞行班次（班）	飞行小时（小时）	旅客运输量（万人）	旅客周转量（万人公里）	货邮运输量（吨）	货邮周转量（万吨公里）	运输总周转量（万吨公里）
1985	15699	29464	121.99	141258	34480	4240	14711
1986	18427	33180	152.11	167396	39528	5068	17349
1987	24634	45800	208.93	232375	53490	6759	23650
1988	29154	55447	271.75	308584	64335	7905	30024
1989	26165	50625	228.66	259802	58730	7548	26486
1990	32407	60537	305.90	340328	72937	9375	34199
1991	42311	77537	420.07	464593	95278	13409	47296
1992	46197	87287	524.62	617841	128384	27584	72559
1993	47859	89616	549.31	667947	142917	37542	86284
1994	50354	84606	561.29	691463	149218	38951	89390
1995	56846	93140	657.03	811298	175721	41627	100757
1996	55864	105249	693.81	860951	185211	44836	109035
1997	59398	118797	699.62	1005129	201586	54021	129031
1998	78815	166258	841.96	1202516	243497	95026	154664
1999	79900	174300	860.95	1325731	312910	85909	184627
2000	80700	180827	897.07	1410156	348068	108604	213662
2001	99755	220414	1037.14	1591076	302008	94975	237315
2002	93312	199232	1038.55	1669481	225514	44097	193524
2003	103024	214246	1053.42	1610422	276466	52072	196241
2004	137655	291073	1527.32	2445554	316131	64237	282932
2005	247166	485547	2672.11	3922761	483002	93595	443482
2006	274155	548259	2970.77	4405560	515770	110600	503830
2007	296040	601011	3323.31	5003100	490764	104493	550703
2008	290304	605256	3168.66	4717812	446561	87674	508590
2009	365765	726030	3996.13	5566786	516734	97676	594081
2010	360843	750760	4306.30	6443441	574970	115471	689008
2011	379863	822158	4570.49	7087336	549726	111870	742790

1-9 中国南方航空股份有限公司运输主要生产指标

年份	飞行班次（班）	飞行小时（小时）	旅客运输量（万人）	旅客周转量（万人公里）	货邮运输量（吨）	货邮周转量（万吨公里）	运输总周转量（万吨公里）
1958	1874	7205	2.02	2171	2630	220	377
1959	3027	9239	2.80	2477	4683	326	505
1960	3528	9982	3.36	2308	5382	361	557
1961	3088	9258	3.78	2573	4082	294	512
1962	2344	8083	3.07	2284	3243	263	458
1963	2609	9386	2.97	2779	4422	351	586
1964	3552	10452	3.96	3388	4559	309	597
1965	4083	11730	5.12	4911	6181	440	858
1966	4018	11066	4.05	2603	5876	407	591
1967	4286	11265	5.49	2695	6871	464	658
1968	3039	8665	4.39	2273	4818	342	505
1969	2724	7997	3.75	1783	5225	358	487
1970	3130	8752	4.10	2020	6211	417	562
1971	3210	9026	5.42	2980	5421	344	558
1972	3390	9574	7.41	4408	3965	252	569
1973	4176	10298	10.68	5795	3272	219	637
1974	5866	11983	19.05	9300	4138	248	917
1975	7006	13628	29.99	17598	6738	491	1758
1976	7541	12905	30.56	17104	7014	468	1699
1977	8339	13259	36.51	21639	7861	533	2091
1978	11924	19093	52.88	32753	10006	688	3105
1979	17328	26145	87.55	54204	14967	1015	4917
1980	18789	27726	108.67	68384	18232	1251	6243
1981	21055	29206	132.70	82250	18308	1249	7253
1982	22651	30299	144.39	83348	20199	1355	7440
1983	18912	25136	124.15	75046	23083	1611	7089
1984	21716	31695	177.35	138886	30908	2600	12632

1-9 中国南方航空股份有限公司运输主要生产指标（续 1）

年份	飞行班次（班）	飞行小时（小时）	旅客运输量（万人）	旅客周转量（万人公里）	货邮运输量（吨）	货邮周转量（万吨公里）	运输总周转量（万吨公里）
1985	26354	32300	237.72	210889	39757	3748	19045
1986	29955	48131	292.28	270244	43941	4491	24011
1987	35501	57355	345.13	306521	54380	5418	27597
1988	34903	58604	388.74	361983	63633	6748	33007
1989	32780	55347	358.04	334854	62832	7083	31399
1990	39424	64906	470.21	435656	79916	8993	40659
1991	46133	77242	568.75	548122	95222	10573	50411
1992	60481	95944	804.19	810532	125293	14083	72503
1993	67483	110273	839.47	874805	144437	16959	80048
1994	84536	136985	990.55	1073663	185068	23299	100604
1995	96314	156532	1172.35	1284502	209257	27254	119645
1996	99351	185464	1219.98	1384464	237872	32513	135491
1997	101464	196877	1208.40	1475477	253639	40097	149895
1998	136466	262714	1487.68	1808695	345856	55518	189949
1999	140427	276474	1467.08	1823207	383703	60804	196199
2000	152945	320583	1649.07	2137850	438900	83994	242772
2001	167572	364969	1912.09	2505679	397763	79820	303382
2002	113712	266714	1407.48	2118729	362958	90401	279670
2003	113279	246814	1285.03	1836750	353274	107257	271358
2004	147833	326909	1767.56	2596984	413790	118475	350259
2005	305489	622028	3151.10	4705324	615090	155851	575265
2006	327376	669676	3464.14	5219254	645726	163754	629130
2007	390061	809864	4156.24	6311759	694429	173510	735823
2008	416362	857140	4396.78	6568575	664271	155172	740774
2009	453297	918594	4941.64	7294840	682699	154028	804100
2010	504755	1076172	5663.69	8746494	902135	290540	1069087
2011	506274	1153442	5850.47	9530370	907753	327668	1174703

1-10　上海航空股份有限公司运输主要生产指标

年份	飞行班次（班）	飞行小时（小时）	旅客运输量（万人）	旅客周转量（万人公里）	货邮运输量（吨）	货邮周转量（万吨公里）	运输总周转量（万吨公里）
1987	434	751	7.21	8919	1310	1360	803
1988	98	175	1.44	1796	378	47	176
1989	518	884	5.18	6362	1020	124	583
1990	2748	4364	36.83	41909	5285	621	3638
1991	4454	7096	66.31	77216	8869	1047	6607
1992	4653	7843	80.97	99313	11664	1444	8559
1993	5305	9070	78.33	95795	11601	1459	8318
1994	7782	13340	108.05	131085	18607	2333	11708
1995	1041	17962	159.66	195346	29495	3722	17700
1996	11541	22378	172.73	212621	52382	4409	20249
1997	13318	24485	172.36	209107	37938	4766	20348
1998	17174	32044	213.11	261791	55767	7255	26761
1999	19175	36892	214.70	274439	73893	9886	30317
2000	22598	46173	275.87	350916	101553	13195	39322
2001	29776	60142	331.73	422133	99728	12855	50590
2002	37047	73732	404.96	514538	128916	16961	62948
2003	40986	79516	423.14	549114	144383	19468	68545
2004	51431	103199	573.87	749762	192400	27089	94080
2005	64090	123708	679.27	878034	206698	31076	109485
2006	70465	140750	748.45	975712	228892	37473	124574
2007	74451	151757	869.27	1163975	212990	30050	133852
2008	79764	165740	887.36	1199213	193509	27360	134408
2009	94817	187214	1071.70	1441734	190528	26737	155277
2010	101087	204606	1190.40	1643938	158849	22760	168947
2011	97749	205360	1165.62	1600735	124337	17580	160120

1-11　四川航空股份有限公司运输主要生产指标

年份	飞行班次（班）	飞行小时（小时）	旅客运输量（万人）	旅客周转量（万人公里）	货邮运输量（吨）	货邮周转量（万吨公里）	运输总周转量（万吨公里）
1988	549	680	2.16	961	107	6	74
1989	2180	2605	8.19	3290	364	17	254
1990	4300	5095	17.70	7439	631	29	564
1991	6085	7864	25.12	11325	819	44	860
1992	5264	8601	42.17	49887	4289	605	4177
1993	8961	15091	70.27	82903	9847	1415	7337
1994	10320	16993	84.98	98987	15247	2121	9183
1995	11287	18052	93.48	108585	17584	2445	10189
1996	12433	21483	104.39	130218	21580	3084	12754
1997	13270	21737	108.62	135425	24847	3527	13577
1998	13687	23172	117.97	152905	29961	4234	15568
1999	15266	27303	138.34	181677	42757	6111	19536
2000	15914	29654	154.42	213298	49027	7221	23020
2001	18470	35279	170.88	245522	44695	6796	28727
2002	23510	44351	203.75	284293	49733	7590	32978
2003	28965	43010	222.19	273007	54907	8221	32656
2004	40587	57830	365.50	426829	75423	10932	49073
2005	50702	74405	479.01	573873	95381	13570	64757
2006	61673	93634	588.12	711381	114871	16308	79854
2007	66223	109158	675.59	852422	120502	17331	93286
2008	64941	119101	670.15	883506	132779	19208	97992
2009	84701	158593	916.41	1236793	147477	21668	131889
2010	94951	191483	1066.75	1546528	169932	26173	163755
2011	108081	223567	1294.88	1934619	170349	26643	198696

1-12 海南航空股份有限公司运输主要生产指标

年份	飞行班次（班）	飞行小时（小时）	旅客运输量（万人）	旅客周转量（万人公里）	货邮运输量（吨）	货邮周转量（万吨公里）	运输总周转量（万吨公里）
1993	1654	3272	16.42	21094	1472	236	1744
1994	6472	10915	60.65	68111	6691	909	5767
1995	13346	18052	100.41	102289	10913	1418	8707
1996	16243	26726	123.53	132740	14947	1990	11841
1997	21734	31024	160.26	164314	23475	2884	15063
1998	33793	46866	202.39	206579	28743	3482	18791
1999	41473	62501	263.58	279274	45495	5656	26310
2000	40825	78853	341.18	399230	60456	8359	37919
2001	39821	82194	372.88	454923	47963	7065	47574
2002	36597	79578	370.66	477457	49325	7458	50000
2003	33942	73552	321.73	425515	42341	6597	44595
2004	49580	101080	435.71	567093	51509	8577	59195
2005	57854	110131	550.38	813068	94719	18026	90447
2006	74955	147322	729.81	1054669	121872	22152	116044
2007	89630	179976	887.77	1336262	131072	24575	143371
2008	73526	167449	897.64	1431882	130786	27002	154364
2009	96637	228675	1190.76	1995455	179481	40370	217664
2010	87997	221864	1150.84	2110955	195763	51846	239464
2011	99905	249857	1378.03	2456785	216352	57585	275935

1-13 深圳航空有限责任公司运输主要生产指标

年份	飞行班次（班）	飞行小时（小时）	旅客运输量（万人）	旅客周转量（万人公里）	货邮运输量（吨）	货邮周转量（万吨公里）	运输总周转量（万吨公里）
1993	512	923	4.49	5837	637	87	506
1994	3512	6536	33.60	41308	4797	630	3578
1995	5378	11684	62.04	78725	8487	1174	6784
1996	6067	15218	78.50	104204	11387	1642	9374
1997	7044	18315	85.32	114476	11716	1743	10233
1998	7949	20910	89.81	119623	12275	1842	10711
1999	9735	24736	92.49	125404	16211	2547	11833
2000	11045	28279	110.29	155722	21511	3591	15127
2001	15624	37202	158.98	225924	24904	4189	24308
2002	25247	54864	256.06	338496	41405	6819	36968
2003	31840	63879	350.28	455793	52207	8316	48970
2004	42014	84840	481.88	633947	68482	11114	67674
2005	51184	104873	573.38	791530	83238	13621	84216
2006	64438	135348	717.83	1000307	107094	17605	106790
2007	88988	176194	951.85	1334627	139582	22630	141506
2008	115011	225891	1195.19	1701851	161549	26426	178181
2009	138186	276546	1512.02	2135055	195563	31332	221490
2010	144628	296392	1648.75	2290383	228667	35659	239383
2011	154751	328730	1828.08	2641804	249466	39206	274069

1-14　山东航空股份有限公司运输主要生产指标

年份	飞行班次（班）	飞行小时（小时）	旅客运输量（万人）	旅客周转量（万人公里）	货邮运输量（吨）	货邮周转量（万吨公里）	运输总周转量（万吨公里）
1994	8	8		2			
1995	317	391	0.30	113	9		8
1996	4449	9153	30.20	32180	2849	384	2780
1997	8816	18759	62.50	59655	5113	621	5059
1998	10628	21769	69.90	72970	7562	986	6407
1999	15416	33696	101.30	109477	12882	1751	9870
2000	18761	40892	132.90	144092	18951	2573	13270
2001	20271	48475	152.77	175380	18829	2501	18148
2002	28174	66881	217.25	242646	25010	3400	25064
2003	29629	62471	227.81	253441	25058	3533	26204
2004	34168	70420	300.91	335088	29823	4151	34073
2005	52485	80503	380.10	411670	38483	5395	42127
2006	64285	94182	504.04	539812	50792	6979	55139
2007	63658	97169	535.99	583082	60693	8187	60216
2008	67161	105968	542.01	610168	61504	8353	62881
2009	77286	125511	662.16	758373	65350	9023	76610
2010	85228	146336	807.19	942865	82434	11470	95374
2011	97780	172775	988.70	1199517	97485	14061	120722

1-15　厦门航空有限公司运输主要生产指标

年份	飞行班次（班）	飞行小时（小时）	旅客运输量（万人）	旅客周转量（万人公里）	货邮运输量（吨）	货邮周转量（万吨公里）	运输总周转量（万吨公里）
1987	2611	4254	32.61	31172	5386	527	2783
1988	3550	6258	44.55	44526	6853	761	3982
1989	4310	7133	51.55	50378	8177	889	4534
1990	4946	7078	55.49	49834	8321	840	4454
1991	6536	9376	72.90	70789	10568	1086	6205
1992	8978	12683	108.70	106101	15441	1575	9186
1993	13269	19477	155.14	155421	22652	2412	13541
1994	18027	25436	214.61	210616	37888	4118	19117
1995	21935	30554	261.52	254144	47143	5080	23204
1996	22814	37300	251.18	253578	52382	6131	24929
1997	25014	41106	272.03	268479	52974	6355	26256
2002	43050	85045	473.71	491750	76167	8623	52423
2003	44805	88338	490.66	526764	78436	9146	56099
2004	52326	102246	623.24	682610	87828	10655	71491
2005	70503	116339	692.19	785426	100861	12655	82547
2006	80878	137770	778.50	896082	109649	14017	93784
2007	92306	158199	924.94	1097428	121490	15742	113372
2008	95598	164376	961.89	1137324	124112	16459	117761
2009	107394	180234	1112.57	1318446	126640	16738	134109
2010	122924	210499	1356.14	1621854	158075	21151	165329
2011	135026	241055	1531.65	1889183	166521	23285	191199

注：厦门航空有限公司运量 1998—2001 年计入中国南方航空公司。

1-16　中国西南航空公司运输主要生产指标

年份	飞行班次（班）	飞行小时（小时）	旅客运输量（万人）	旅客周转量（万人公里）	货邮运输量（吨）	货邮周转量（万吨公里）	运输总周转量（万吨公里）
1981	7352	14642	41.04	34809	9481	1046	3587
1982	6948	14878	38.95	35772	9398	1050	3661
1983	5764	13112	30.17	31236	8271	1005	3285
1984	7066	14900	52.92	58742	15249	1865	6094
1985	9562	20631	75.78	92383	21770	2845	9487
1986	16413	34608	153.24	216523	32278	4426	20391
1987	18505	37012	180.75	245413	40890	5796	23520
1988	11755	25731	122.10	174927	30818	4530	17118
1989	14348	29886	135.44	196006	36986	5480	19610
1990	17309	34414	170.35	230245	41375	5923	22522
1991	18755	40212	205.78	277250	42636	6005	25990
1992	19658	43335	237.10	329237	47940	6939	30545
1993	28594	59658	333.80	462452	63204	9146	42290
1994	38544	72251	437.76	584809	79780	11397	53306
1995	45548	84323	548.77	726603	95636	13703	65746
1996	48847	97473	565.10	755375	108846	15663	71842
1997	47528	99206	640.77	725603	107056	15252	69178
1998	46505	98898	474.53	630235	103165	14583	61375
1999	46419	95702	492.63	640526	108335	15238	62667
2000	46884	97425	505.44	669143	131047	18440	67986
2001	50206	104951	535.54	718574	104098	14727	78708
2002	42705	91069	486.66	676163	95912	13971	74224

1-17 中国西北航空公司运输主要生产指标

年份	飞行班次（班）	飞行小时（小时）	旅客运输量（万人）	旅客周转量（万人公里）	货邮运输量（吨）	货邮周转量（万吨公里）	运输总周转量（万吨公里）
1958	1515	5753	1.67	1515	1082	123	253
1959	2839	9378	3.00	2622	2630	277	500
1960	3014	11666	3.52	3069	3656	374	635
1961	2850	11127	3.33	2601	3186	344	566
1962	2636	9103	2.84	2043	2226	213	386
1963	2354	8507	2.59	1939	1907	189	354
1964	3184	9821	3.40	2404	3194	284	489
1965	3024	10834	3.63	2580	3598	343	562
1966		10933	3.23	2760	3909	343	537
1967	4001	12143	4.33	3137	4794	437	662
1968		10030	3.50	2671	3491	356	550
1969	3330	10567	3.66	2783	3941	393	593
1970	3372	10553	3.34	2510	4045	389	570
1971	4476	10867	4.80	3210	3514	323	564
1972	3718	11234	5.61	4072	3101	290	583
1973	3710	10499	6.39	4821	2596	242	589
1974	3708	10012	8.62	6199	2824	239	685
1975	5093	12983	15.64	12481	5022	422	1321
1976	5796	13953	17.40	14150	5618	504	1523
1977	6479	14349	17.70	13591	5126	422	1401
1978	8159	17176	27.72	21075	6519	569	2087
1979	8967	19953	34.40	29319	8228	809	2920
1980	8738	20870	38.45	35065	8898	958	3518

1-17 中国西北航空公司运输主要生产指标（续 1）

年份	飞行班次（班）	飞行小时（小时）	旅客运输量（万人）	旅客周转量（万人公里）	货邮运输量（吨）	货邮周转量（万吨公里）	运输总周转量（万吨公里）
1981	8236	19162	41.21	37902	9564	1013	3780
1982	8897	21213	43.92	41900	9529	1027	4086
1983	6576	16576	27.29	26772	7735	791	2746
1984	7394	18353	35.42	35761	8866	911	3476
1985	7065	17966	47.79	57576	12659	1466	5605
1986	8808	20251	84.44	109080	15101	1943	9802
1987	12463	26807	120.93	160016	23090	2971	14496
1988	13255	28424	130.53	169963	24841	3205	15443
1989	10974	24345	95.17	123698	18738	2479	11385
1990	14520	31606	128.22	166826	22121	2975	14986
1991	16241	35765	158.50	210765	24563	3395	18570
1992	15718	33475	180.10	245262	27218	3777	21361
1993	18230	37652	209.65	286933	33695	4809	25420
1994	20178	41061	209.92	273825	32107	4574	24235
1995	22929	48896	262.50	352191	47398	7118	32402
1996	25560	61554	307.80	412282	28994	9175	39864
1997	29286	68348	313.02	406918	64004	9704	39991
1998	26937	71605	284.50	380061	65230	9996	38264
1999	26448	69410	298.18	400356	65230	12033	41824
2000	29639	76104	343.37	455688	81265	11814	45734
2001	31501	81237	344.52	455533	62591	9373	50113
2002	26685	69124	298.28	409389	62639	9341	45974
2003	26847	58797	291.05	382439	56219	8081	42297
2004	37702	78427	439.39	562957	75299	10267	60664

1-18 中国北方航空公司运输主要生产指标

年份	飞行班次（班）	飞行小时（小时）	旅客运输量（万人）	旅客周转量（万人公里）	货邮运输量（吨）	货邮周转量（万吨公里）	运输总周转量（万吨公里）
1965	842	2867	0.47	312	1781	138	165
1966	392	943	0.20	78	389	20	25
1967	678	1775	0.31	121	879	45	54
1968	447	1477	0.24	97	748	55	62
1969	408	1404	0.20	90	940	65	71
1970	458	1550	0.26	104	1107	67	75
1971	522	1979	0.48	210	870	60	75
1972	600	2260	0.57	260	1075	73	92
1973	814	2826	0.82	402	1261	84	112
1974	1088	3798	2.30	1694	1806	125	247
1975	1767	5343	4.05	2919	2268	152	363
1976	2101	5527	4.90	3108	2418	152	375
1977	2711	6236	4.30	2421	2574	170	344
1978	3167	8139	11.19	9606	4269	340	1031
1979	3813	8958	15.91	15648	6289	557	1683
1980	4614	10170	21.87	19672	7900	750	2186
1981	4994	10724	24.04	24942	7477	751	2571
1982	5144	11559	29.56	30484	8003	838	3064
1983	4506	9531	22.61	22839	8419	797	2465
1984	5805	11548	34.16	39453	9241	984	3825

1-18　中国北方航空公司运输主要生产指标（续 1）

年份	飞行班次（班）	飞行小时（小时）	旅客运输量（万人）	旅客周转量（万人公里）	货邮运输量（吨）	货邮周转量（万吨公里）	运输总周转量（万吨公里）
1985	5890	11746	37.12	43007	8950	1000	4096
1986	8234	16156	77.42	91376	15721	1838	8407
1987	11208	22844	100.02	124171	22350	2694	11643
1988	12452	27631	116.70	162474	24306	3368	15084
1989	13717	30698	115.68	161204	23418	3557	15183
1990	16235	37043	132.69	190593	25184	3869	17612
1991	20703	45814	200.28	297925	31397	5060	26538
1992	23652	54531	275.89	434210	41265	7162	38355
1993	26689	68822	328.08	515865	45626	8120	45180
1994	29142	72823	358.88	540717	53412	9515	48294
1995	35551	86121	484.58	693615	70432	12025	61795
1996	37710	97597	488.07	692752	79430	13538	65170
1997	38337	99960	470.85	664696	79790	14025	63521
1998	42099	110613	449.23	629737	79809	14244	61110
1999	40471	113855	439.10	602175	91637	15693	60438
2000	42974	114947	518.76	709267	112877	18921	71592
2001	47378	128292	553.50	779546	85770	15101	84725
2002	37254	95939	457.41	628657	80634	13800	69996
2003	46992	120057	582.00	817921	101899	18158	91280
2004	59610	148800	762.18	1077890	113654	19678	115975

1-19　其他航空公司运输主要生产指标

年份	飞行班次（班）	飞行小时（小时）	旅客运输量（万人）	旅客周转量（万人公里）	货邮运输量（吨）	货邮周转量（万吨公里）	运输总周转量（万吨公里）
中国国际货运航空有限公司							
2006	4894	29887			238026	161117	161117
2007	5110	32092			274352	181256	181256
2008	4287	26572			253053	155429	155429
2009	4292	24730			264900	153876	153881
2010	5817	34779			385193	229623	229623
2011	6095	33325			391308	214822	214822
河南航空有限责任公司							
2009	12517	11933	66.59	57411	2043	269	5382
2010	8279	10083	46.53	38981	1588	186	3644
昆明航空公司							
2009	6089	11081	55.10	74092	4549	845	7454
2010	11540	21341	107.89	147561	8308	1449	14591
2011	13087	23635	135.67	158762	9860	1434	15560
翡翠国际货运航空有限公司							
2006	309	2464			14415	11542	11542
2007	1236	9667			62339	44903	44903
2008	2552	19508			139962	93445	93445
2009	3037	20184			196158	105894	105894
2010	4685	30479			331749	175907	175907
2011	3691	24602			241088	134035	134035
重庆航空有限公司							
2007	2019	4241	21.70	28529	3405	464	2995
2008	6929	13298	78.34	98981	10251	1330	10106
2009	13564	21454	141.25	138481	11642	1361	13672
2010	13776	24280	145.15	158991	13350	1579	15680
2011	14697	26864	163.28	184418	13470	1641	17992
珠海航空有限公司							
2002	5353	15245	68.92	85653	7890	1281	8932

1-19　其他航空公司运输主要生产指标（续 1）

年份	飞行班次（班）	飞行小时（小时）	旅客运输量（万人）	旅客周转量（万人公里）	货邮运输量（吨）	货邮周转量（万吨公里）	运输总周转量（万吨公里）
2003	5535	13202	60.24	76060	6864	1106	7908
2004	6593	14531	74.09	98870	8452	1328	10169
2005	9414	17979	83.45	120397	12213	1910	12658
2006	9630	17614	86.87	127435	11136	1848	13227
2007	9318	17233	91.76	135832	11052	1904	14014
2008	7772	16627	81.40	129951	10043	1854	13439
2009	8108	16883	86.47	135955	10340	1886	13995
2010	8452	18358	94.58	147929	10284	1817	14971
2011	8849	18924	105.30	147226	12245	1867	14958
贵州航空公司							
1991	26	35	0.08	36	3		3
1992	889	1512	3.52	2041	109	7	154
1993	1742	3296	5.90	3926	187	14	296
1994	2052	3373	6.48	3915	54	17	295
1995	4244	5885	17.74	9993	625	39	747
1996	4478	6661	14.85	7475	602	32	584
1997	4746	7135	14.12	7046	620	32	553
1998	5825	9550	22.63	19879	2411	284	1757
1999	5751	10157	44.15	45329	7046	770	4129
2002	4688	11097	48.34	64404	8205	1119	6876
2003	7022	13435	69.12	77801	11196	1436	8384
2004	11658	20527	135.77	140887	17651	2072	14640
2005	13182	21622	134.06	153985	17575	2290	16007
2006	14103	22896	134.58	164366	16592	2236	16893
2007	14447	26329	146.13	197898	14953	2232	19843
2008	12229	26819	134.05	209730	13156	2167	20818
2009	14080	27326	151.68	211555	15772	2330	21178
2010	15044	28861	165.36	231801	17508	2692	23338
2011	15652	31925	184.65	257838	20178	2964	25914

1-19 其他航空公司运输主要生产指标（续2）

年份	飞行班次（班）	飞行小时（小时）	旅客运输量（万人）	旅客周转量（万人公里）	货邮运输量（吨）	货邮周转量（万吨公里）	运输总周转量（万吨公里）
南航（集团）汕头航空有限公司							
2002	8800	13266	75.37	66892	7968	852	6804
2003	8326	12837	74.22	65875	8462	906	6776
2004	11757	17906	108.05	100045	9979	1074	9984
2005	13865	19806	116.70	108406	11278	1224	10858
2006	15348	22382	138.55	133277	12447	1417	13277
2007	19030	29609	185.95	188098	15892	1844	18577
2008	18024	28222	171.28	173814	12911	1586	17073
2009	19853	30920	194.61	198662	14868	1755	19461
2010	21275	33398	220.72	225249	16008	1850	21905
2011	21767	35132	231.74	233376	14523	1677	22424
中国东方航空江苏有限公司							
2002	10523	20939	114.51	149500	22163	3001	16347
2003	13729	28499	150.53	189849	30545	4128	21068
2004	18538	39030	209.85	268120	36855	4962	28886
2005	22478	39129	222.04	284396	42765	5816	31137
2006	32617	57158	280.16	362358	47745	6645	38956
2007	40179	71608	349.80	447518	53238	7401	47279
2008	40965	75687	350.84	456758	46767	6665	47409
2009	44887	80820	408.16	527366	44387	6437	53477
2010	49539	88786	475.90	609535	54599	7755	62042
2011	57520	105431	555.32	709034	60752	8422	71552
中国东方航空武汉有限责任公司							
2002	14902	26857	142.38	125276	20378	2089	13270
2003	17749	32059	181.43	179343	29016	2993	19017
2004	19325	37977	223.28	217113	29164	3080	22469
2005	28021	42501	273.02	269631	29451	3253	27293
2006	27031	43194	253.04	259269	27291	2923	26077
2007	27726	48909	243.01	267619	27083	3045	26942

1-19　其他航空公司运输主要生产指标（续3）

年份	飞行班次（班）	飞行小时（小时）	旅客运输量（万人）	旅客周转量（万人公里）	货邮运输量（吨）	货邮周转量（万吨公里）	运输总周转量（万吨公里）
2008	24466	40228	203.65	203958	19680	2201	20426
2010	33904	58225	301.07	341367	27132	3227	33638
2011	35647	59476	310.31	326381	26756	2874	31956
中国联合航空公司							
1987			23.64	26667			1920
1988	2238	3652	20.87	24764			1816
1989	2181	3718	13.74	15459			1113
1990	3543	6063	26.39	32196			2318
1991	5773	9935	49.66	61809			4534
1992	5310	9785	48.38	65189			4688
1993	5925	11763	48.02	63672			4584
1994	5547	10940	38.69	50285			3621
1995	5680	11265	39.35	51528			3710
1996	6523	13090	41.38	53670			4026
1997	6219	13002	30.91	43815			3287
1998	6547	13896	34.78	50284			3772
1999	5325	11474	30.55	45919			4133
2000	4851	10417	33.56	51340			4621
2001	5310	11477	44.25	67943			6145
2002	4179	8876	34.09	52152			4788
2005	431	668	2.64	2354	103	11	222
2006	3706	6338	30.19	34601	2146	272	3358
2007	7531	15115	75.84	109341	7995	1320	11061
2008	11258	22928	123.54	175866	12311	2047	17727
2009	12652	25085	152.38	202651	11877	1904	19941
2010	17669	33375	218.65	278312	17619	2611	27358
2011	22304	41177	264.52	321086	23845	3465	31946
幸福航空公司							
2009	1300	1955	4.16	1757			157

1-19 其他航空公司运输主要生产指标（续 4）

年份	飞行班次（班）	飞行小时（小时）	旅客运输量（万人）	旅客周转量（万人公里）	货邮运输量（吨）	货邮周转量（万吨公里）	运输总周转量（万吨公里）
2010	4898	6460	15.04	7026			628
2011	7806	9831	23.86	11278			1008
中国货运航空有限公司							
2002	1605	13766			96967	54956	54956
2003	1894	16667			152802	73462	73462
2004	3208	25346			296086	116396	116396
2005	6231	28216			312384	127583	127583
2006	6388	29660			302418	124233	124233
2007	7635	34470			369037	146467	146467
2008	8410	34003			376474	145474	145474
2009	7648	31416			382586	142506	142547
2010	8097	37213			513364	204553	204553
2011	9641	48286			602395	288765	288765
长城航空有限公司							
1992	352	854	4.10	5748	670	99	512
1993	1681	3700	19.65	27439	3053	428	2391
1994	1083	1944	11.09	14778	2010	267	1322
1995	1952	3575	17.15	21925	2513	327	1891
1996	3624	7421	30.44	39690	5177	709	3654
1997	3789	7429	30.90	36425	4656	618	3326
1998	3968	7380	30.93	34962	5553	716	3314
1999	4095	8109	31.20	36752	7155	903	3629
2000	4095	7721	37.15	38511	8045	950	3804
2001	1425	2763	12.38	12783	2080	245	1383
2006	159	1559			8576	7528	7528
2007	1369	9841			90898	53949	53949
2008	1668	11801			110742	70624	70624
2009	1607	10175			124581	70603	70603
2010	2079	12696			185495	100395	100395

1-19 其他航空公司运输主要生产指标（续5）

年份	飞行班次（班）	飞行小时（小时）	旅客运输量（万人）	旅客周转量（万人公里）	货邮运输量（吨）	货邮周转量（万吨公里）	运输总周转量（万吨公里）
2011	682	4156			60616	32893	32893
上海国际货运航空有限公司							
2006	1553	7684			38027	21957	21957
2007	3723	19484			106397	62646	62646
2008	3960	21704			113327	65541	65541
2009	3320	18328			96454	60714	60714
2010	4734	22131			116117	73683	73683
2011	1532	5327			48109	15731	15731
新华航空控股有限公司							
2007	389	975	5.15	8617	871	152	921
2008	5089	11780	64.14	97688	7605	1233	9905
2009	5060	10890	67.73	89162	7659	1039	8980
2010	4968	11043	70.37	92189	8480	1160	9372
2011	4881	10853	72.96	95445	8645	1179	9682
中国新华航空公司							
1993	424	884	3.02	4073	473	80	372
1994	2544	5228	23.08	30590	2623	397	2595
1995	5808	12028	63.37	84811	6217	971	7054
1996	7584	17906	88.38	111362	9658	1387	9689
1997	9038	20891	94.78	117991	11688	1703	10486
1998	11972	26177	113.50	142302	15119	2349	12931
1999	12660	27961	118.46	147601	16383	2526	13502
2000	12991	27489	123.04	150487	19063	2855	14058
2001	17342	37090	160.58	214990	17273	2871	22115
2002	21897	49930	218.74	315213	31819	5359	33583
2003	22408	53602	268.53	411913	50698	8861	45686
2004	28732	70538	386.82	586931	67639	11911	64290
2005	39659	72331	367.09	497266	36578	5815	50071
2006	36271	71295	374.44	515586	43520	6869	52738

1-19 其他航空公司运输主要生产指标（续 6）

年份	飞行班次（班）	飞行小时（小时）	旅客运输量（万人）	旅客周转量（万人公里）	货邮运输量（吨）	货邮周转量（万吨公里）	运输总周转量（万吨公里）
2007	33808	67335	366.33	518953	43450	6891	52993
2008	28070	59445	337.95	487833	34531	5446	48804
2009	30277	64427	356.14	516959	35372	5735	51616
2010	38866	87857	496.61	780754	60377	11141	80428
2011	36158	84584	480.94	811275	55395	10463	82508
大新华快运航空有限公司							
2007	15212	20493	35.80	25193	548	42	2299
2008	41274	55386	130.21	101379	2334	241	9302
天津航空有限公司							
2009	50759	66619	232.71	188615	5241	642	17472
2010	66864	89492	386.10	349713	10203	1323	32507
2011	81739	115075	452.10	429744	12695	1608	39926
首都航空有限公司							
2010	24726	52422	303.29	429193	14066	2051	40023
2011	39468	79917	482.55	707051	23362	3514	66022
云南祥鹏航空有限责任公司							
2006	4694	5783	52.44	31020	1932	170	2927
2007	11365	17877	122.97	128720	7726	1260	12702
2008	16138	25761	174.15	192121	10876	1872	18981
2009	22268	37006	231.76	274902	19624	3149	27611
2010	26978	44948	271.21	337650	24712	4050	34069
2011	30964	52323	314.46	401847	27691	4730	40447
西部航空有限责任公司							
2007	2477	4791	24.23	32797	2900	413	3327
2008	7888	13924	79.63	94712	7602	961	9366
2009	11809	19366	123.11	140742	10478	1282	13772
2010	15282	25047	169.49	184036	14473	1729	18045
2011	14991	26136	197.31	217291	15265	1863	21136

1-19 其他航空公司运输主要生产指标（续 7）

年份	飞行班次（班）	飞行小时（小时）	旅客运输量（万人）	旅客周转量（万人公里）	货邮运输量（吨）	货邮周转量（万吨公里）	运输总周转量（万吨公里）
长安航空有限责任公司							
1993	495	755	1.55	850	58	3	64
1994	699	1369	1.74	1313	100	7	101
1995	1717	2986	6.46	3792	343	19	289
1996	3345	6849	12.47	7672	706	40	611
1997	3674	7456	13.25	8030	794	46	643
1998	3480	6713	11.87	6951	737	43	559
1999	3764	6876	12.35	7339	801	47	593
2000	5639	10578	16.67	10941	1053	72	887
2001	11409	23310	36.97	30703	905	82	2823
2002	14546	29645	52.11	45807	2055	226	4320
2003	19903	33895	82.57	80728	6112	892	8106
2004	27007	49275	159.13	185700	13963	2136	18723
2005	28292	50148	211.22	288057	19729	3246	28904
2006	25471	48443	221.00	302599	23026	3734	30676
2007	16154	35486	184.96	280566	19440	3274	28205
2008	13087	28178	152.13	225058	15652	2590	22598
2009	11879	25679	135.21	201387	13733	2338	20244
2010	17542	39164	215.37	333300	26337	4554	34228
2011	15098	34170	193.74	305507	21385	3727	30868
扬子江快运航空有限公司							
2003	2167	4751			17121	2189	2189
2004	3808	8343			31431	3940	3940
2005	6027	13327			47856	6959	6959
2006	7554	18225			73623	16843	16843
2007	8376	22353			98050	39288	39288
2008	6760	18234			78607	35186	35186
2009	7394	22862			113053	50089	50089
2010	9001	29736			167440	82779	82779
2011	10541	32094			172095	70552	70552

1-19 其他航空公司运输主要生产指标（续8）

年份	飞行班次（班）	飞行小时（小时）	旅客运输量（万人）	旅客周转量（万人公里）	货邮运输量（吨）	货邮周转量（万吨公里）	运输总周转量（万吨公里）
中国货运邮政航空有限责任公司							
1997	551	2571			3467	492	492
1998	1280	5128			10979	1866	1866
1999	907	3571			9199	1600	1600
2000	676	3451			9755	1884	1884
2001	1437	6298			15289	2531	2531
2002	1760	6075			16597	2218	2218
2003	2649	7646			24730	2968	2968
2004	4059	13865			39538	4627	4627
2005	5356	11326			50743	5677	5677
2006	7197	14716			67119	7485	7485
2007	8444	14873			81424	8396	8396
2008	10233	15741			94634	10067	10067
2009	10971	18737			116019	11335	11335
2010	12313	21210			137053	13792	13792
2011	14627	25372			155819	15431	15431
奥凯航空有限公司							
2005	1500	3244	20.88	32538	2189	330	3237
2006	4123	8837	46.93	73289	6402	947	7493
2007	7694	16056	70.69	111712	17002	2038	11982
2008	10491	19729	90.38	132306	29431	3526	15317
2009	9306	18128	96.05	143255	11756	1587	14370
2010	9802	18591	100.65	146625	10148	1515	14564
2011	19605	35754	200.88	289661	20589	3234	28992
春秋航空有限公司							
2005	1068	2068	18.05	23391	783	105	2181
2006	6745	12175	113.71	135168	8137	947	12926
2007	14201	27243	235.31	308869	13641	1579	28959
2008	17583	34691	294.38	375294	18073	2130	35535

1-19 其他航空公司运输主要生产指标（续 9）

年份	飞行班次（班）	飞行小时（小时）	旅客运输量（万人）	旅客周转量（万人公里）	货邮运输量（吨）	货邮周转量（万吨公里）	运输总周转量（万吨公里）
2009	25577	53644	431.29	587943	21945	2822	55174
2010	35494	74896	585.97	810864	34931	4853	76735
2011	43909	96557	715.08	1026072	38653	5614	96618
鹰联航空有限公司							
2005	1030	1956	10.36	12929	2293	327	1485
2006	6724	11811	63.50	71664	9673	1295	7683
2007	6832	12787	68.19	82348	11022	1501	8826
2008	7676	14766	72.02	90763	12408	1724	9795
2009	8792	15849	84.97	105544	10010	1421	10826
成都航空有限公司							
2010	14701	27152	140.99	186326	13282	1955	18498
2011	18801	34309	199.56	251637	15369	2264	24585
东海航空有限公司							
2006	304	648			2902	391	391
2007	1528	2822			15390	1723	1723
2008	2423	5566			28523	4092	4092
2009	4327	9321			49528	6688	6688
2010	5287	12218			64269	9038	9038
2011	6132	14878			76165	10391	10391
华夏航空有限公司							
2006	846	791	2.16	762	5		69
2007	8825	10063	26.53	17650	361	30	1603
2008	9156	11363	26.19	19081	623	64	1760
2009	9908	11468	29.94	19934	436	43	1816
2010	11274	14367	34.05	26789	780	88	2473
2011	12710	17378	37.74	33553	731	86	3073
上海吉祥航空有限公司							
2006	823	1587	6.56	7989	827	104	818
2007	8895	17108	96.92	127499	9721	1457	12795

1-19 其他航空公司运输主要生产指标（续 10）

年份	飞行班次（班）	飞行小时（小时）	旅客运输量（万人）	旅客周转量（万人公里）	货邮运输量（吨）	货邮周转量（万吨公里）	运输总周转量（万吨公里）
2008	12478	25023	141.97	193794	15850	2419	19641
2009	19899	40856	244.82	334565	23076	3475	33191
2010	27588	58188	358.82	515449	34776	5295	50984
2011	32951	73078	434.65	659174	41637	6510	65025
银河国际货运航空有限公司							
2008	214	1754			9699	8568	8568
2009	549	3742			31952	23164	23164
2010	545	4312			46973	33624	33624
2011	530	3639			48061	30655	30655
东北航空有限责任公司							
2007	474	915	1.35	2835			254
2008	5501	9316	22.73	29813	1113	237	2883
2009	4406	7118	16.98	21222	556	115	1999
河北航空有限责任公司							
2010	6514	9218	30.76	34368	1015	132	3190
2011	9615	17392	71.41	101901	6885	968	10024
顺丰航空有限公司							
2010	1090	2251			28951	3612	3612
2011	3018	6590			64013	8484	8484
西藏航空公司							
2011	1484	3490	13.49	19910	602	94	1873
友和道通航空有限公司							
2011	188	828			5044	1426	1426
中国通用航空公司							
1983	627	1268	0.45	11	3224	351	362
1984	1247	2187	1.33	586	4039	401	443
1985	1049	2149	1.53	780	3508	348	404
1986	1041	1980	1.44	733	4124	349	402
1987	1005	2155	1.66	956	3363	395	464

1-19 其他航空公司运输主要生产指标（续 11）

年份	飞行班次（班）	飞行小时（小时）	旅客运输量（万人）	旅客周转量（万人公里）	货邮运输量（吨）	货邮周转量（万吨公里）	运输总周转量（万吨公里）
1988	1655	5492	4.92	4099	6467	1207	1502
1989	1635	5876	5.08	4400	6813	1305	1623
1990	1876	5882	5.54	4391	5468	969	1286
1991	2209	7293	7.15	5365	8424	1341	1728
1992	3900	8958	30.86	37160	5242	773	3436
1993	5159	13157	40.17	49642	7404	1025	4579
1994	5961	13252	45.66	52475	7710	1035	4792
1995	8359	17165	72.57	83347	6730	871	6833
1996	8298	19881	69.11	83033	7139	971	7151
1997	8770	21601	70.75	88308	7345	1043	7604
福建航空公司							
1993	533	596	2.13	627	82	3	47
1994	2792	2569	12.42	3555	494	14	269
1995	3162	2557	13.98	3654	625	13	274
1996	4949	6335	49.98	36221	5815	496	3181
1997	4656	6937	44.09	37069	5165	501	3254
中原航空公司							
1991	416	637	0.65	429	59	4	35
1992	984	2184	2.77	2331	476	43	206
1993	561	1383	1.79	1655	271	25	144
1994	1157	2299	7.28	7353	566	62	590
1995	3654	6509	33.88	36459	2419	285	2892
1996	4911	9964	51.83	54953	4428	530	4615
1997	4790	10220	52.66	56439	5449	685	4876
1998	5191	11512	46.69	48663	5268	670	4278
1999	6090	13295	54.71	57025	6153	783	4994
2000	6193	13598	62.80	63255	9040	1097	5786
武汉航空公司							
1988	528	875	1.62	776			61

1-19 其他航空公司运输主要生产指标（续 12）

年份	飞行班次（班）	飞行小时（小时）	旅客运输量（万人）	旅客周转量（万人公里）	货邮运输量（吨）	货邮周转量（万吨公里）	运输总周转量（万吨公里）
1989	693	1040	1.85	844	53	3	63
1990	1168	1815	3.54	1693	67	5	127
1991	2145	3667	7.00	4464	220	13	327
1992	2077	3538	8.14	4278	442	17	312
1993	1656	2784	7.38	4290	489	22	331
1994	5222	7447	42.79	38504	3712	341	3089
1995	7670	11480	68.10	61317	6235	570	4944
1996	8607	16530	73.57	65635	6991	631	5502
1997	9382	16854	67.56	57506	6770	608	4874
1998	11128	20431	78.96	71231	9587	969	6260
1999	13446	26367	97.99	88318	14729	1452	7996
2000	13627	26838	107.33	94318	17532	1685	8685
2001	13966	26360	124.42	112085	17371	1822	11817
北航天鹅航空公司							
2002	8764	24718	91.31	153672	13980	3045	16737
中航重庆航空公司							
2002	13498	30105	145.51	184394	26160	3498	19928
中航浙江航空公司							
1996	6453	10467	43.73	40379	3397	370	3378
1997	6737	11370	45.83	42641	3507	387	3562
1998	8717	15517	69.26	64920	7511	810	5635
1999	10463	19792	84.39	85799	14109	1613	7980
2000	9845	19669	90.57	96419	15376	1810	8975
2001	10496	22305	95.58	109373	18523	2466	12234
2002	11055	23653	123.05	148508	29197	3866	17145
南京航空公司							
1994	482	695	1.37	687	54	2	52
1995	2443	2974	9.64	4293	310	14	320

1-19　其他航空公司运输主要生产指标（续 13）

年份	飞行班次（班）	飞行小时（小时）	旅客运输量（万人）	旅客周转量（万人公里）	货邮运输量（吨）	货邮周转量（万吨公里）	运输总周转量（万吨公里）
1996	5338	8032	28.80	18850	1429	103	1506
2002	6381	15669	55.12	57582	3339	397	5532
2003	2019	4825	14.92	15482	1172	136	1519
			新疆航空公司				
1986	3391	8317	22.28	39508	3033	617	3462
1987	4570	11209	34.10	70901	5713	1398	6503
1988	5394	13654	47.85	99634	8203	1981	15084
1989	5437	14091	47.03	98041	7953	1914	8977
1990	5983	15960	53.10	107337	8681	2048	9777
1991	6132	16784	56.56	120869	8461	2100	10804
1992	7263	20907	82.35	183815	12332	3150	16325
1993	7934	22648	89.97	207205	14025	3771	18617
1994	8714	26122	106.19	251443	17901	5065	23055
1995	9072	28990	122.29	296683	20409	5742	26941
1996	9816	37312	138.44	324213	23173	6475	30561
1997	9693	36856	128.90	296924	24860	6981	29040
1998	11590	45136	134.06	303513	26862	7342	29877
1999	11820	46344	144.48	317894	31727	8794	32351
2000	13820	48007	167.35	371794	35002	9771	37322
2001	13843	51810	156.93	353282	20425	6349	37781
2002	17782	58696	182.86	391738	27005	8245	43150
2003	21406	59981	214.83	409477	21619	6409	42956
2004	28698	73527	286.38	528474	25180	7375	54549
			云南航空公司				
1988	3292	6266	31.78	41664	5711	985	1502
1989	3596	6886	31.38	40074	5143	742	3628
1990	2998	5962	33.34	42173	4904	686	3723
1991	4936	6307	49.94	57236	6341	821	4944

1-19　其他航空公司运输主要生产指标（续 14）

年份	飞行班次（班）	飞行小时（小时）	旅客运输量（万人）	旅客周转量（万人公里）	货邮运输量（吨）	货邮周转量（万吨公里）	运输总周转量（万吨公里）
1992	6421	10743	83.50	94756	10864	1368	8154
1993	10601	18787	127.09	152870	18376	2420	13376
1994	11786	18657	145.79	167120	19815	2570	14542
1995	16728	24925	203.84	214481	23385	3043	18405
1996	20452	35350	252.99	266071	35131	4449	24229
1997	23412	41495	288.33	297782	56288	7606	29738
1998	27879	47968	331.09	327065	71683	10235	34502
1999	35273	55924	435.38	403366	77489	11074	40922
2000	32563	56723	344.96	345709	78237	11273	36874
2001	34448	61768	380.17	388250	69599	10412	44935
2002	39310	70283	393.43	400950	66760	10115	45801
2003	37359	66624	376.78	396347	60639	9132	44428
2004	40165	74416	464.10	523538	74647	11839	58476
北方航空三亚公司							
2002	5555	13935	66.16	92186	6612	1283	9507
2003	4686	14041	63.19	88890	5435	902	8840
2004	7617	21958	108.87	163845	8320	1439	16033
2005	13683	28749	130.81	215096	10626	1881	21003
广西航空公司							
2002	8404	14026	75.44	66552	7493	805	6740
2003	7678	11455	67.75	55485	6125	639	5582
2004	12073	18805	112.00	100199	7431	802	9729
2005	12534	19103	103.49	103692	6913	818	10054
2006	17338	26751	155.07	167048	9473	1244	16126
中国南方航空集团海南有限公司							
2006	17137	34088	162.83	250853	13671	2383	24629
2007	16608	29864	163.58	213225	10783	1573	20401

1-19　其他航空公司运输主要生产指标（续 15）

年份	飞行班次（班）	飞行小时（小时）	旅客运输量（万人）	旅客周转量（万人公里）	货邮运输量（吨）	货邮周转量（万吨公里）	运输总周转量（万吨公里）
鲲鹏航空有限责任公司							
2007	1343	1921	2.98	2431	47	5	223
2008	10291	14043	28.51	24706	539	64	2272
山西航空公司							
1997	343	640	0.80	468	34	2	37
1998	806	1796	2.10	1209	64	4	93
1999	1081	2731	2.40	1695	97	7	132
2000	1631	4117	4.20	2737	179	11	215
2001	5234	9381	14.10	9180	161	10	830
2002	9185	16770	33.39	34796	1712	267	3377
2003	11364	22780	82.40	105735	8480	1337	10777
2004	14825	29526	113.31	145381	10287	1592	14561
2005	25793	39055	151.36	169833	11107	1667	16775
2006	21403	34739	113.73	144740	10320	1736	14622
2007	7322	12583	52.35	68705	4320	749	6868
2008	4168	9182	50.04	74654	5492	890	7516
2009	5096	11493	61.42	93706	7382	1250	9578
金鹿航空有限公司							
2004	1217	2763	13.69	20521	788	115	1956
2005	3014	7057	34.79	45151	2118	290	4300
2006	4745	9623	54.92	61226	2305	291	5723
2007	9521	19582	109.81	144985	6329	902	13748
2008	14054	29155	155.26	223164	9294	1371	21089
2009	21814	44746	256.28	356227	12279	1755	33276
东星航空有限公司							
2006	2875	4772	25.09	26177	1290	154	2488
2007	9273	14681	85.78	84701	7557	863	8420
2008	14589	23351	143.01	150201	13014	1503	14880
2009	3532	5784	36.43	40119	2186	244	3795

1-20 北京—上海航线运输统计

年份	班次 (班)	旅客 运输量 (人)	货邮 运输量 (吨)	运输总 周转量 (万吨公里)	客座率 (%)
1956	389	4281	35	72	
1960	547	8189	145	22	
1961	176	300	402	41	
1962	247	1795	426	56	
1963	532	7133	980	154	
1964	770	15063	1485	285	
1965	249	8125	214	104	
1967	470	14511	1239	268	
1968	355	7719	676	147	
1975	814	90094	3115	1102	
1976	482	57303	2163	716	
1977	850	106855	3463	1292	
1978	1884	132120	5268	1661	
1979	901	109583	3459	1319	
1980	1708	170614	5232	2073	
1981	1653	182793	5188	9074	
1982	1356	143378	3249	1593	
1983	1443	165500	5143	2008	
1984	1737	226289	6362	2855	
1985	1906	268963	6700	3082	89.6
1986	1969	328046	6642	3559	
1987	2463	411671	7872	4416	
1988	2379	401204	8167	4560	86.1
1989	2241	331139	6400	3564	75.3
1990	2549	389367	7066	4164	72.1
1991	2418	450619	88484	4822	85.1
1992	2637	554386	13240	6261	89.6
1993	4050	757801	12520	7900	75.1
1994	3618	700539	11015	7234	78.0
1995	4582	881133	13887	9863	73.6
1996	5148	971237	16112	10470	76.0
1997	5790	977254	18140	10762	67.4
1998	6198	998670	23547	11584	64.0
1999	6285	1021342	32063	12733	65.5
2000	10554	1685386	54766	21345	67.0

1-20　北京—上海航线运输统计（续 1）

年份	班次 (班)	旅客运输量 (人)	货邮运输量 (吨)	运输总周转量 (万吨公里)	客座率 (%)
2001	18646	2518048	71041	35032	63.6
2002	16808	2096514	56098	28883	60.4
2003	19198	2563875	70537	35456	63.5
2004	24003	3519467	94570	48362	70.6
2005	25925	3938189	91649	54241	74.3
2006	27037	4439755	115995	60483	75.6
2007	28011	5143480	135628	70362	82.1
2008	27280	4989325	136966	68956	74.8
2009	30158	5775227	159206	79745	77.1
2010	31189	6800417	158903	90426	87.7
2011	30597	6438388	144578	84980	87.8

1-21　上海—深圳航线运输统计

年份	班次 (班)	旅客运输量 (人)	货邮运输量 (吨)	运输总周转量 (万吨公里)	客座率 (%)
1991	52	8962	130	104	86.6
1992	1270	221004	3222	2560	90.9
1993	2331	337690	7509	4235	73.7
1994	2272	334168	10030	4422	66.3
1995	1835	344687	10995	5145	79.7
1996	2644	406107	14818	5822	62.9
1997	2867	431886	18872	6521	57.0
1998	3262	510341	20617	7564	66.1
1999	4322	527088	26961	8827	56.8
2000	5189	680655	32350	11180	64.5
2001	7044	1000345	42308	17640	65.5
2002	9928	1309137	64923	24786	65.8
2003	13293	1683543	88822	32982	67.5
2004	17134	2148499	119299	42613	69.7
2005	18472	2223708	110340	43011	69.8
2006	18860	2277563	118702	43929	70.6
2007	18857	2572446	111354	46722	78.9
2008	19287	2691433	99793	46765	76.6
2009	20179	3112048	108721	53156	76.3
2010	22818	3439744	119910	58345	83.0
2011	24335	3603024	110417	59668	84.2

1-22 广州—上海航线运输统计

年份	班次 (班)	旅客运输量 (人)	货邮运输量 (吨)	运输总周转量 (万吨公里)	客座率 (%)
1956	31	440	1	7	
1960	487	6115	131	18	
1961	200	2069	362	44	
1962	213	2418	297	44	
1963	208	2415	307	44	
1964	287	5095	376	78	
1965	120	2427	205	37	
1968	18	212	51	5	
1976	194	14020	450	189	
1977	392	33579	849	398	
1978	695	46863	1353	562	
1979	667	61885	1383	718	
1980	1435	130778	3460	1592	
1981	1460	137330	3048	1587	
1982	1439	129549	3165	1534	
1983	1284	122500	3896	1520	
1984	1708	187349	5326	2294	
1985	2435	304670	8381	3724	90.7
1986	2817	384709	10022	3994	
1987	3237	463443	13370	5749	
1988	3875	601702	16847	7431	93.2
1989	3769	525994	14724	6496	78.7
1990	3666	619009	16556	7526	82.9
1991	3527	646275	18351	8105	89.3
1992	3686	759307	19963	9197	90.7
1993	4588	872779	25485	10881	85.5
1994	5424	844114	28806	11036	64.4
1995	5050	802678	32369	12165	64.6
1996	4869	845791	40691	12841	66.8
1997	5034	891227	40552	13237	64.9
1998	5602	946839	55075	15978	62.6
1999	6255	917001	66563	17284	58.2
2000	6456	1061478	68848	19012	64.3

1-22　广州—上海航线运输统计（续 1）

年份	班次 (班)	旅客运输量 (人)	货邮运输量 (吨)	运输总周转量 (万吨公里)	客座率 (%)
2001	7857	1288930	80640	25286	63.6
2002	9741	1489072	88868	28832	67.0
2003	11349	1212393	87536	25629	55.1
2004	14310	1636013	90121	31035	61.2
2005	15707	1811625	79308	33122	63.6
2006	16117	1947302	85095	33971	66.8
2007	17738	2346412	78800	37680	75.2
2008	17752	2360869	73744	37191	70.6
2009	18267	2589628	75672	40048	73.2
2010	19479	3259744	83976	48845	82.7
2011	19166	3188802	82491	48094	85.4

1-23　北京—深圳航线运输统计

年份	班次 (班)	旅客运输量 (人)	货邮运输量 (吨)	运输总周转量 (万吨公里)	客座率 (%)
1991	52	9186	86	156	88.8
1992	1415	252664	3873	4544	92.3
1993	2261	392321	8539	7531	72.2
1994	2892	430822	11160	8649	70.9
1995	2717	411746	11357	9166	69.4
1996	2881	476736	13147	10030	81.5
1997	3441	566521	17864	12426	73.1
1998	3925	668432	23956	15211	69.5
1999	4284	674019	31962	16923	64.0
2000	5717	829219	38907	20747	64.5
2001	8561	1096141	42627	29027	59.7
2002	8714	1195502	45980	31576	67.1
2003	9219	1254680	43465	32338	69.3
2004	11208	1627707	57000	42075	72.6
2005	12425	1922325	71087	50544	74.8
2006	12722	2088825	78104	54832	79.0
2007	12425	2186229	77972	56677	83.2
2008	12673	2241231	79172	57956	75.5
2009	16296	2654137	100331	69874	73.8
2010	17142	2906798	104700	75425	82.4
2011	17137	2966790	101238	75788	84.8

1-24 北京—成都航线运输统计

年份	班次 (班)	旅客 运输量 (人)	货邮 运输量 (吨)	运输总 周转量 (万吨公里)	客座率 (%)
1956	8	90	7	19	
1967	26	206	140	23	
1968	100	1675	519	92	
1975	62	4048	205	82	
1979	449	34794	902	526	
1980	721	52480	1235	851	
1981	498	32068	1338	731	
1982	854	76354	1610	1205	
1983	644	59400	1939	1050	
1984	775	103254	3139	1781	
1985	1174	146724	3457	2388	72.4
1986	1525	200089	3185	3005	
1987	1822	233567	4760	3663	
1988	1478	184238	4295	2986	87.1
1989	1424	156580	4084	2610	73.9
1990	1426	182338	3936	2901	83.5
1991	1486	211715	4138	3295	91.1
1992	1660	217901	4365	3397	85.3
1993	2718	347079	5520	5157	75.4
1994	3215	410842	6666	6138	79.5
1995	3371	469547	8009	7662	84.5
1996	4202	515847	9911	8220	73.5
1997	4229	543065	10654	8689	74.3
1998	4884	575019	11321	9203	68.5
1999	5593	651551	16964	11127	60.3
2000	5692	734093	20330	12739	63.5
2001	7248	850283	20776	16461	63.0
2002	7926	992647	23639	19125	63.3
2003	8423	1009033	25935	19775	66.7
2004	10607	1388532	32300	26594	71.7
2005	12547	1611966	38562	31325	72.3
2006	13904	1770261	45074	34440	70.7
2007	14351	2037488	46699	38788	78.3
2008	15385	1970351	55021	39140	71.0
2009	17313	2506469	56143	47436	75.3
2010	18410	2808035	61037	52728	80.7
2011	19427	3148321	64246	58206	85.0

1-25　北京—广州航线运输统计

年份	班次(班)	旅客运输量(人)	货邮运输量(吨)	运输总周转量(万吨公里)	客座率(%)
1956	468	6300	32	136	
1961	491	9068	1110	248	
1963	569	10041	1087	283	
1964	235	7372	236	165	
1965	362	13937	499	320	
1966	374	11352	1618	408	
1968	336	7500	1006	308	
1975	725	72699	2294	1444	
1976	579	53368	1827	1099	
1977	672	76841	2064	1481	
1978	1607	90995	4166	2279	
1979	1317	154642	4079	2963	
1980	1447	183799	5124	3581	
1981	1294	172949	3893	3184	
1982	1519	198024	4327	3576	
1983	1327	178900	4898	3481	
1984	2051	284730	6785	5350	
1985	3993	530013	10798	9515	
1986	4935	648223	11571	11443	
1987	5398	815578	16776	14357	
1988	4295	711651	1864	13783	89.0
1989	3436	456267	13683	9119	72.9
1990	3653	514901	14534	10157	76.4
1991	3729	644944	15306	12162	94.2
1992	3951	770463	16320	14077	93.0
1993	4616	911188	20162	16805	77.7
1994	5264	982760	27354	19224	77.4
1995	5725	1057236	36908	24031	73.2
1996	5354	1139225	52095	26937	74.4
1997	5398	1092320	61429	28090	70.5
1998	5574	1061037	71746	29664	65.7
1999	4974	861868	60644	24561	61.7
2000	5686	987806	61481	26575	64.8
2001	6658	1167779	56098	28883	60.4
2002	8223	1399019	66155	37673	66.7
2003	10180	1423595	66185	38132	62.9
2004	12612	2019031	70983	49497	72.5
2005	12843	2158202	79580	53813	74.4
2006	12605	2214392	89020	56324	76.3
2007	12119	2326799	83356	57264	81.2
2008	13074	2407497	76786	57308	74.3
2009	13376	2638698	87072	63308	74.6
2010	13487	2750660	87476	65325	80.8
2011	14126	3050191	95007	72065	84.9

1-26 北京—杭州航线运输统计

年份	班次 (班)	旅客 运输量 (人)	货邮 运输量 (吨)	运输总 周转量 (万吨公里)	客座率 (%)
1964	5	148	5	2	
1975	2	121	3	1	
1979	237	19284	394	216	
1980	306	24229	574	272	
1981	437	35086	771	389	
1982	322	30380	558	328	
1983	246	38600	1042	459	
1984	394	43409	1086	507	
1985	430	53194	1229	609	93.1
1986	806	90136	1666	990	
1987	762	99211	1571	1048	
1988	953	137911	2282	1466	89.0
1989	519	62492	963	636	77.5
1990	603	66737	1015	699	67.2
1991	1493	174097	2583	1815	76.0
1992	1765	251153	4219	2669	87.7
1993	2029	277122	4520	2926	71.9
1994	2440	331974	4106	3346	79.0
1995	2382	346633	4179	3757	84.1
1996	2777	389865	4782	4060	81.3
1997	2947	408671	4632	4208	71.3
1998	2998	418773	5585	4411	69.5
1999	3266	377362	8371	4380	62.9
2000	3296	388688	6820	4297	73.2
2001	5373	525653	6676	6447	62.3
2002	6978	740636	10503	9221	67.1
2003	6804	722806	13109	9355	68.4
2004	8978	1081063	19842	13990	76.5
2005	9989	1185334	20426	15233	78.6
2006	11888	1396124	22118	17592	78.3
2007	11760	1518689	26657	19505	82.1
2008	12860	1705977	28029	21680	81.2
2009	16043	2240291	39020	28559	78.6
2010	16424	2336223	39357	29705	85.1
2011	16721	2363769	39837	30030	86.8

1-27 上海—厦门航线运输统计

年份	班次 (班)	旅客 运输量 (人)	货邮 运输量 (吨)	运输总 周转量 (万吨公里)	客座率 (%)
1983	61	3700	45	27	
1984	292	25400	437	206	
1985	368	35733	832	295	90.9
1986	600	67149	2049	534	
1987	1102	128567	3069	990	
1988	597	67025	1252	534	87.6
1989	624	77355	1741	642	78.6
1990	1165	140042	2834	1134	76.2
1991	1407	163823	2964	1296	80.5
1992	1499	192325	2948	1470	91.2
1993	2697	331469	5469	2578	82.4
1994	2534	315427	7414	2630	77.3
1995	2411	344696	11351	3469	72.5
1996	3341	358458	13873	3561	60.4
1997	2943	339684	11637	3240	58.5
1998	3293	369882	15055	3728	56.2
1999	3538	316190	11638	3048	54.2
2000	3604	343331	11101	3229	56.9
2001	4367	387078	10226	3930	66.6
2002	4629	426580	10609	4298	61.0
2003	6664	593342	15139	5991	61.4
2004	8457	907458	22424	9093	70.9
2005	9966	1038257	18090	10018	74.0
2006	11177	1162013	24658	11272	71.4
2007	11645	1248149	26768	12114	75.4
2008	12173	1411512	26942	13465	77.6
2009	14734	1735349	31247	16524	78.0
2010	18870	2218454	34796	20583	77.7
2011	19964	2405112	32241	21876	79.9

1-28 北京—西安航线运输统计

年份	班次 (班)	旅客 运输量 (人)	货邮 运输量 (吨)	运输总 周转量 (万吨公里)	客座率 (%)
1978	18	1652	36	17	
1979	108	9750	173	91	
1980	290	21733	503	213	
1981	328	26435	661	263	
1982	1053	85875	1524	796	
1983	1017	80500	1764	784	
1984	1541	132627	2545	1251	
1985	1818	168784	3693	1648	93.3
1987	2642	303032	5563	2914	
1988	2793	354501	6602	3323	86.7
1989	1923	222443	4210	2092	75.6
1990	2604	282284	4696	2588	71.3
1991	2624	332914	4962	2999	83.3
1992	2983	412790	6490	3736	82.6
1993	3150	477985	8229	4399	74.0
1994	3531	502344	7511	4506	69.5
1995	3832	563363	7737	5297	66.9
1996	3864	632766	9568	5880	73.8
1997	3822	616683	9900	5791	70.4
1998	3885	613018	9415	5710	68.1
1999	4107	633818	12337	6179	64.3
2000	4636	725577	13262	6985	70.7
2001	5252	678996	6403	6974	61.4
2002	5864	708240	7450	7348	61.6
2003	6551	653667	7862	6888	62.2
2004	8933	983723	10389	10166	70.3
2005	10523	1220426	11012	12561	73.5
2006	11179	1354210	14002	13918	75.4
2007	10906	1514420	14824	14979	81.2
2008	12912	1626975	17056	16119	77.0
2009	14913	1970018	17514	19517	78.1
2010	14750	2121175	20684	20871	83.1
2011	15220	2468954	23710	24219	86.1

1-29 广州—杭州航线运输统计

年份	班次 (班)	旅客 运输量 (人)	货邮 运输量 (吨)	运输总 周转量 (万吨公里)	客座率 (%)
1979	294	25160	403	238	
1980	430	38176	663	367	
1981	418	37887	785	379	
1982	465	41773	853	416	
1983	448	35500	1025	386	
1984	448	53803	1262	553	
1986	828	98493	2147	994	
1987	1097	144151	3531	1498	
1988	1130	169468	4165	1769	93.2
1989	1076	139671	3370	1446	87.4
1990	1169	156366	3406	1578	87.9
1991	2015	265491	5612	2663	85.2
1992	2587	347299	6709	3398	90.9
1993	2857	418078	8407	4128	79.4
1994	2950	456393	11421	4747	72.9
1995	2905	470242	12926	5464	77.6
1996	3145	504587	15527	5760	72.1
1997	3059	502671	17670	5990	66.8
1998	3132	501544	28577	7187	63.5
1999	3328	459773	35702	7635	58.1
2000	3711	528679	37988	8445	61.1
2001	4803	637545	41559	10777	60.3
2002	5931	750561	37563	11457	64.2
2003	6315	693050	27346	9913	65.4
2004	8231	980728	29709	13101	73.0
2005	9461	1177394	29356	15101	77.9
2006	10140	1187452	28652	15193	73.5
2007	11472	1495405	26682	18067	84.4
2008	12228	1713958	25369	20096	87.2
2009	13117	1823110	28316	21491	83.7
2010	13511	1877431	31961	22404	86.6
2011	13565	1824679	31408	21809	88.4

1-30　广州—成都航线运输统计

年份	班次 (班)	旅客 运输量 (人)	货邮 运输量 (吨)	运输总 周转量 (万吨公里)	客座率 (%)
1964	56	901	146	10	
1965	6	4	19	3	
1977	16	727	26	10	
1978	102	9581	206	88	
1979	102	9002	218	116	
1980	162	14027	479		
1981	218	19626	649	279	
1982	282	23960	2947	352	
1983	202	17400	788	274	
1984	515	61743	1791	738	
1985	916	110228	3488	1530	100.0
1986	1333	6381	4561	2236	
1987	1847	247122	6634	3396	
1988	1757	803448	7722	3294	91.9
1989	2052	241436	8730	3508	76.3
1990	2050	272143	10875	4089	83.5
1991	2125	302698	9927	4263	90.6
1992	2115	287874	10553	4189	86.2
1993	3234	440814	15445	6313	76.7
1994	3981	498623	20554	7563	74.7
1995	3936	492837	19832	8191	77.6
1996	4897	532233	23184	8536	71.8
1997	5126	510931	22375	8267	68.8
1998	4597	499871	20394	7918	65.9
1999	5175	574458	23273	9060	58.0
2000	5045	570231	30200	9966	58.4
2001	5635	663383	30448	12309	62.9
2002	5947	769516	32046	13897	67.8
2003	5618	674512	27053	12096	66.4
2004	7644	918964	31886	15838	70.3
2005	7917	987672	33013	17002	72.0
2006	7645	1008751	32654	17055	78.0
2007	10067	1294962	37260	21186	79.5
2008	11210	1353306	36297	21703	77.0
2009	13009	1642625	37805	25396	79.4
2010	14059	1842428	41495	28362	80.9
2011	15166	2135985	43400	32442	83.5

1-31 成都—上海航线运输统计

年份	班次 (班)	旅客 运输量 (人)	货邮 运输量 (吨)	运输总 周转量 (万吨公里)	客座率 (%)
1960	273	497	303	9	
1964	80	2008	263	39	
1965	146	2999	514	71	
1980	102	7882	239	144	
1981	102	9442	258	165	
1982	206	19230	539	335	
1983	194	14400	675	318	
1984	292	36903	1275	700	
1985	412	54750	2049	1062	92.5
1986	762	96890	2444	1681	
1987	1018	130743	3610	2324	
1988	763	96387	2938	1760	85.6
1989	809	95106	3013	1757	77.1
1990	933	106493	3754	2035	76.2
1991	922	114136	3335	2058	86.4
1992	1093	150915	3455	2549	86.4
1993	1708	206225	5047	3540	69.7
1994	1943	239695	5671	4081	72.7
1995	1853	256306	5900	4711	81.1
1996	2546	303629	8300	5525	69.7
1997	2796	305330	9276	5721	64.0
1998	3345	320099	11849	6372	57.0
1999	3575	340470	13401	6908	54.7
2000	3648	390966	16573	8150	57.8
2001	4953	520885	20060	11886	63.8
2002	5336	532715	19403	11971	59.2
2003	5992	605563	24694	14080	60.7
2004	7599	825013	31706	18830	63.7
2005	9114	1056290	32170	22841	70.7
2006	10541	1187260	37561	25628	70.0
2007	11584	1312694	38488	27868	69.9
2008	11425	1258479	36622	26685	68.9
2009	12592	1622232	37802	32707	75.4
2010	12658	1773490	38742	35113	78.7
2011	13817	1869660	43970	37731	81.2

1-32 北京—南京航线运输统计

年份	班次 (班)	旅客 运输量 (人)	货邮 运输量 (吨)	运输总 周转量 (万吨公里)	客座率 (%)
1975	176	7260	185	65	
1976	190	6979	205	66	
1977	200	8746	211	82	
1978	509	31343	598	270	
1979	264	23064	547	209	
1980	504	38568	923	352	
1981	682	58781	1276	523	
1982	836	69671	1253	617	
1983	682	55600	1301	522	
1984	916	81188	1357	711	
1985	995	97545	1858	870	100.0
1986	1427	148385	2064	1251	
1987	1545	170317	2401	1439	
1988	1587	169070	2636	1453	90.1
1990	2138	211492	2925	1780	85.4
1991	1556	176709	2186	1462	91.6
1992	2273	265719	2735	2142	86.0
1993	3074	339810	3597	2766	81.7
1994	3166	353747	3431	2829	82.1
1995	3366	410668	3983	3612	88.3
1996	4072	469839	4516	3890	82.8
1997	4481	444067	4183	3670	71.7
1998	4728	440734	4961	3720	61.4
1999	4773	461765	9531	4342	58.9
2000	4657	469021	10523	4472	62.0
2001	6372	595912	7776	6000	60.9
2002	6326	659736	6741	6468	69.5
2003	6123	625846	7362	6236	64.1
2004	7676	834030	9769	8303	70.3
2005	7699	874582	12217	8935	75.0
2006	8263	988434	14088	10053	77.1
2007	9368	1176756	19990	12310	79.2
2008	10569	1260442	22077	13275	74.7
2009	12171	1584658	24094	16278	77.9
2010	12205	1712056	24501	17429	84.7
2011	11748	1549738	25732	16093	83.5

1-33 上海—青岛航线运输统计

年份	班次 (班)	旅客 运输量 (人)	货邮 运输量 (吨)	运输总 周转量 (万吨公里)	客座率 (%)
1982	2	43			
1984	38	1069	38	8	
1985	198	6702	211	47	56.0
1986	227	24364	586	162	
1987	326	22315	424	141	
1989	456	38451	806	248	58.5
1990	424	47355	1059	310	79.0
1991	556	67982	1479	442	87.8
1992	768	98620	2012	630	87.6
1993	932	113422	1931	698	82.1
1994	1635	197916	2775	1175	80.6
1995	1808	226539	2772	1410	81.0
1996	2145	253040	3510	1550	71.0
1997	2147	257174	3277	1555	66.2
1998	2359	262924	4201	1648	60.1
1999	2984	297556	5285	1896	57.2
2000	3899	392775	5568	2386	65.3
2001	5118	432635	4686	2958	64.3
2002	5170	516913	5141	3495	69.8
2003	6545	642199	6401	4363	67.5
2004	8595	914435	10116	6329	77.1
2005	9417	1003690	10770	6998	75.5
2006	9203	1080880	10234	7378	74.4
2007	9818	1255385	11025	8559	80.5
2008	10464	1260252	11442	8619	78.7
2009	11806	1428309	9654	9502	77.6
2010	13380	1711639	11184	11391	82.1
2011	13162	1674950	10968	11189	81.8

1-34 成都—深圳航线运输统计

年份	班次 (班)	旅客 运输量 (人)	货邮 运输量 (吨)	运输总 周转量 (万吨公里)	客座率 (%)
1992	544	65206	1459	890	79.2
1993	968	118105	2848	1639	72.1
1994	1240	135841	3686	1942	62.3
1995	1433	173679	4233	2641	70.7
1996	2007	220727	6503	3309	64.7
1997	2249	247630	7102	3681	66.4
1998	2776	290327	8104	4277	62.5
1999	3917	347382	10978	5301	55.5
2000	4435	398780	13563	6227	56.5
2001	4924	492550	15024	8508	62.7
2002	4957	523589	15961	9035	66.1
2003	5322	545037	17471	9548	66.4
2004	6511	729054	21019	12417	73.9
2005	7300	881421	25358	15077	76.9
2006	8670	1009747	29544	17315	74.5
2007	10002	1182103	31744	19830	77.6
2008	10255	1220989	29431	20031	79.2
2009	11537	1408641	34426	23120	80.3
2010	12220	1619253	42236	26945	84.4
2011	12935	1747858	46770	29139	85.0

1-35 上海—沈阳航线运输统计

年份	班次 (班)	旅客 运输量 (人)	货邮 运输量 (吨)	运输总 周转量 (万吨公里)	客座率 (%)
1964	162	1274	487	71	
1965	173	1584	546	78	
1968	26	136	93	12	
1978	18	96	60	6	
1980	104	7657	281	130	
1981	152	12990	441	195	
1982	360	27104	961	398	
1983	273	18500	691	279	
1984	202	18542	455	246	
1985	333	31275	775	413	95.1
1986	576	54319	1170	692	
1987	775	81232	1899	1057	
1988	742	83145	1946	1081	84.9
1989	738	75663	1621	964	71.4
1990	737	82591	1635	1034	77.0
1991	1050	122557	12226	1507	80.9
1992	1137	139990	2474	1710	84.9
1993	909	147987	2399	1778	79.3
1994	817	158917	3319	2012	75.8
1995	827	165411	4655	2476	77.6
1996	956	179844	4935	2510	75.5
1997	1084	154031	3878	2100	60.1
1998	1424	178562	5190	2527	57.7
1999	1923	200404	7853	3108	51.2
2000	1475	148587	3318	1948	65.1
2001	2412	200114	5061	3094	56.1
2002	3448	290308	8573	4664	51.8
2003	3680	393563	12188	6412	62.9
2004	5325	571513	15531	9019	62.1
2005	6001	621472	14596	9785	63.2
2006	6786	722726	21894	11752	68.2
2007	7329	865688	20696	13307	73.1
2008	8908	1023124	19442	15085	71.3
2009	10450	1272921	21000	18409	74.9
2010	11448	1583664	22635	22417	83.1
2011	12325	1683913	20342	23393	85.5

1-36 北京—昆明航线运输统计

年份	班次 (班)	旅客 运输量 (人)	货邮 运输量 (吨)	运输总 周转量 (万吨公里)	客座率 (%)
1955	23	194	3	6	
1956	330	6154	59	150	
1963	5	219	17	8	
1967	48	1217	119	33	
1968	50	1336	53	33	
1975	103	6310	138	160	
1976	104	4656	127	101	
1977	104	5829	137	126	
1978	145	7541	246	163	
1979	150	12142	255	252	
1980	301	23998	406	462	
1981	154	13118	270	267	
1982	228	21681	369	438	
1983	488	43900	780	867	
1984	637	19504	899	1205	
1985	700	68562	1261	1414	90.4
1986	973	107540	1424	1106	
1987	780	95158	1659	1937	
1988	747	83456	1574	1718	82.3
1989	543	58405	1177	1219	78.3
1990	511	61296	1044	1236	88.6
1991	858	97398	1441	1914	82.7
1992	1083	130266	1892	2549	86.4
1993	1708	166099	2431	3252	69.0
1994	1747	202616	2892	3949	83.1
1995	1868	220291	3288	4734	84.2
1996	2099	271958	4930	5719	77.9
1997	1831	290249	9331	7024	70.2
1998	2008	307579	11658	7839	67.2
1999	2326	386265	14343	9779	72.4
2000	3263	378873	16353	10107	57.2
2001	4489	543160	18064	15112	64.5
2003	4632	740396	28411	21448	70.9
2004	5437	1068910	41938	31096	79.8
2005	6289	1212901	50190	36089	80.6
2006	8088	1399725	46670	38771	82.6
2007	7279	1287579	45075	36256	84.8
2008	8568	1332045	39526	35943	79.4
2009	10251	1582467	46992	42655	77.8
2010	10394	1571095	39003	40590	83.2
2011	9991	1551957	35085	39215	86.0

1-37　北京—重庆航线运输统计

年份	班次 (班)	旅客 运输量 (人)	货邮 运输量 (吨)	运输总 周转量 (万吨公里)	客座率 (%)
1956	621	7704	85	182	
1977	18	1482	45	24	
1979	364	30993	584	456	
1980	323	27793	526	409	
1981	308	27506	516	407	
1982	382	32955	670	499	
1983	456	38400	825	591	
1984	606	55325	922	805	
1985	810	74016	1479	1112	90.3
1986	702	84088	1405	1222	
1987	729	82964	1743	1265	
1988	547	66140	1361	1003	90.2
1989	395	36378	872	572	67.6
1990	605	52473	1070	792	53.8
1991	526	70829	1110	1018	83.9
1992	658	83575	1266	1191	80.9
1993	1154	123248	1748	1736	72.1
1994	1242	147137	2489	2138	72.8
1995	1282	163367	2889	2610	70.4
1996	1555	203205	3478	3058	71.7
1997	2034	247457	3836	3658	67.3
1998	2454	251470	4040	3741	57.1
1999	2668	264182	5336	4107	53.1
2000	2802	312585	6612	4907	66.2
2001	3707	361422	7403	6525	59.1
2002	4497	431964	8648	7768	60.5
2003	4768	439615	10415	8167	58.1
2004	5879	587120	11641	10532	65.4
2005	6943	743478	12895	13135	73.6
2006	7701	854529	14378	14818	76.1
2007	9485	1115112	17678	19142	78.4
2008	10209	1159561	18701	19959	72.8
2009	12518	1434895	23199	24674	72.5
2010	12979	1529997	23738	26129	77.0
2011	13611	1751313	23679	29349	81.2

1-38 广州—海口航线运输统计

年份	班次 (班)	旅客 运输量 (人)	货邮 运输量 (吨)	运输总 周转量 (万吨公里)	客座率 (%)
1956	274	2844	22	15	
1961	768	13471	989	82	
1976	880	40470	611	184	
1977	904	43614	610	194	
1978	1151	45148	653	202	
1979	1480	56877	746	252	
1980	1358	61615	815	274	
1981	1700	75580	898	332	
1982	1992	91573	1120	407	
1983	1486	65200	844	294	
1984	1106	59619	742	275	
1985	840	96897	1549	449	95.9
1986	1485	169251	2106	753	
1987	2048	231536	225	998	
1988	1855	221866	2609	979	95.0
1989	2312	296742	3521	1311	93.2
1990	3083	414499	4405	1805	92.6
1991	3523	475119	5362	2085	96.4
1992	3647	603378	6610	2619	96.5
1993	2919	525831	5490	2267	95.9
1994	5122	707384	7496	3049	81.4
1995	5163	676123	6555	3156	77.9
1996	4698	655340	7022	2943	80.2
1997	5918	754796	8004	3372	77.0
1998	4769	591484	6066	2695	74.9
1999	5568	587532	9628	2899	63.8
2000	4473	443277	6507	2147	57.9
2001	3690	434374	3759	2310	72.0
2002	4825	546162	4534	2903	74.5
2003	8300	942403	8692	5053	72.2
2004	9799	1169699	9015	6163	74.6
2005	9854	1194223	8484	6296	75.3
2006	8567	1054179	7987	5504	77.4
2007	8546	1089410	7579	5729	84.2
2008	10884	1417240	7952	7354	84.8
2009	11249	1491995	9126	7768	86.3
2010	11482	1528533	11281	8047	87.9
2011	12034	1639686	12055	8600	89.6

1-39 大连—上海航线运输统计

年份	班次 (班)	旅客 运输量 (人)	货邮 运输量 (吨)	运输总 周转量 (万吨公里)	客座率 (%)
1984	2	46			
1985	341	13570	250	109	74.6
1987	421	54543	1041	520	
1988	490	59191	1124	565	84.0
1990	684	75252	1135	689	75.8
1991	870	107264	1622	985	86.2
1992	1226	147174	1970	1321	83.0
1993	1036	147414	2057	1332	83.2
1994	1067	178525	2286	1590	78.2
1995	1286	198553	2337	1893	78.7
1996	1782	233819	3398	2197	73.6
1997	2398	275989	4167	2610	65.1
1998	2315	254921	4887	2521	58.9
1999	2853	257215	6546	2693	51.0
2000	3049	271102	8874	2921	50.1
2001	2724	231567	5283	2608	56.3
2002	2679	2818	6324	3180	60.9
2003	3551	412838	10374	4754	65.6
2004	4404	565783	13120	6388	73.8
2005	5968	695868	14478	7931	67.8
2006	7432	841441	18542	9756	69.9
2007	7750	929753	22471	10976	70.8
2008	8430	952212	19129	10846	68.8
2009	10061	1286510	20171	14104	73.4
2010	11022	1487516	23375	16295	79.9
2011	10961	1566538	20072	16700	85.3

1-40 重庆—上海航线运输统计

年份	班次 (班)	旅客运输量 (人)	货邮运输量 (吨)	运输总周转量 (万吨公里)	客座率 (%)
1953	1	1	3		
1956	390	4291	69	102	
1960	487	6115	131	18	
1961	394	3093	135	318	
1962	292	2163	793	102	
1963	295	2450	767	96	
1964	128	1464	351	46	
1965	81	866	221	29	
1978	158	1164	441	57	
1980	102	8756	271	137	
1981	102	9118	222	84	
1982	164	15041	377	225	
1983	180	13800	426	219	
1984	372	30939	825	467	
1985	402	29640	936	524	86.8
1986	464	42469	1028	630	
1987	406	40260	1045	605	
1988	253	26503	631	392	92.3
1989	195	18455	399	265	77.6
1990	471	42934	1225	676	58.6
1991	521	59700	1501	909	74.5
1992	739	89976	2063	1310	80.4
1993	1157	126912	2818	1833	74.5
1994	1407	160115	3296	2273	70.1
1995	1403	182671	3635	2793	73.3
1996	1636	195930	4533	2947	68.1
1997	1970	216227	6191	3436	59.7
1998	1994	172178	7100	3067	47.0
1999	2128	171652	8145	3218	47.0
2000	2397	205965	11089	4063	48.0
2001	2429	244508	7684	4546	64.3
2002	3836	328416	10787	6182	55.5
2003	4483	366099	12655	6985	56.0
2004	5750	509344	15476	9385	62.1
2005	6142	707996	17288	12493	74.2
2006	7512	797777	20958	14178	68.2
2007	7736	809788	20929	14337	67.4
2008	8287	888756	20194	15314	68.1
2009	9443	1234558	21826	20297	80.5
2010	11119	1447209	21133	23036	80.3
2011	11918	1595643	24815	25717	82.9

1-41 上海—天津航线运输统计

年份	班次 (班)	旅客 运输量 (人)	货邮 运输量 (吨)	运输总 周转量 (万吨公里)	客座率 (%)
1979	130	3400	69	36	
1980	177	5022	101	53	
1981	34	569	12	7	
1983	48	1500	25	13	
1986	181	16273	346	173	
1987	377	33187	741	352	
1988	299	27979	597	296	88.3
1989	308	27865	515	286	78.7
1990	310	26898	532	280	84.3
1991	308	30872	623	322	93.4
1993	626	68975	920	666	79.5
1994	938	106474	1270	1010	81.3
1995	1145	132774	1613	1388	83.6
1996	1362	150010	2130	1513	79.2
2001	2506	203892	2544	2409	61.1
2002	3425	273666	3209	3195	64.1
2003	3536	331596	5237	4037	67.1
2004	5227	494926	9286	6208	65.7
2005	5543	599616	10203	7432	74.8
2006	7317	757712	13400	9395	73.4
2007	8022	789363	16589	10134	79.2
2008	8199	847175	15626	10624	76.3
2009	9062	1038534	14257	12440	78.9
2010	11388	1434897	18700	17027	84.0
2011	10707	1404886	18438	16744	84.7

1-42 北京—哈尔滨航线运输统计

年份	班次 (班)	旅客 运输量 (人)	货邮 运输量 (吨)	运输总 周转量 (万吨公里)	客座率 (%)
1954	133	489	23	20	
1955	254	1188	47	41	
1956	329	2258	64	56	
1977	18	1347	64	19	
1978	110	9558	277	111	
1979	314	25361	817	306	
1980	342	27066	971	339	
1981	457	40678	1226	482	
1982	598	53772	1314	524	
1983	527	46000	1453	482	
1984	673	70157	1901	705	
1985	895	92077	2756	950	92.8
1986	912	98548	2192	940	
1987	1037	104303	2430	1004	
1988	832	90876	2217	886	92.6
1989	805	86623	2359	868	84.1
1990	892	96697	2147	921	76.1
1991	1202	155527	2583	1392	89.3
1992	1402	188688	2726	1644	92.8
1993	1084	136289	1924	1202	70.2
1994	1731	255685	3434	2259	72.4
1995	2410	350419	4378	3412	78.9
1996	3200	399379	6788	3872	73.2
1997	3294	368412	6438	3599	66.9
1998	3674	375051	5261	3591	61.1
1999	4194	347012	4898	3315	54.5
2000	4075	373794	5306	3598	64.8
2001	5310	473422	5186	5102	61.1
2002	6071	591216	6412	6310	67.2
2003	6665	699211	6725	7010	68.9
2004	7798	861191	8843	8683	70.3
2005	9284	1008091	9279	10196	71.8
2006	9286	1129099	11695	11390	79.8
2007	9184	1169350	11805	11781	81.6
2008	9808	1191241	11792	11995	75.6
2009	10748	1387862	14274	13974	77.7
2010	10120	1331144	13033	13334	81.5
2011	9888	1375871	13753	13795	87.5

1-43　广州—南京航线运输统计

年份	班次 (班)	旅客 运输量 (人)	货邮 运输量 (吨)	运输总 周转量 (万吨公里)	客座率 (%)
1980	72	5629	143	69	
1981	207	18524	437	217	
1982	277	23909	593	285	
1983	300	24700	803	316	
1984	492	47536	1107	555	
1985	670	75431	1612	867	90.4
1986	1044	115674	2445	1325	
1987	1158	131973	3147	1556	
1988	1047	119773	2912	1420	96.6
1989	976	108466	2809	1307	91.0
1990	926	101137	2642	1223	85.8
1991	789	93754	2374	1123	91.3
1992	1107	147516	3307	1707	95.3
1993	1839	254605	5110	2872	86.1
1994	2032	260434	5879	3017	80.6
1995	2554	319280	6473	3960	80.1
1996	2957	343353	7270	4081	75.4
1997	2860	303950	7157	3699	65.6
1998	3165	298270	8795	3867	57.3
1999	3187	263423	10967	3813	50.8
2000	2804	258911	13814	4115	54.5
2001	2874	281088	13510	4800	56.7
2002	2885	339398	15229	5676	66.5
2003	3815	435228	16458	6648	66.7
2004	4649	508835	18146	7356	66.2
2005	4893	571751	17340	7794	72.6
2006	5322	594317	16970	7567	68.6
2007	7513	873661	22124	10906	76.2
2008	8822	1098437	21425	13469	83.6
2009	9704	1197582	23918	14689	82.4
2010	10945	1330960	25960	16307	82.9
2011	11331	1351242	27087	16380	83.0

1-44 北京—乌鲁木齐航线运输统计

年份	班次 (班)	旅客 运输量 (人)	货邮 运输量 (吨)	运输总 周转量 (万吨公里)	客座率 (%)
1954	22	322	3	8	
1955	43	501	4	17	
1956	30	382	3	14	
1958	96	820	12	24	
1960	2		7	1	
1975	104	8274	272	243	
1976	102	8640	283	247	
1977	172	12030	403	334	
1978	206	22030	474	555	
1979	206	25279	504	622	
1982	215	31144	708	838	
1983	166	22300	745	668	
1984	410	55288	1341	1516	
1985	579	78184	1783	2111	85.8
1986	675	94597	1985	2500	
1987	674	89062	2107	2417	
1988	679	97079	2297	2639	88.2
1989	689	93864	1976	2479	84.0
1990	668	84922	1775	2242	78.7
1991	869	131310	2254	3327	84.0
1992	872	158561	2559	3964	87.7
1993	740	192292	2932	4754	77.1
1994	755	203083	4124	5314	85.2
1995	803	215108	4614	6087	86.6
1996	801	203437	4251	5523	80.0
1997	702	173608	4477	4953	74.7
1998	823	169877	4698	4938	65.0
1999	830	183800	5069	5338	70.8
2000	1105	225955	5617	6385	70.3
2001	1418	251267	3860	7493	67.4
2002	1990	292054	5183	8912	67.1
2003	2861	410426	6669	12354	67.2
2004	4365	664454	10566	19868	72.4
2005	5683	818068	12864	24672	73.4
2006	6388	943823	16120	28149	73.9
2007	7051	1053291	18549	31936	79.8
2008	7378	1078498	16682	32010	80.4
2009	7410	1124927	20944	34354	79.9
2010	8434	1313216	24121	40076	82.4
2011	8500	1404870	24275	42399	87.7

1-45　北京—大连航线运输统计

年份	班次 (班)	旅客 运输量 (人)	货邮 运输量 (吨)	运输总 周转量 (万吨公里)	客座率 (%)
1977	276	8328	208	46	
1981	1309	38998	1225	228	
1982	967	29337	905	175	
1983	1136	3300	1280	214	
1984	1974	65276	1782	389	
1985	1869	90989	1907	490	85.0
1986	931	120143	2979	675	
1987	1081	128052	3127	712	
1988	1178	132477	3182	731	90.1
1989	1071	124088	3005	691	77.6
1990	1252	144656	2613	749	78.0
1991	1496	186880	3094	951	85.1
1992	1754	222839	2922	1098	87.3
1993	2047	257758	3044	1251	84.7
1994	2581	332083	3626	1594	79.0
1995	3191	395970	3521	2013	80.6
1996	3098	388332	3706	1897	75.5
1997	3159	388280	3520	1887	74.5
1998	3529	361320	3380	1763	61.2
1999	4523	429792	4305	2111	57.6
2000	4731	501326	6107	2524	63.3
2001	5659	554285	4597	3149	61.1
2002	5557	546583	4516	3099	60.9
2003	4710	578810	5577	3329	71.2
2004	6885	789601	6639	4475	69.0
2005	6962	845825	9454	4948	72.5
2006	7084	961251	10799	5595	76.8
2007	7207	1036851	12171	6054	77.9
2008	8257	1123014	13238	6571	75.9
2009	9792	1345960	13735	7746	77.2
2010	8765	1264584	14121	7345	83.3
2011	9435	1360326	11456	7672	85.9

1-46　北京—长沙航线运输统计

年份	班次 (班)	旅客运输量 (人)	货邮运输量 (吨)	运输总周转量 (万吨公里)	客座率 (%)
1975	139	5556	180	79	
1978	84	6213	209	92	
1979	101	6770	292	110	
1981	9	6	81	10	
1982	22	16	221	32	
1985	111	6689	629	157	
1986	294	25035	882	386	
1987	273	24161	994	396	
1988	218	15860	205	195	89.0
1989	287	21447	359	227	71.9
1990	514	49119	857	602	79.2
1991	508	69295	864	849	90.7
1992	629	81028	997	985	93.6
1993	1274	148299	1449	1748	86.7
1994	1715	190651	1769	2232	80.0
1995	1629	172466	1843	2252	78.9
1996	1631	175188	2058	2191	79.6
1997	1564	150862	2197	1947	70.6
1998	1376	118530	1730	1529	63.1
1999	1323	99959	1914	1356	57.5
2000	1447	130836	2762	1813	67.4
2001	2189	185999	4009	2994	63.2
2002	2126	222212	4737	3542	72.8
2003	2571	293125	9044	4917	67.2
2004	3324	372771	10087	6278	67.0
2005	3586	439068	9849	7130	74.5
2006	3515	498349	11554	8090	81.3
2007	3484	536717	12138	8703	86.9
2008	4628	660550	12838	10412	81.0
2009	6486	922934	15904	14138	80.2
2010	8812	1241079	17904	18506	81.5
2011	9272	1441673	20470	21463	85.9

1-47 西双版纳—昆明航线运输统计

年份	班次 (班)	旅客 运输量 (人)	货邮 运输量 (吨)	运输总 周转量 (万吨公里)	客座率 (%)
1990	192	23905	178	85	128.6
1991	431	57568	322	201	95.4
1992	718	98461	472	337	96.8
1993	1072	146684	633	499	95.4
1994	1788	243397	799	818	95.3
1995	3409	458860	1008	1671	93.6
1996	4771	617176	3607	2224	89.3
1997	5428	678048	4757	2476	85.3
1998	4360	516151	5286	1954	84.2
1999	3778	474761	3289	1716	89.8
2000	1925	205311	3697	847	76.8
2001	4693	497769	7385	2176	76.5
2002	2686	255732	2530	1132	71.1
2003	2941	302022	1557	1276	78.3
2004	6122	693832	3152	2915	84.3
2005	8114	906574	5768	3881	82.5
2006	8790	919795	4849	3889	78.1
2007	8657	921175	4329	3853	79.9
2008	10173	1105409	3757	4584	80.7
2009	11262	1266974	5042	5286	82.2
2010	11252	1237396	5628	5173	79.5
2011	9431	1084594	2789	4460	83.4

1-48 北京—武汉航线运输统计

年份	班次 (班)	旅客 运输量 (人)	货邮 运输量 (吨)	运输总 周转量 (万吨公里)	客座率 (%)
1983	4	200	8	3	
1984	7	383	18	5	
1985	331	35373	736	376	90.7
1986	315	69391	1231	707	
1987	692	70477	1491	747	
1988	785	63451	1321	669	85.1
1989	713	53429	1033	555	75.3
1990	753	60158	1072	614	81.2
1991	1031	92049	1110	879	84.8
1992	1213	122045	1366	1148	91.2
1993	1316	135895	1629	1290	89.0
1994	2689	247383	2297	2272	72.3
1995	2547	312143	2358	3076	79.2
1996	3038	392903	3651	3787	80.0
1997	3385	373781	4126	3683	68.9
1998	3423	325020	4627	3278	59.3
1999	3118	270289	5856	2954	54.2
2000	3416	282044	6510	3127	52.6
2001	3615	302238	6205	3778	52.8
2002	3924	361371	8276	4614	56.7
2003	4618	426114	8677	5320	60.8
2004	5678	558317	9220	6726	65.0
2005	6412	627022	8781	7769	70.7
2006	6910	687773	16304	8849	73.1
2007	7099	772167	15605	9560	74.1
2008	6950	845180	11301	9868	75.1
2009	8728	1122308	12251	12741	78.3
2010	9113	1196337	12914	13542	80.5
2011	9896	1350445	14112	15294	84.5

1-49 广州—三亚航线运输统计

年份	班次 (班)	旅客 运输量 (人)	货邮 运输量 (吨)	运输总 周转量 (万吨公里)	客座率 (%)
1960	1	4	2		
1961	30	853	45	5	
1962	6	184	4		
1985	220	7727	61	47	83.5
1986	324	12220	96	73	
1987	294	10903	96	66	
1988	206	6947	58	42	71.7
1989	145	4545	39	27	62.6
1990	185	5790	43	34	62.6
1991	158	5972	38	35	75.6
1992	194	6079	27	34	77.7
1993	698	21603	91	121	86.0
1994	602	39483	231	227	63.6
1995	1133	104471	731	684	62.8
1996	1380	130226	1188	806	65.2
1997	1499	139338	1342	866	62.9
1998	1372	127028	1252	792	57.9
1999	956	69478	587	424	48.6
2000	955	79657	731	490	55.7
2001	2356	218524	745	1491	57.1
2002	3075	298298	881	2038	60.8
2003	4665	479652	1276	3263	65.1
2004	5985	690475	1627	4683	71.3
2005	7056	805572	1995	5415	69.2
2006	6193	730664	1494	4881	74.5
2007	6360	775778	1539	5177	81.0
2008	8112	1040891	1758	6900	81.9
2009	7963	1073521	1832	7129	84.0
2010	8958	1193112	2800	8012	83.0
2011	9445	1325504	4149	8997	86.0

1-50 长沙—上海航线运输统计

年份	班次 (班)	旅客 运输量 (人)	货邮 运输量 (吨)	运输总 周转量 (万吨公里)	客座率 (%)
1982	1	12			
1985	39	1252	30	12	
1986	196	9140	198	81	
1987	310	14793	413	140	
1988	257	12178	254	109	81.1
1989	216	11457	118	90	78.4
1990	397	41792	604	346	77.3
1991	405	52201	771	437	90.8
1992	437	56209	987	485	89.9
1993	729	89920	1114	730	89.0
1994	1328	144319	1562	1149	75.2
1995	1383	153245	1640	1343	75.6
1996	1531	171930	1977	1430	78.1
1997	1676	152896	1568	1253	63.7
1998	1567	145902	1857	1231	67.7
1999	1357	129945	2001	1129	70.5
2000	1666	152629	2045	1298	65.6
2001	2281	188744	1748	1802	59.8
2002	2067	201914	2370	1976	75.0
2003	3362	255314	4178	2489	58.0
2004	3906	357854	6141	3389	65.5
2005	4419	445379	7953	4176	71.2
2006	5417	515235	9452	4512	67.0
2007	5687	605438	9489	5294	73.7
2008	5797	609211	8869	5305	70.4
2009	7337	843948	10492	7303	72.9
2010	8581	1159621	13319	10007	81.5
2011	9116	1178799	13357	10228	81.3

1-51 重庆—深圳航线运输统计

年份	班次 (班)	旅客 运输量 (人)	货邮 运输量 (吨)	运输总 周转量 (万吨公里)	客座率 (%)
1992	437	52966	1101	603	80.0
1993	742	86519	1581	976	76.6
1994	951	102130	2020	1153	67.9
1995	1106	128841	2127	1529	74.9
1996	1776	176484	3369	2044	64.9
1997	1669	190860	3611	2248	73.0
1998	2027	202595	3937	2404	64.2
1999	2895	223769	6376	2927	47.4
2000	2714	248966	8349	3431	54.9
2001	2690	254067	8178	3900	56.4
2002	3034	282307	7866	4229	61.7
2003	4423	396776	8959	5678	62.7
2004	5048	529224	11285	7488	71.6
2005	5830	621511	12179	8623	71.9
2006	6957	765878	15203	10516	73.3
2007	7977	950370	18271	13022	78.3
2008	8836	1007231	19021	13677	75.4
2009	9229	1052007	19142	14176	75.0
2010	9492	1151270	20554	15530	80.7
2011	10501	1421203	22522	19064	85.9

1-52 哈尔滨—上海航线运输统计

年份	班次 (班)	旅客 运输量 (人)	货邮 运输量 (吨)	运输总 周转量 (万吨公里)	客座率 (%)
1981	52	4297	125	85	
1982	95	8424	238	156	
1983	116	8500	310	169	
1984	192	20606	627	386	
1985	290	33294	996	634	88.8
1986	494	85086	1002	920	
1987	443	54363	1250	957	
1988	451	59866	1511	1079	91.5
1989	466	51546	1197	910	76.9
1990	553	61091	1211	1040	76.7
1991	737	84916	1697	1448	80.3
1992	803	100108	1851	1676	87.0
1993	755	112415	1576	1788	73.1
1994	915	147933	2625	2454	65.1
1995	964	151345	3711	2884	64.5
1996	993	126419	3028	2309	59.8
1997	940	109829	2225	1931	64.2
1998	1151	115636	2500	2061	63.3
1999	1578	111722	2851	2068	46.2
2000	1642	129541	3105	2344	55.6
2001	1615	141980	2524	2782	60.3
2002	2164	225762	4059	4433	66.5
2003	3126	301121	5880	6028	59.9
2004	3989	414595	6902	8074	63.3
2005	5173	552701	7359	10584	64.1
2006	4819	555982	8680	10775	71.9
2007	5217	633662	9544	12198	71.5
2008	6623	798414	11268	15282	71.7
2009	8286	1043647	12172	19578	76.3
2010	8641	1149682	12278	21315	82.7
2011	8749	1230725	11733	22616	87.3

1-53　北京—长春航线运输统计

年份	班次 (班)	旅客 运输量 (人)	货邮 运输量 (吨)	运输总 周转量 (万吨公里)	客座率 (%)
1982	24	15	193	18	
1984	13	284	10	3	
1985	216	9113	257	72	60.7
1986	671	84090	1579	711	
1987	940	88282	2120	791	
1988	854	89437	2110	798	95.5
1989	765	71371	1777	645	78.4
1990	787	80534	1729	703	74.5
1991	885	109294	1747	898	84.8
1992	841	113282	1515	902	92.9
1993	1159	139030	1745	1091	86.0
1994	1562	183544	2070	1426	82.0
1995	1887	231892	2266	1945	87.3
1996	2620	297637	2927	2354	80.8
1997	2669	279875	2815	2220	74.6
1998	3065	280557	2993	2242	64.8
1999	2886	269068	3083	2168	66.5
2000	3483	335279	4273	2742	68.1
2001	4498	383729	3139	3510	60.3
2002	4789	403910	2885	3656	59.6
2003	4618	462421	3409	4061	71.5
2004	5481	577840	4285	5074	71.1
2005	5830	620330	5400	5669	72.0
2006	7082	827570	8257	7679	76.0
2007	6659	865262	8920	8071	80.4
2008	8279	1035337	9214	9527	77.4
2009	9341	1179034	12281	11006	78.1
2010	8717	1144814	13102	10797	81.4
2011	8556	1174998	13348	11065	88.4

1-54　广州—重庆航线运输统计

年份	班次 (班)	旅客 运输量 (人)	货邮 运输量 (吨)	运输总 周转量 (万吨公里)	客座率 (%)
1956	153	2423	25	35	
1980	34	3214	76	34	
1981	102	8496	198	89	
1982	96	8358	215	88	
1983	142	11200	361	125	
1984	240	22126	556	229	
1985	443	39477	1058	421	91.6
1986	509	46217	1354	502	
1987	585	61359	1814	673	
1988	361	40127	1035	418	94.4
1989	433	50071	1346	528	89.0
1990	1087	124377	3580	1357	73.9
1991	1442	196643	4973	2140	84.2
1992	1572	222627	5727	2572	87.9
1993	2498	343344	7631	3824	86.7
1994	3643	453541	9825	5018	75.5
1995	4108	522407	11091	6064	74.9
1996	5128	587698	14681	6931	68.1
1997	4384	482771	13070	5814	67.4
1998	4008	417396	11917	5092	60.2
1999	3818	332323	13035	4473	48.6
2000	3743	364118	15212	5003	56.9
2001	4435	438443	13714	6257	60.6
2002	4218	477379	13269	6612	68.3
2003	4414	459294	14237	6543	64.5
2004	5387	577566	14809	7860	70.3
2005	6551	679220	15823	9109	69.4
2006	7028	756164	15035	9784	73.6
2007	7554	883307	15455	11173	78.5
2008	8945	1012644	18287	12863	74.6
2009	9458	1100704	17956	13753	76.5
2010	9901	1143433	19002	14321	79.2
2011	10565	1389728	18761	16874	85.3

1-55 北京—青岛航线运输统计

年份	班次 (班)	旅客 运输量 (人)	货邮 运输量 (吨)	运输总 周转量 (万吨公里)	客座率 (%)
1982	3	11			
1984	236	6068	197	42	
1985	213	6566	226	45	58.7
1986	228	25758	459	150	
1987	533	32463	506	184	
1988	589	32140	448	161	74.8
1989	385	27796	443	120	70.7
1990	388	41140	660	231	76.1
1991	537	64114	916	357	85.2
1992	742	90640	1358	508	86.7
1993	925	114469	1956	657	86.7
1994	1591	185795	2616	1030	84.7
1995	2288	252144	2699	1448	79.8
1996	2298	272740	3057	1512	82.5
1997	2754	309725	3263	1703	67.7
1998	2828	312905	3667	1744	63.5
1999	2946	334350	4568	1906	64.6
2000	3672	390399	5532	2240	68.2
2001	5700	476275	3896	3007	59.1
2002	4878	500814	3932	3154	73.6
2003	4886	463354	3036	2877	70.9
2004	6903	796367	4329	4890	81.6
2005	8169	974211	5091	6025	81.4
2006	7970	1007178	5895	6216	83.4
2007	7635	904900	6376	5650	77.3
2008	7581	894174	7939	5692	76.7
2009	8438	979729	8016	6178	75.3
2010	8471	1101935	7783	6865	81.8
2011	8506	1137163	6427	6966	82.4

1-56 上海—西安航线运输统计

年份	班次 (班)	旅客 运输量 (人)	货邮 运输量 (吨)	运输总 周转量 (万吨公里)	客座率 (%)
1968	64	99	123	13	
1978	26	1014	43	15	
1980	127	6358	162	83	
1981	254	16779	521	229	
1982	188	12725	279	159	
1983	571	44400	1160	564	
1984	606	47651	1145	621	
1985	1338	104420	2574	1345	81.6
1986	1011	110087	2365	1402	
1987	1399	157213	3384	1987	
1988	1584	176085	3723	2212	78.2
1989	1148	101705	2417	1316	63.0
1990	1029	100863	2334	1296	65.1
1991	990	119015	2734	1529	77.5
1992	1449	178991	3322	2186	75.5
1993	1427	203614	3581	2460	77.0
1994	1660	214659	3475	2553	69.1
1995	1429	188502	3193	2378	63.3
1996	1388	196736	3720	2489	66.3
1997	1468	202164	3671	2535	63.6
1998	1336	159037	3565	2083	58.9
1999	782	90984	2947	1315	56.3
2000	1325	165017	4292	2239	60.6
2001	1284	128200	2160	1843	57.9
2002	1421	130617	2927	1973	55.0
2003	3304	323622	6986	4860	59.9
2004	5002	540787	10863	8000	65.6
2005	6144	686008	11763	9993	68.4
2006	5309	569372	10343	8344	68.7
2007	4948	567970	9128	8217	75.6
2008	5822	656193	11538	9636	71.6
2009	6480	738521	12203	10737	72.1
2010	7889	1030056	13444	14496	81.9
2011	8594	1110536	12993	15448	80.8

1-57 北京—呼和浩特航线运输统计

年份	班次 (班)	旅客运输量 (人)	货邮运输量 (吨)	运输总周转量 (万吨公里)	客座率 (%)
1960	11	3	4		
1962	5		4		
1981	269	6615	131	26	
1982	448	10160	203	41	
1983	362	7200	181	31	
1984	413	9216	294	43	
1985	661	16394	388	70	72.2
1986	198	5088	120	22	
1987	526	18948	321	75	
1988	444	25239	341	96	79.3
1989	633	35280	347	127	65.9
1990	805	32944	489	127	52.4
1991	1242	62090	688	229	68.0
1992	1252	87190	782	312	87.9
1993	1177	100839	1072	369	84.0
1994	1234	119847	1208	436	83.3
1995	1335	135484	1212	525	87.0
1996	1516	148281	1359	552	88.1
1997	1427	152030	1357	564	84.2
1998	1763	167201	1322	613	73.6
1999	2026	179010	1679	668	66.3
2000	2829	251540	2233	933	68.8
2001	3564	276493	1365	1162	63.2
2002	3258	296196	1799	1259	75.0
2003	3576	349801	2487	1503	75.7
2004	4913	505818	3578	2167	78.0
2005	5474	545535	3422	2343	75.0
2006	5497	536517	3558	2281	71.6
2007	4986	544467	4405	2361	80.1
2008	6567	730927	6007	3168	76.7
2009	7587	935785	7147	4027	82.8
2010	7579	1026801	9093	4469	88.9
2011	7728	1088612	9901	4740	87.8

1-58　福州—上海航线运输统计

年份	班次 (班)	旅客 运输量 (人)	货邮 运输量 (吨)	运输总 周转量 (万吨公里)	客座率 (%)
1980	216	8056	182	59	
1981	450	16917	298	119	
1982	582	31138	516	173	
1983	303	19100	498	127	
1984	217	17666	344	113	
1985	610	45585	1062	294	94.3
1986	636	50154	1118	325	
1987	990	79042	1331	462	
1988	1059	96549	2234	623	88.8
1989	893	92589	2157	600	86.7
1990	1094	119040	2337	738	76.9
1991	1551	162930	2666	976	76.3
1992	1535	193803	3098	1153	88.7
1993	1799	224252	3503	1328	84.6
1994	2502	259739	4270	1549	75.3
1995	2406	275061	5432	1878	82.0
1996	2890	317316	5727	1988	79.2
1997	3438	328404	5489	2029	64.8
1998	4048	356117	8932	2403	52.4
1999	4455	346241	10239	2440	51.4
2000	4213	358322	10307	2507	52.2
2001	4657	384169	9184	2946	51.7
2002	4952	425289	10420	3269	57.6
2003	6381	492418	10937	3726	57.1
2004	7170	641117	10776	4615	66.3
2005	7155	677509	7905	4713	71.6
2006	7036	702535	9316	4882	69.5
2007	6683	725703	10114	5074	71.2
2008	6923	748445	10107	5213	71.4
2009	9248	963166	9569	6517	70.2
2010	9204	1018172	11807	6997	72.4
2011	8117	958630	11928	6659	77.1

1-59 北京—沈阳航线运输统计

年份	班次 (班)	旅客 运输量 (人)	货邮 运输量 (吨)	运输总 周转量 (万吨公里)	客座率 (%)
1954	234	374	1	3	
1955	352	413	12	10	
1956	264		1		
1957	63	476	6	6	
1958	211	256	14	1	
1960	83	5	73	5	
1962	69	36	124	8	
1963	25	8	24	1	
1975	58	2932	275	33	
1976	18	1235	73	11	
1977	98	7212	318	55	
1978	26	1560	61	11	
1981	253	12372	935	117	
1982	358	18508	994	151	
1983	310	15900	859	131	
1984	663	36130	1220	1140	
1985	1423	76804	2480	524	84.3
1986	1194	85330	2562	568	
1987	1953	164238	4363	1100	
1988	1565	151494	3370	927	88.0
1989	1465	122735	2885	714	70.9
1990	1406	114823	2434	694	60.5
1991	1409	149297	2212	841	74.5
1992	1546	198360	2788	1106	88.4
1993	1432	179803	2305	989	82.2
1994	1947	272497	4493	1564	69.6
1995	1556	295349	3959	1772	85.4
1996	2359	325703	5904	1966	72.4
1997	3274	374107	5446	2170	63.1
1998	3822	410970	5027	2321	61.1
1999	3898	442356	5675	2516	63.8
2000	4223	496242	8140	2944	60.1
2001	4541	512624	6696	3423	52.0
2002	6092	563243	5171	3619	58.6
2003	6928	708890	5112	4469	66.5
2004	8138	887167	7170	5634	68.8
2005	8391	920345	7997	5938	73.2
2006	8532	1073072	9549	6866	78.5
2007	8349	1080444	9744	6897	80.8
2008	8892	1021258	9998	6596	72.4
2009	9377	1067332	11134	6926	77.0
2010	7876	1015224	11165	6625	84.0
2011	7825	1137835	10712	7303	85.8

1-60 上海—武汉航线运输统计

年份	班次 (班)	旅客 运输量 (人)	货邮 运输量 (吨)	运输总 周转量 (万吨公里)	客座率 (%)
1983	376	12600	322	93	
1984	594	18439	419	133	
1985	4	233	5	2	59.1
1986	1194	70471	1159	525	
1987	1623	107101	1467	699	
1988	1289	94601	1418	629	88.5
1989	1070	75185	1007	489	90.7
1990	976	83565	1140	545	88.9
1991	1035	95380	1404	629	89.8
1992	1324	137736	1835	892	92.2
1993	1822	182272	2564	1192	89.6
1994	2678	266709	3720	1739	76.9
1995	2676	302978	4599	2187	77.1
1996	2923	369686	5689	2544	68.8
1997	2857	384590	6104	2661	69.4
1998	2909	313149	6936	2308	57.8
1999	3115	326215	8026	2461	60.0
2000	4229	350727	7243	2542	51.7
2001	4540	387326	5507	3059	54.3
2002	4171	446508	5937	3499	66.9
2003	5377	506644	7832	4054	58.1
2004	6738	669282	9738	5310	61.3
2005	7394	749756	8730	6036	68.5
2006	8758	853211	16495	7080	67.8
2007	9691	959846	16751	7854	70.0
2008	8838	981539	11894	7617	72.7
2009	8193	888915	10048	6903	71.0
2010	8281	985229	10817	7613	76.6
2011	7614	921375	10219	7153	77.6

1-61　北京—福州航线运输统计

年份	班次 (班)	旅客 运输量 (人)	货邮 运输量 (吨)	运输总 周转量 (万吨公里)	客座率 (%)
1982	74	6534	77	93	
1983	138	12200	195	180	
1984	228	20663	356	310	
1985	496	45423	745	676	89.9
1986	729	135404	1138	1006	
1987	782	80287	1262	1194	
1988	689	75536	1495	1165	91.5
1989	684	70255	1178	1052	78.7
1990	692	72919	1028	1040	87.7
1991	699	80637	1245	1185	93.6
1992	871	102582	1551	1499	93.6
1993	1440	140086	1761	1982	77.8
1994	1502	142487	2129	2072	74.4
1995	1396	161097	2314	2555	87.4
1996	1564	203361	3521	3140	80.8
1997	1938	220026	3615	3366	71.7
1998	2367	243087	4840	3873	66.3
1999	2179	221747	6138	3859	67.0
2000	2479	245083	7419	4401	65.8
2001	3264	332656	6768	6130	66.4
2002	3782	390879	10347	7619	61.1
2003	3923	424830	9890	8055	69.0
2004	4912	593140	11404	10838	74.5
2005	5140	672402	12029	12232	78.0
2006	5865	750415	13754	13516	76.5
2007	5631	727685	12587	13012	77.4
2008	5847	721543	12013	12839	75.4
2009	6689	794615	12967	14075	71.2
2010	7926	962837	15374	17002	73.1
2011	7284	930917	15158	16471	74.4

1-62 北京—厦门航线运输统计

年份	班次 (班)	旅客 运输量 (人)	货邮 运输量 (吨)	运输总 周转量 (万吨公里)	客座率 (%)
1984	90	7300	95	110	
1985	448	43867	671	681	86.7
1986	641	71107	1084	1098	
1987	902	105442	1574	1628	
1988	215	24533	357	377	92.5
1989	62	9227	155	139	71.5
1990	24	3834	83	61	90.1
1993	900	117015	2545	1939	79.4
1994	793	124886	3773	2253	79.7
1995	1424	175969	4839	3393	75.5
1996	1770	217362	5699	3882	70.4
1997	1505	213649	5891	3867	72.7
1998	1442	192011	5955	3594	65.7
1999	1443	178248	5961	3409	61.0
2000	1726	190370	7075	3757	56.4
2001	1560	179762	5863	3886	58.4
2002	1953	217257	6337	4559	60.4
2003	2371	255661	6802	5263	63.9
2004	3408	371328	9264	7527	67.3
2005	3701	442043	10540	8939	73.4
2006	4438	560548	14268	11369	74.7
2007	4646	609312	16177	12512	75.2
2008	5160	640824	16433	13066	70.6
2009	7053	791974	17509	15624	65.9
2010	7414	924003	19990	18142	73.5
2011	8211	1051692	20908	20269	75.1

1-63　北京—宁波航线运输统计

年份	班次 (班)	旅客 运输量 (人)	货邮 运输量 (吨)	运输总 周转量 (万吨公里)	客座率 (%)
1987	133	9968	77	104	
1988	202	15514	172	171	89.3
1989	196	14515	189	165	86.2
1990	255	23770	291	272	83.7
1991	474	46211	577	523	84.9
1992	572	55851	648	623	85.1
1993	770	78881	743	857	76.2
1994	954	110484	948	1187	80.1
1995	1008	126714	978	1485	84.6
1996	1489	162536	1298	1797	75.4
1997	1695	155489	1506	1754	69.9
1998	1909	167565	1937	1932	67.3
1999	2508	195601	3351	2397	57.0
2000	1949	165957	3184	2080	60.3
2001	2479	218577	1874	2867	59.7
2002	2423	227625	2076	3004	64.9
2003	2361	250355	3099	3411	68.2
2004	2715	326662	4465	4490	73.0
2005	3512	436733	5124	5896	77.5
2006	4331	528408	7284	7109	75.7
2007	4445	566788	7414	7749	82.5
2008	5030	634420	7254	8542	80.2
2009	7175	895288	10545	12066	77.3
2010	7090	919550	11616	12501	82.4
2011	7153	972124	12880	13283	85.1

1-64 上海—济南航线运输统计

年份	班次 (班)	旅客 运输量 (人)	货邮 运输量 (吨)	运输总 周转量 (万吨公里)	客座率 (%)
1986	26	529	9	4	
1987	251	6522	79	47	
1988	312	7606	97	55	68.5
1989	117	2369	44	18	46.3
1990	418	12993	227	99	59.1
1991	402	11788	129	83	73.7
1992	344	10885	106	76	73.4
1993	410	40291	472	287	76.1
1994	530	62023	762	445	78.6
1995	882	106531	1117	832	75.1
1996	1286	156469	1686	1140	76.5
1997	1641	159633	1596	1153	69.2
1998	1878	165279	2239	1243	62.5
1999	2024	171624	2457	1300	58.6
2000	2090	175456	2577	1335	56.4
2001	3099	226055	2808	1949	56.4
2002	3157	247507	3518	2173	62.7
2003	4253	329235	4059	2863	64.6
2004	4521	420977	5647	3699	72.3
2005	5009	469241	4598	4048	72.2
2006	5550	535267	5575	4554	69.3
2007	5207	591123	6844	5089	79.7
2008	5144	566107	6413	4872	75.5
2009	5440	600800	6688	5155	75.0
2010	7215	895490	6953	7386	80.4
2011	6125	700658	6099	5857	76.9

1-65 海口—上海航线运输统计

年份	班次 (班)	旅客 运输量 (人)	货邮 运输量 (吨)	运输总 周转量 (万吨公里)	客座率 (%)
1988	136	17279	324	277	87.0
1989	372	40030	861	660	71.8
1990	588	59737	1051	944	68.1
1991	507	66106	1202	1050	81.3
1992	769	111233	1839	1731	89.7
1993	1277	158172	2540	2446	76.3
1994	1964	199902	3885	3208	62.6
1995	1771	218056	3814	3813	75.5
1996	2293	256929	4945	4242	69.4
1997	2519	267496	4849	4364	66.4
1998	2676	277885	5475	4611	67.1
1999	3090	320461	7255	5470	65.0
2000	3780	411352	8696	6958	70.3
2001	3520	419031	6254	7763	77.4
2002	3565	464567	6275	8469	80.0
2003	3757	562585	8548	10466	80.1
2004	4426	717169	10430	13324	86.0
2005	5209	775747	9883	14247	85.9
2006	4829	745748	11047	13901	84.5
2007	4599	738876	11441	14058	87.9
2008	4832	748622	12130	14343	85.9
2009	5296	775093	12972	14955	84.5
2010	5864	860308	13058	16289	89.8
2011	5965	866378	12556	16285	88.7

1-66 北京—海口航线运输统计

年份	班次 (班)	旅客 运输量 (人)	货邮 运输量 (吨)	运输总 周转量 (万吨公里)	客座率 (%)
1987	45	5220	55	108	
1988	369	46008	613	978	86.4
1989	300	44333	777	988	84.4
1990	363	50090	892	1120	80.5
1991	510	77180	1418	1736	88.8
1992	775	127110	2113	2802	94.1
1993	1454	187605	2656	4016	82.2
1994	1923	211856	3622	4687	71.9
1995	1898	204954	3604	5068	70.5
1996	2112	249214	5345	5963	75.1
1997	1919	233276	5334	5666	74.9
1998	2021	237261	5231	5713	71.8
1999	2651	305460	8620	7829	63.3
2000	3445	432473	12425	11151	67.8
2001	3571	461717	9836	12775	72.3
2002	3950	577700	9774	15312	78.1
2003	3816	584239	10496	15589	76.5
2004	4669	725846	11803	18974	82.0
2005	4775	694650	11414	18358	82.4
2006	4937	719237	13747	19049	80.1
2007	4319	665596	13540	18114	85.0
2008	4678	683438	14612	18795	80.6
2009	5506	790877	15065	21266	79.8
2010	5594	827994	18005	22838	83.8
2011	5709	893843	18598	24408	85.7

1-67 广州—贵阳航线运输统计

年份	班次 (班)	旅客 运输量 (人)	货邮 运输量 (吨)	运输总 周转量 (万吨公里)	客座率 (%)
1961	97	589	121	11	
1962	14	61	13	1	
1983	48	3400	92	26	
1984	110	10135	176	95	
1985	218	18204	409	150	95.8
1986	444	41231	788	308	
1987	507	62488	1040	466	
1988	394	51390	903	379	97.0
1989	523	64979	1057	473	92.3
1990	782	99765	1471	714	94.2
1991	890	113456	1869	827	92.2
1992	999	126208	2003	907	92.6
1993	1342	147761	2132	1045	84.6
1994	2011	202865	2695	1416	74.5
1995	1900	218545	2634	1673	85.1
1996	2125	238681	3380	1752	81.9
1997	2358	242639	4136	1839	66.3
1998	2557	258756	5328	2059	60.7
1999	2634	228025	4255	1765	59.4
2000	2482	199844	4063	1578	55.8
2001	2455	204186	3890	1852	57.0
2002	2326	199754	5341	1946	61.2
2003	3131	271086	5629	2541	63.0
2004	3987	378783	6963	3470	67.8
2005	4605	431083	5750	3818	67.3
2006	4868	471752	5883	4171	70.0
2007	5201	569835	6018	4900	79.1
2008	5565	652028	7385	5616	80.9
2009	5929	711277	8256	6122	81.8
2010	6781	815657	8992	6974	82.8
2011	7194	930848	10199	8099	87.4

1-68 上海—温州航线运输统计

年份	班次 (班)	旅客 运输量 (人)	货邮 运输量 (吨)	运输总 周转量 (万吨公里)	客座率 (%)
1990	241	14631	85	47	98.6
1991	464	49506	338	162	97.0
1992	784	99159	754	328	95.6
1993	1275	148574	1126	491	92.8
1994	1608	203247	2018	691	93.7
1995	1898	248257	2075	922	89.4
1996	2276	316108	2905	1104	71.3
1997	2406	315739	2859	1101	67.3
1998	2439	328079	4388	1201	66.6
1999	2937	295141	3734	1069	56.9
2000	2595	296834	4283	1099	71.1
2001	3365	314052	1366	1228	69.1
2002	3890	350623	1728	1382	62.8
2003	5102	399132	1430	1550	58.6
2004	5475	517976	1109	1975	71.2
2005	5896	564661	867	2130	69.8
2006	6105	624787	1250	2370	71.7
2007	6368	686617	2385	2662	76.3
2008	7732	769288	1729	2973	69.6
2009	8691	942735	2662	3719	73.3
2010	7895	786007	2027	3062	68.4
2011	7140	760523	1808	2960	72.6

1-69　成都—昆明航线运输统计

年份	班次 (班)	旅客 运输量 (人)	货邮 运输量 (吨)	运输总 周转量 (万吨公里)	客座率 (%)
1958	176	1328	22	23	
1960	310	1848	474	43	
1961	338	1688	505	44	
1962	106	842	92	11	
1963	76	649	48	7	
1964	119	837	110	12	
1965	130	1076	149	16	
1967	112	630	122	11	
1968	98	690	84	9	
1978	323	1538	202	26	
1980	268	16326	306	127	
1981	6	247	2	2	
1982	354	24743	589	170	
1983	318	16500	432	115	
1984	423	28968	800	203	
1985	435		987	228	91.0
1986	620	47255	1060	327	
1987	788	66890	1484	448	
1988	470	44388	972	293	90.9
1989	569	62385	1263	415	81.7
1990	754	88117	1462	572	84.8
1991	928	108610	1596	686	84.2
1992	1155	142341	2168	877	84.7
1993	1567	177964	2471	1080	73.0
1994	1444	178046	2308	1067	80.5
1995	1541	193471	2235	1229	80.4
1996	1956	221870	3615	1426	68.8
1997	2329	229611	4350	1517	62.2
1998	2274	221672	4421	1479	62.1
1999	3100	351184	5685	2229	69.8
2000	3274	256031	6788	1822	53.6
2001	3595	286166	5145	2167	63.7
2002	4052	325142	5831	2463	66.8
2003	5368	494765	9118	3774	73.5
2004	5905	691606	12991	5296	83.5
2005	7509	858868	14346	6457	83.7
2006	8442	934327	16298	7060	79.8
2007	6893	820866	15712	6305	84.7
2008	6888	774137	12705	5800	80.2
2009	6570	837843	11417	6097	85.8
2010	6010	784949	12197	5832	83.7
2011	7110	940779	11302	6756	84.7

主要统计指标解释

旅客运输量　指运输飞行所载运的旅客人数。成人和儿童各按一人计算，婴儿因不占座位不计人数。计算单位：人。

旅客周转量　反映旅客在空中实现位移的综合性生产指标，体现航空运输企业所完成的旅客运输工作量。计算单位：人公里（或称“客公里”）和吨公里。旅客重量成人按 90 公斤计算（含行李），儿童、婴儿分别按成人重量的 1/2 和 1/10 计算。

货物运输量　指运输飞行所载运的货物重量，货物包括外交信袋和快件。计算单位：吨。

货物周转量　反映航空货物在空中实现位移的综合性生产指标，体现航空运输企业所完成的货物运输工作量。计算单位：吨公里。

邮件运输量　指运输飞行所载运的邮件重量。计算单位：吨。

邮件周转量　反映航空邮件在空中实现位移的综合性生产指标，体现航空运输企业所完成的邮件运输工作量。计算单位：吨公里。

航空运输总周转量　反映旅客、货物、邮件在空中实现位移的综合性生产指标，综合体现航空运输工作量。计算单位：吨公里。

载运率　指运输飞行所完成的运输总周转量与可提供吨公里之比，综合反映飞机运载能力的利用程度。

客座利用率　指实际完成的旅客客公里与可提供客公里之比，反映运输飞行中的座位利用程度。

二、通 用 航 空

2-1　全行业通用航空飞行小时

年份	通用航空飞行小时合计	工业航空作业飞行小时	农林业航空作业飞行小时	其他通用航空飞行小时	
				合计	其中：教学训练飞行小时
1952	959		959		
1953	1320	78	1242		
1954	2195	236	1959		
1955	4423	1850	2573		
1956	7410	3398	4012		
1957	10379	5069	4099	1211	1211
1958	23345	12986	4859	5500	5500
1959	46110	18551	9527	18032	18032
1960	64826	16237	18431	30158	30158
1961	46528	5034	17792	23702	23702
1962	37933	2756	13579	21598	21598
1963	30307	3317	13913	13077	13077
1964	29828	3526	18186	8116	8116
1965	33344	2768	18804	11772	11772
1966	41614	4957	21732	14925	14925
1967	39851	5680	23332	10839	10839
1968	37855	2981	16848	18026	18026
1969	48273	3440	19195	25638	25638
1970	48369	4479	21396	22494	22494
1971	40730	4160	23049	13521	13521
1972	51534	5007	25404	21123	21123
1973	57751	5400	19414	32937	32937
1974	45699	7249	15502	22948	22948
1975	45462	8546	15479	21437	21437
1976	47303	11486	16146	19671	19671
1977	41036	10645	13806	16585	16585
1978	51320	14060	14935	22325	22325
1979	58856	16628	23111	19117	19117
1980	60759	14235	28557	17967	17967

2-1 全行业通用航空飞行小时（续 1）

年份	通用航空飞行小时合计	工业航空作业飞行小时	农林业航空作业飞行小时	其他通用航空飞行小时	
				合计	其中：教学训练飞行小时
1981	55906	10569	28300	17037	17037
1982	57907	13948	24596	19363	19363
1983	55229	17607	25197	12425	12425
1984	59733	21306	25997	12430	12430
1985	55431	16103	26919	12409	12409
1986	61979	13429	30593	17957	17957
1987	64980	12019	33730	19231	19231
1988	62079	14037	24231	23811	23811
1989	56446	11109	23342	21995	21995
1990	65987	19850	22674	23463	23463
1991	72861	20538	28478	23845	23845
1992	75517	18675	25310	31532	31532
1993	71057	17226	15161	38670	38670
1994	71963	15547	15196	41220	41220
1995	90002	22647	16838	50517	50517
1996	93641	24138	18933	50570	50570
1997	108942	24295	16582	68065	68065
1998	100749	23737	19225	57787	57787
1999	110750	21513	18555	70682	70682
2000	124637	25785	22922	75930	75930
2001	132916	21752	30754	80410	76979
2002	127867	23685	25266	78916	70290
2003	116207	28525	25486	62196	52703
2004	150522	35806	27765	86951	75245
2005	191529	36514	25428	129587	106670
2006	212188	38316	27675	146197	120287
2007	260717	44873	28001	187843	151147
2008	272843	50591	24691	197561	162137
2009	329874	52916	26309	250649	206036
2010	353092	63886	28192	261014	213320
2011	502731	56682	33158	412891	372200

注：1. 本章数据均根据《中国民航统计资料汇编(1949—2000)》、《从统计看民航》和《民航运输、通用航空生产统计年报》整理。

2. 2011 年通用航空统计上报企业数量较往年大幅增加。

2-2　全行业工业航空作业飞行小时

年份	合计(小时)	航空摄影(小时)	航空探矿(小时)	航空遥感(小时)	航空调查(小时)	其他作业(小时)
1953	78	55	23			
1954	236		236			
1955	1850	552	1298			
1956	3398	789	2152		457	
1957	5069	1396	3673			
1958	12986	3904	8815		267	
1959	18551	5676	12722		153	
1960	16237	3976	12261			
1961	5034	1696	3338			
1962	2756	1655	1101			
1963	3317	1511	1806			
1964	3526	1486	2040			
1965	2768	1080	1688			
1966	4957	1449	3508			
1967	5680	1980	3700			
1968	2981	1523	1458			
1969	3440	1860	1580			
1970	4479	571	3908			
1971	4160	529	3631			
1972	5007	779	4228			
1973	5400	1301	4099			
1974	7249	2137	5112			
1975	8546	3012	5534			

2-2 全行业工业航空作业飞行小时（续 1）

年份	合计(小时)	航空摄影(小时)	航空遥感(小时)	航空探矿(小时)	航空调查(小时)	空中照相(小时)	石油服务		航空吊挂(小时)	其他作业(小时)
							海洋(小时)	陆地(小时)		
1976	11486	3815		7671						
1977	10645	3217		7428						
1978	14060	3681		10078			301			
1979	16628	4736		10946	197		749			
1980	14235	4424		8588	7		1216			
1981	10569	2327	590	5308		83	2261			
1982	13948	2373	488	6549	183	201	3283		565	306
1983	17607	2255	246	7336	71	220	4568		2070	841
1984	21306	2980	589	6468	13	265	7039		1941	2011
1985	16103	3155	393	5310	67	390	4866		1922	
1986	13429	4153	331	3877	123	571	1898		1140	1336
1987	12019	2950	228	2685		445	1448	1880	1079	1304
1988	14037	2487	148	3026		228	1643	2689	1074	2742
1989	11109	2174	21	2309		134	1469	3597	962	443
1990	19850	2417		2337		153	1484	4423	1030	8006
1991	20538	2531		1725		76	819	4538		10849
1992	18675	1036		759		60	893	4130		11797
1993	17226	771		1758		51	5353	3505	606	5182
1994	15547	297		1952		70	7133	2390	704	3001
1995	22647	2007	97	1527		187	11586	3844	313	3086
1996	24138	1220	883	838	13	149	11934	5796		3305
1997	24295	960	314	2145		101	11860	5666		3249
1998	23737	1376	499	100	433	300	13935	3222		3872
1999	21513	1482	306	417	10	582	12744	1363	82	4527
2000	25785	2253	576	1126		358	13546	75	984	6867
2001	21752	2461	519	1343	1602	981	12337		82	2427
2002	23685	2872	404	1076	500	727	13827	456	38	3785
2003	28525	4698	622	197	2052	557	16586		90	3723
2004	35806	4549	196	2681	2042	936	16672	333	252	8145
2005	36514	4411	543	2677	754	1361	20705	650	89	5324
2006	38316	6668		2260	1448	605	21323	317	34	5661
2007	44873	6178	368	3368	599	718	24807	697	1	8137
2008	50591	10032	110	1932	954	596	30378	863		5726
2009	52916	9019	461	3078	1638	535	29297	641	10	8237
2010	63886	9341	814	8290	2281	183	29305	387	19	13266
2011	56682	7706	786	7317	2364	195	30546	670	23	7074

2-3 全行业农林业

年份	合计(小时)	人工降水(小时)	航空护林(小时)	林业
				时间（小时）
1952	959		959	
1953	1242		1068	
1954	1959		1481	
1955	2573		1480	
1956	4012		1862	
1957	4099		1518	
1958	4859		1545	272
1959	9527	65	1143	538
1960	18431	568	704	1036
1961	17792	96	1473	152
1962	13579	124	1504	73
1963	13913	318	1907	169
1964	18186	113	1716	231
1965	18804		4183	599
1966	21732	156	3080	1462
1967	23332	130	4450	2447
1968	16848	138	1799	3378
1969	19195	118	1574	3162
1970	21396	439	2289	2012
1971	23049	319	1006	5097

航空作业飞行小时

播种	农林化飞行		其他
面积（公顷）	时间（小时）	面积（公顷）	作业（小时）
	113	7333	61
	274	11333	204
	730	112667	363
	1788	186000	362
	1946	409333	635
66667	2801	607333	241
91800	7632	1610133	149
246067	15841	2996333	282
22933	15819	3182933	252
8067	11825	2310867	53
29200	11425	1478667	94
42800	15914	2263000	212
149533	13781	1633667	241
254133	16817	1870067	217
560800	16209	1625667	96
807533	11365	1086400	168
829600	14332	1438200	9
522200	16579	1498667	77
1318067	16579	1442267	48

2-3　全行业农林业

年份	合计(小时)	人工降水(小时)	航空护林(小时)	农林牧		
				时间合计(小时)	面积合计(公顷)	林业(小时)
1972	25404	352	1123	6685	1873333	6685
1973	19414	88	1576	4143	1007533	4143
1974	15502	36	1658	3178	862933	3178
1975	15479	224	2193	2065	550133	2047
1976	16146	249	2010	2029	444400	2016
1977	13806	44	2100	2244	607467	2238
1978	14935	294	2713	1803	361067	1664
1979	23111	295	5624	4270	696267	3598
1980	28557	199	5372	5387	855734	3846
1981	28300	174	4992	4700	591133	3428
1982	24596	159	4486	4328	474406	3245
1983	25197	68	3211	5592	750387	3979
1984	25997	79	2778	6478	905627	4592
1985	26919	64	3785	6547	1103333	6547
1986	30593	62	4957	6895	1128000	6895
1987	33730	166	6256	7298	1101240	6273
1988	24231	210	5051	7610	1165993	6791
1989	23342	241	4370	5304	899333	4626
1990	22674	239	3573	5181	724800	4605
1991	28478	120	3782	5088	749133	4379
1992	25310	130	3530	5068	785333	4235

航空作业飞行小时（续 1）

播种					农林化飞行		其他作业
播种	农业播种		牧业播种		时间	面积	
(公顷)	(小时)	(公顷)	(小时)	(公顷)	(小时)	(公顷)	(小时)
1873333					17111	1634933	133
1007533					13456	1350933	151
862933					10514	882467	116
549400	18	733			10828	768333	169
443800	13	600			11513	958267	345
607400	6	67			9060	964933	358
357800	99	2267	40	1000	9299	1192800	826
644333	663	51067	9	867	12232	1444467	690
717667	1132	116867	409	21200	17299	1646467	300
484933	422	45400	850	60800	18239	1979400	195
421600	359	14153	724	38653	15623	1663393	
644133	368	16187	1245	90067	16270	1683447	56
773973	318	9287	1568	122367	16582	1826773	80
1103333					14841	1634667	1682
1128000					18271	1540000	408
1026380	338	7273	687	67587	19269	1624053	741
1107566	400	13627	419	44800	11084	776413	276
827333	329	13333	349	58667	13353	2099333	74
670800	290	7467	286	46533	13432	1710933	249
689133	303	8000	406	52000	13395	1335533	6093
704000	509	26000	324	55333	8897	1086667	7685

2-3 全行业农林业

年份	合计 (小时)	人工 降水 (小时)	航空 护林 (小时)	农林牧		
				时间合计 (小时)	面积合计 (公顷)	林业 (小时)
1993	15161	240	2243	3874	702180	3663
1994	15196	289	2846	3245	577386	2839
1995	16838	221	2410	2375	309129	1713
1996	18933	202	2909	3514	326314	2636
1997	16582	224	2352	1853	248425	1384
1998	19225	373	3575	5417	602065	2252
1999	18555	1180	2929	2344	335220	1383
2000	22922	1512	3927	5098	380581	4060
2001	30754	1886	5300	4934	493660	4934
2002	25266	2039	5795	5465	502886	3389
2003	25486	2272	7115	3932	677093	3043
2004	27765	2309	5962	3413	365409	3074
2005	25428	2101	6508	2401	416702	1929
2006	27675	2625	6789	2689	672487	2027
2007	28001	3907	7088	2005	275558	1698
2008	24691	1395	6000	1959	214015	1555
2009	26309	1817	7340	1618	229971	1534
2010	28192	1986	7748	1554	235924	1419
2011	33158	2034	9211	2010		1835

航空作业飞行小时（续 2）

播种					农林化飞行		其他
播种	农业播种		牧业播种		时间	面积	作业
(公顷)	(小时)	(公顷)	(小时)	(公顷)	(小时)	(公顷)	(小时)
653340	98	36200	113	12640	8438	1086667	366
518030	341	12689	65	46667	8276	943810	540
175626	200	4140	462	129363	11368	1012596	464
280782	583	12369	295	33163	11796	857630	512
229665	469	18760			11675	1513440	478
427289	2514	148776	651	26000	9304	1352444	556
285498	724	36174	237	13548	11695	1808716	407
353584	1038	26997			11877	970088	508
					18343	1917705	291
	2076				11348	991173	619
	889				10553	1229805	1614
	119		220		15543	1738984	538
306931	281	25456	191	84315	13922	1803995	496
231017			**662**	**441470**	**15380**	**2210318**	**192**
193943	213	19244	94	62371	10412	1447353	4589
177482	404	36533			12138	1695402	3199
174917			84	55054	11657	1705056	3877
145879			135	90045	12736	1904495	4168
			175		15730		4173

2-4 民航教学用飞行小时

年　　份	年飞行小时	平均每机年飞行小时
1957	1211	
1958	5500	
1959	18032	
1960	30158	
1961	23702	
1962	21598	
1963	13077	
1964	8116	
1965	11772	
1966	14925	
1967	10839	
1968	18026	
1969	25638	
1970	22494	
1971	13521	
1972	21123	
1973	32937	
1974	22948	
1975	21437	
1976	19671	
1977	16585	
1978	22325	
1979	19117	
1980	17967	
1981	17037	

2-4 民航教学用飞行小时（续 1）

年　份	年飞行小时	平均每机年飞行小时
1982	19363	
1983	12425	
1984	12430	
1985	12409	
1986	17957	
1987	19231	
1988	23811	
1989	21995	
1990	23463	
1991	23845	290.8
1992	31532	563.1
1993	38670	678.4
1994	41220	522.0
1995	50517	526.2
1996	50570	510.8
1997	68065	694.5
1998	57787	572.1
1999	70682	714.0
2000	75930	774.8
2001	76979	719.4
2002	70290	675.9
2003	52703	497.2
2004	75245	800.5
2005	106670	987.7
2006	120287	796.6
2007	151147	693.6
2008	162137	827.2
2009	206036	1010.0
2010	213320	1056.0
2011	372200	1228.4

主要统计指标解释

通用航空飞行小时　指使用民用航空器从事公共航空运输以外的所有民用航空活动，包括从事工业、农业、林业、渔业和建筑业的作业飞行以及医疗卫生、抢险救灾、应急救援、气象探测、海上石油、海洋监测、公务机、科学实验、教育训练、文化体育等方面的飞行活动。计算单位：小时。

工业航空作业飞行小时　是指使用民用航空器为工业部门提供各种经营性作业飞行和服务的飞行活动。计算单位：小时。

农业航空作业飞行小时　是指使用民用航空器为农、林、牧、副、渔业生产、气象、资源保护等提供经营性服务的飞行。计算单位：小时。

其他通用航空飞行小时　是指除工业、农林业航空作业飞行以外的其他通用航空飞行活动。计算单位：小时。

三、飞 机

3-1 我国民用飞机期末架数

单位：架

年 份	总 计	运输飞机	通用航空飞机	
			合计	其中：教学校验飞机
1950	30	30		
1951	59	59		
1952	45	45		
1953	47	47		
1954	54	49	5	
1955	63	57	6	
1956	86	80	6	
1957	105	84	21	
1958	142	79	63	29
1959	247	88	159	81
1960	347	87	260	117
1961	357	77	280	137
1962	357	74	283	116
1963	362	79	283	97
1964	365	82	283	98
1965	355	82	273	68
1966	380	84	296	85
1967	376	93	283	74
1968	396	92	304	100
1969	416	92	324	117
1970	423	93	330	126
1971	429	99	330	126
1972	441	104	337	126
1973	461	121	340	126
1974	481	139	342	126
1975	485	143	342	128
1976	494	144	350	129
1977	511	151	360	129
1978	508	144	364	126

3-1 我国民用飞机期末架数（续 1）

单位：架

年份	总计	运输飞机	通用航空飞机	
			合计	其中：教学校验飞机
1979	510	138	372	130
1980	462	140	322	69
1981	464	144	320	69
1982	449	132	317	69
1983	419	89	330	67
1984	455	94	361	69
1985	466	126	340	68
1986	491	161	330	71
1987	473	164	309	71
1988	484	170	314	74
1989	510	191	319	97
1990	503	204	299	82
1991	499	221	278	82
1992	658	315	343	56
1993	767	373	394	57
1994	798	406	392	79
1995	852	416	436	130
1996	891	443	448	146
1997	915	485	430	145
1998	953	523	430	152
1999	949	510	439	154
2000	982	527	455	154
2001	1031	566	465	169
2002	1095	602	493	158
2003	1160	664	496	153
2004	1245	754	491	126
2005	1386	863	523	140
2006	1651	998	653	196
2007	1847	1134	713	256
2008	2038	1259	779	295
2009	2234	1417	817	262
2010	2491	1597	894	288
2011	2888	1764	1124	314

数据来源：《中国民航统计资料汇编(1949—2000)》、《从统计看民航》。

3-2 航空公司飞机期末架数

单位：架

年份	合计	国际航空公司	南方航空公司	东方航空公司	西南航空公司	西北航空公司	北方航空公司	海南航空公司	山东航空公司	上海航空公司	深圳航空公司	四川航空公司	其他运输及通用航空公司
1950	30												
1951	59												
1952	45												
1953	47												
1954	54												
1955	63												
1956	86												
1957	105												
1958	110	61	10	17	10	12							
1959	166	92	15	29	13	17							
1960	230	105	29	48	17	31							
1961	220	95	27	48	20	30							
1962	244	95	37	51	24	37							
1963	265	105	37	56	24	43							
1964	267	101	39	57	25	45							
1965	287	84	47	57	25	51	23						
1966	295	77	46	49	24	50	49						
1967	302	81	47	48	27	50	49						
1968	296	88	45	46	24	42	51						
1969	299	92	45	44	24	42	52						
1970	297	80	55	43	23	43	53						
1971	303	81	56	45	24	44	53						
1972	315	87	58	51	24	44	51						
1973	335	98	61	53	25	47	51						
1974	355	103	64	55	29	50	54						
1975	357	107	66	49	28	52	55						
1976	365	110	62	50	30	54	59						
1977	382	119	64	51	32	55	61						
1978	382	115	65	50	31	56	65						
1979	380	109	67	51	31	56	66						
1980	393	114	71	53	30	57	68						
1981	395	113	74	53	29	56	70						

3-2 航空公司飞机期末架数（续 1）

单位：架

年份	合计	国际航空公司	南方航空公司	东方航空公司	西南航空公司	西北航空公司	北方航空公司	海南航空公司	山东航空公司	上海航空公司	深圳航空公司	四川航空公司	其他运输及通用航空公司
1982	380	100	74	56	26	52	72						
1983	352	43	79	60	24	50	72						24
1984	386	41	83	63	26	49	69						55
1985	398	35	89	64	26	24	71						89
1986	420	45	84	55	26	33	73						104
1987	402	45	74	61	20	34	79						89
1988	410	44	68	62	25	31	90						90
1989	413	46	73	64	22	35	86						87
1990	421	51	73	66	21	35	89						86
1991	417	50	80	68	23	31	86						79
1992	602	58	89	66	33	42	92						222
1993	710	61	101	67	35	42	87						317
1994	719	64	100	64	41	40	85						325
1995	722	60	99	69	42	39	92						321
1996	745	61	95	71	39	34	93						352
1997	770	66	96	67	39	38	91						373
1998	801	65	111	103	42	34	77						369
1999	795	59	113	83	36	33	82						389
2000	828	65	117	80	33	34	76						423
2001	862	69	125	92	37	29	69	25	21	22	12	14	347
2002	937	68	129	114	39	30	68	41	23	26	18	13	368
2003	1007	129	139	122		23	61	29	26	28	22	18	410
2004	1119	150	161	137		29	58	33	22	37	26	22	444
2005	1246	174	254	213				36	28	41	33	27	440
2006	1455	205	307	221				61	26	49	43	30	513
2007	1591	220	339	240				39	33	53	53	36	578
2008	1743	242	337	259				49	31	60	72	40	653
2009	1972	260	374	275				62	36	66	82	46	771
2010	2203	282	421	291				63	42	72	93	54	885
2011	2574	309	453	304				76	48	60	102	63	1159

注：1.本表不含教学校验飞机。

2.本表根据《中国民航统计资料汇编(1949—2000)》和《从统计看民航》整理。

3-3　我国在册适航航空器统计表

年　份	总　计	运输类航空器	通用类航空器
1997	910	471	439
1998	990	530	460
1999	1005	538	467
2000	1033	558	475
2001	1115	603	512
2002	1197	663	534
2003	1275	716	559
2004	1348	782	566
2005	1523	908	615
2006	1761	1047	714
2007	1974	1167	807
2008	2208	1308	900
2009	2361	1454	907
2010	2649	1639	1010
2011	2964	1810	1154

注：本表数据由航空器适航审定司提供。

3-4 飞机利用率统计

年份	飞行小时		每机日生产小时		运输飞机每机日生产小时	
	合计	运输	在册	可用	在册	可用
1950	6345	6345				
1951	13013	13013				
1952	15658	14474				
1953	21019	18812				
1954	28816	25495				
1955	37779	31195				
1956	51792	41302				
1957	51139	36084				
1958	74835	46696				
1959	115691	62317				
1960	145314	69657				
1961	128816	67903		1.5		
1962	101534	50673		1.0		
1963	102307	54326		0.9		
1964	113929	57608		0.9		
1965	120662	61221		1.0		
1966	128769	61061		1.0		
1967	128598	64041		1.0		
1968	102756	52528		1.0		
1969	137056	50637				
1970	141281	52638				
1971	126794	56077				
1972	161400	58138		1.0		
1973	166606	59176		1.0		
1974	156993	69624		1.1		
1975	169071	85351		1.1		
1976	167906	87622	0.9	1.2		
1977	161285	87837	0.8	1.1		
1978	201020	108790	0.1	1.3		
1979	223806	127130	1.2	1.5		
1980	223069	131483	1.2	1.5		
1980	223069	131483	1.2	1.5		
1981	209165	130954	1.2	1.5		

3-4 飞机利用率统计（续 1）

年份	飞　行 小　时		每机日 生产小时		运输飞机 每机日生产小时	
	合计	运输	在册	可用	在册	可用
1982	223231	142573	1.3			
1983	194413	127683	1.2	1.5		
1984	220168	151146	1.4	1.6		
1985	245515	180760	1.6	1.9	3.8	4.7
1986	285672	219641	1.8	2.1	4.3	5.2
1987	337967	273740	2.2	2.7	4.7	5.7
1988	354267	297657	2.4	3.0	4.9	6.5
1989	362909	287522	2.3	2.9	4.4	5.7
1990	387557	332930	2.6	3.3	4.7	5.8
1991	502149	421173	3.2	4.0	5.1	6.2
1992	594062	496339	3.6	4.5	5.4	6.7
1993	699113	603097	2.9	3.6	4.9	6.1
1994	786894	694702	3.0	3.7	4.8	5.9
1995	935514	826373	3.5	4.4	5.6	6.5
1996	1119962	1032104	4.2	5.1	6.8	7.6
1997	1231842	1102041	4.4	5.7	6.8	7.8
1998	1362155	1241720	4.6	6.0	7.0	7.7
1999	1454175	1327894	4.7	5.6	7.2	8.0
2000	1582264	1443387	5.0	5.7	7.6	8.6
2001	1707143	1639440	5.4	7.2	8.3	9.3
2002	1909150	1835564	5.7	6.5	8.6	9.5
2003	1920057	1837129	5.4	5.9	8.0	9.0
2004	2490764	2393346	6.3	6.9	9.4	10.0
2005	2837849	2733312	6.5	7.3	9.4	10.1
2006	3303576	3186822	6.5	7.0	9.5	10.1
2007	3817957	3688504	6.9	7.6	9.6	10.1
2008	4067468	3935149	6.6	7.2	9.0	9.7
2009	4592371	4450179	6.9	7.4	9.2	9.9
2010	5277517	5107542	7.2	7.6	9.4	10.0
2011	6097632	5594901	6.7	7.6	9.3	10.0

注：本表根据《中国民航统计资料汇编(1949—2000)》、《中国民航统计年鉴》和《民航运输、通用航空生产统计年报》整理。

主要统计指标解释

期末航空器架数 指报告期末实有的、持有有效适航证书的航空器数量。

平均每机日生产飞行小时 亦称航空器平均日利用率。是指报告期内在册或可用航空器平均每天实际执行的生产飞行小时数。是衡量航空器利用程度的主要指标。

在册航空器 依法取得中华人民共和国国籍标志和登记标志的航空器。

四、机 场

4-1 全国民航运输机场飞行区指标分类统计

年份	合计	4F	4E	4D	4C	3C	1B	中国联合航空公司单独使用的军用机场	备 注
1949	36								含港、台地区
1978	78								（以下未含港、澳、台地区）
1980	79								
1994	131		13	27	25	44		22	
1995	139		14	29	29	46		21	
1996	142		14	35	37	36		20	
1997	141		17	38	35	31		20	
1998	142		19	35	35	32		21	
1999	142		22	35	40	22		23	
2000	139		23	34	43	21		18	
2001	143		23	36	40	27		17	
2002	141		25	34	47	19		16	
2003	148		25	34	50	23		16	
2004	137		25	34	52	26			
2005	142		25	35	53	29			
2006	147		26	38	57	26			
2007	152		29	42	56	25			
2008	160	3	28	40	71	17	1		
2009	166	3	30	38	77	17	1		
2010	175	3	30	40	85	16	1		
2011	180	4	30	42	94	9	1		

注：本表数据由机场司整理、提供，部分数据来自《从统计看民航》。

4-2　2011 年全国民航运输机场

序号	机场名称	所在地	飞行区指标	跑道号码	跑道尺寸 长×宽 （米）
1	北京首都 国际机场	北京	4E（西） 4F（东）	18R/36L 18L/36R 01/19	3200×50 3800×60 3800×60
2	北京南苑机场	北京	4C	18/36	3200×50
3	天津滨海 国际机场	天津	4E	16L/34R 16R/34L	3200×45 3600×50
4	石家庄 正定国际机场	河北石家庄	4D	15 33	3400×60
5	秦皇岛 山海关机场	河北秦皇岛	4C	06 24	2500×50
6	唐山 三女河机场	河北唐山	4C	10 28	2700×50
7	邯郸机场	河北邯郸	3C	05 23	2200×45
8	运城 张孝机场	山西运城	4D	08 26	3000×60
9	太原武宿 国际机场	山西太原	4D	13 31	3600×45
10	长治王村机场	山西长治	4C	01 19	2440×45
11	大同 倍加皂机场	山西大同	4C	14 32	3000×48
12	呼和浩特 白塔国际机场	内蒙古 呼和浩特	4E	08 26	3600×45
13	乌兰浩特 义勒利特机场	内蒙古 乌兰浩特	4C	14 32	2600×45
14	通辽机场	内蒙古通辽	4C	02 20	2300×45
15	包头 二里半机场	内蒙古包头	4C	13 31	2800×45

基本情况

目视助航灯光	平行滑行道条数	航站楼面积（平方米）
18RⅡ类/36LⅠ类 18LⅠ类/36RⅡ类 01Ⅲ类/19Ⅰ类	7	1318500
18：简易 36：Ⅰ类	1	6000
16LⅡ类/34RⅡ类 16RⅠ类/34LⅠ类	4	116000
均为Ⅰ类	1	55000
06：Ⅰ类 24：简易	1	6140
10：简易 28：Ⅰ类	1	6100
05：简易 23：Ⅰ类	无	3900
均为Ⅰ类	无	4500
均为Ⅰ类	2	81000
均为简易	无	1800
14：简易 32：Ⅰ类	无	4273
均为Ⅰ类	1	55000
均为简易	无	2266
02：Ⅰ类 20：简易	无	4600
均为Ⅰ类	无	11000

4-2　2011 年全国民航运输机场

序号	机场名称	所在地	飞行区指标	跑道号码	跑道尺寸 长×宽 （米）
16	呼伦贝尔 海拉尔机场	内蒙古 呼伦贝尔	4C	09 27	2800×45
17	赤峰玉龙机场	内蒙古赤峰	4C	03 21	2500×50
18	鄂尔多斯 伊金霍洛机场	内蒙古 鄂尔多斯	4C	13 31	2800×45
19	二连浩特 赛乌素机场	内蒙古 二连浩特	4C	12 30	2400×45
20	阿尔山 伊尔施机场	内蒙古 阿尔山	4C	08 26	2400×45
21	乌海机场	内蒙古乌海	4C	01 19	2600×45
22	锡林浩特机场	内蒙古 锡林浩特	3C	04 22	2800×45
23	巴彦淖尔 天吉泰机场	内蒙古 巴彦淖尔	4C	11 29	2600×45
24	满洲里 西郊机场	内蒙古满洲里	4D	12 30	2800×45
25	大连周水子 国际机场	辽宁大连	4E	10 28	3300×45
26	沈阳桃仙 国际机场	辽宁沈阳	4E	06 24	3200×45
27	朝阳机场	辽宁朝阳	4C	18 36	2000×45
28	丹东浪头机场	辽宁丹东	4C	01 19	2600×45
29	锦州机场	辽宁锦州	4C	02 20	2600×45
30	鞍山腾鳌机场	辽宁鞍山	4C	02 20	2600×50

基本情况（续 1）

目视助航灯光	平行滑行道条数	航站楼面积（平方米）
09：简易 27：Ⅰ类	无	7655
03：简易 21：Ⅰ类	1	4921
13：简易 31：Ⅰ类	1	5300
12：简易 30：Ⅰ类	无	5042
08：简易 26：Ⅰ类	无	5920
均为Ⅰ类	无	1600
04：简易 22：Ⅰ类	无	2268
11：简易 29：Ⅰ类	无	7076
均为Ⅰ类	无	1698
均为Ⅰ类	1	136000
均为Ⅰ类	1	83500
均为简易	无	173.18
01：简易 19：Ⅰ类	1	3400
02：简易 20：Ⅰ类	1	3800
均为简易	无	1350

4-2　2011 年全国民航运输机场

序号	机场名称	所在地	飞行区指标	跑道号码	跑道尺寸 长×宽 （米）
31	长海 大长山岛机场	辽宁长海	1B	17 35	800×30
32	白山长白山机场	吉林白山	4D	01 19	2600×45
33	长春龙嘉 国际机场	吉林长春	4E	06 24	3200×45
34	延吉朝阳川机场	吉林延吉	4C	09 27	2600×45
35	哈尔滨 太平国际机场	黑龙江 哈尔滨	4E	05 23	3200×45
36	鸡西兴凯湖机场	黑龙江鸡西	4C	12 30	2300×45
37	伊春林都机场	黑龙江伊春	4C	12 30	2300×45
38	大庆萨尔图机场	黑龙江大庆	4C	17 35	2600×45
39	漠河古莲机场	黑龙江漠河	4C	15 33	2200×45
40	佳木斯东郊机场	黑龙江 佳木斯	4C	06 24	2200×45
41	牡丹江海浪机场	黑龙江 牡丹江	4C	04 22	2600×45
42	齐齐哈尔 三家子机场	黑龙江 齐齐哈尔	4C	17 35	2600×45
43	黑河机场	黑龙江黑河	4C	17 35	2500×45
44	上海浦东 国际机场	上海	4F	17L/35R 17R/35L 16/34	4000×60 3400×60 3800×60
45	上海虹桥 国际机场	上海	4E	18L/36R 18R/36L	3400×45 3300×60

基本情况（续 2）

目视助航灯光	平行滑行道条数	航站楼面积（平方米）
均为简易	无	1661
01：简易 19：Ⅰ类	无	9265
均为Ⅰ类	1	43000
09：Ⅰ类 27：简易	1	16970
均为Ⅰ类	1	67000
均为简易	无	2588
均为简易	无	2820.872
17：简易 35：Ⅰ类	无	13987
均为简易	无	2107
06：Ⅰ类 24：简易	1	5728
04：简易 22：Ⅰ类	1	8200
17：Ⅰ类 35：简易	无	7148
17：简易 35：Ⅰ类	无	5800
17L Ⅱ类/35R Ⅱ类 17R Ⅰ类/35L Ⅰ类 16 Ⅱ类/34 Ⅱ类	6	T1：2770000 T2：546000
18L Ⅱ类/36R Ⅰ类 18R Ⅰ类/36L Ⅰ类	4	T1：820000 T2：362000

4-2 2011 年全国民航运输机场

序号	机场名称	所在地	飞行区指标	跑道号码	跑道尺寸 长×宽 （米）
46	杭州萧山 国际机场	浙江杭州	4E	07 25	3600×45
47	宁波栎社 国际机场	浙江宁波	4E	13 31	3200×45
48	温州永强机场	浙江温州	4D	03 21	2400×45
49	舟山普陀山机场	浙江舟山	4D	18 36	2500×45
50	衢州机场	浙江衢州	4C	06 24	2600×45
51	台州路桥机场	浙江台州	4C	03 21	2500×60
52	义乌机场	浙江义乌	4C	02 20	2500×45
53	青岛流亭 国际机场	山东青岛	4E	17 35	3400×45
54	济南遥墙 国际机场	山东济南	4E	01 19	3600×45
55	潍坊机场	山东潍坊	4D	17 35	2600×48
56	威海大水泊机场	山东威海	4D	02 20	2600×45
57	烟台莱山 国际机场	山东烟台	4D	04 22	3200×50
58	东营胜利机场	山东东营	4D	18 36	2800×45
59	济宁曲阜机场	山东济宁	4C	09 27	2800×50
60	临沂沭埠岭机场	山东临沂	4C	01 19	2400×45

基本情况（续3）

目视助航灯光	平行滑行道条数	航站楼面积（平方米）
07：II类 25：I类	1	127500
均为I类	1	43500
03：I类 21：简易	无	35530
18：简易 36：I类	无	10776
均为简易	1	3440
03：I类 21：简易	1	6523
02：I类 20：简易	1	16600
均为I类	1	180000
均为I类	1	80000
均为I类	1	8 000
均为I类	1	16000
均为I类	1	24000
均为I类	1	22000
09：I类 27：简易	无	9740
01：I类 19：简易	无	17830

4-2 2011年全国民航运输机场

序号	机场名称	所在地	飞行区指标	跑道号码	跑道尺寸 长×宽 （米）
61	南昌昌北 国际机场	江西南昌	4D	03 21	3400×45
62	井冈山机场	江西吉安	4C	08 26	2600×45
63	景德镇 罗家机场	江西景德镇	4C	04 22	2400×45
64	赣州黄金机场	江西赣州	4C	07 25	2600×45
65	九江庐山机场	江西九江	4C	04 22	2800×50
66	南京禄口 国际机场	江苏南京	4E	06 24	3600×45
67	无锡硕放机场	江苏无锡	4D	03 21	3200×50
68	徐州观音机场	江苏徐州	4D	09 27	3400×45
69	连云港 白塔埠机场	江苏连云港	4D	03 21	2500×50
70	常州奔牛机场	江苏常州	4D	11 29	2800×50
71	盐城南洋机场	江苏盐城	4C	04 22	2200×50
72	南通兴东机场	江苏南通	4C	18 36	2400×45
73	淮安涟水机场	江苏淮安	4C	04 22	2400×45
74	福州长乐 国际机场	福建福州	4E	03 21	3600×45
75	厦门高崎 国际机场	福建厦门	4E	05 23	3400×60

基本情况（续 4）

目视助航灯光	平行滑行道条数	航站楼面积（平方米）
均为Ⅰ类	1	123600
08：Ⅰ类 26：简易	无	3340
04：Ⅰ类 22：简易	无	6900
07：Ⅰ类 25：简易	无	7186
04：Ⅰ类 22：简易	无	12000
06：Ⅱ类 24：Ⅰ类	1	133000
均为Ⅰ类	1	42000
均为Ⅰ类	1	22761
03：Ⅰ类 21：简易	1	11300
均为Ⅰ类	1	38000
04：Ⅰ类 22：简易	1	13100
18：简易 36：Ⅰ类	无	5233
04：Ⅰ类 22：简易	无	14700
03：Ⅱ类 21：Ⅰ类	1	137000
均为Ⅰ类	1	151000

4-2　2011 年全国民航运输机场

序号	机场名称	所在地	飞行区指标	跑道号码	跑道尺寸 长×宽 （米）
76	泉州晋江机场	福建泉州	4D	03 21	2600×50
77	连城冠豸山机场	福建连城	4C	03 21	2400×50
78	武夷山机场	福建武夷山	4C	03 21	2400×45
79	黄山屯溪机场	安徽黄山	4D	13 31	2600×45
80	合肥骆岗机场	安徽合肥	4D	14 32	3000×50
81	阜阳机场	安徽阜阳	4C	03 21	2400×45
82	安庆天柱山机场	安徽安庆	4C	06 24	2800×50
83	长沙黄花国际机场	湖南长沙	4E	18 36	3200×45
84	张家界荷花机场	湖南张家界	4D	08 26	2600×45
85	怀化芷江机场	湖南怀化	4C	04 22	2000×45
86	永州零陵机场	湖南永州	4C	18 36	2600×50
87	常德桃花源机场	湖南常德	4C	02 20	2600×45
88	武汉天河国际机场	湖北武汉	4E	04 22	3400×45
89	宜昌三峡机场	湖北宜昌	4D	14 32	2600×45
90	襄阳刘集机场	湖北襄阳	4C	01 19	2400×45

基本情况（续 5）

目视助航灯光	平行滑行道条数	航站楼面积（平方米）
03：Ⅰ类 21：简易	无	15000
03：简易 21：Ⅰ类	无	4098
03：Ⅰ类 21：简易	无	6000
13：Ⅰ类 31：简易	无	10000
均为Ⅰ类	1	136 00
03：Ⅰ类 21：简易	无	7200
06：Ⅰ类 24：简易	无	5742
均为Ⅰ类	1	165200
均为Ⅰ类	1	11003
04：Ⅰ类 22：简易	无	1600
18：简易 36：Ⅰ类	1	3363
02：简易 20：Ⅰ类	无	2800
04：Ⅱ类 22：Ⅰ类	1	155300
14：Ⅰ类 32：简易	无	15000
01：Ⅰ类 19：简易	无	2350

4-2　2011 年全国民航运输机场

序号	机场名称	所在地	飞行区指标	跑道号码	跑道尺寸 长×宽 （米）
91	恩施许家坪机场	湖北恩施	4C	01 19	2350×45
92	郑州新郑国际机场	河南郑州	4E	12 30	3400×45
93	南阳姜营机场	河南南阳	4D	05 23	2300×45
94	洛阳北郊机场	河南洛阳	4D	08 26	2500×45
95	三亚凤凰国际机场	海南三亚	4E	08 26	3400×45
96	海口美兰国际机场	海南海口	4E	09 27	3600×45
97	桂林两江国际机场	广西桂林	4E	01 19	3200×45
98	南宁吴圩国际机场	广西南宁	4E	05 23	3200×45
99	北海福成机场	广西北海	4D	01 19	3200×45
100	柳州白莲机场	广西柳州	4D	16 34	2540×45
101	百色机场	广西百色	4C	12 30	2500×45
102	梧州长洲岛机场	广西梧州	3C	18 36	1800×45
103	广州白云国际机场	广东广州	4F	02R/20L 02L/20R	3800×60 3600×45
104	珠海三灶机场	广东珠海	4E	05 23	4000×45
105	深圳宝安国际机场	广东深圳	4E/4F	15/33 16/34	3400×45 3800×60

基本情况（续 6）

目视助航灯光	平行滑行道条数	航站楼面积（平方米）
01：Ⅰ类 19：简易	无	4530
均为Ⅰ类	1	126900
05：Ⅰ类 23：简易	无	8262
均为Ⅰ类	1	15000
08：Ⅰ类 26：简易	1	52300
09：Ⅱ 类 27：Ⅰ 类	1	99300
均为Ⅰ类	1	50300
均为Ⅰ类	1	25900
均为Ⅰ类	1	27800
16：简易 34：Ⅰ类	1	7376
均为简易	无	1377
18：简易 36：Ⅰ类	无	5032
02R Ⅰ类/20L Ⅰ类（有Ⅱ类设施，实际运行按Ⅰ类） 02L Ⅰ类/20R Ⅰ类	5	353000
05：Ⅱ类 23：Ⅰ类	1	91600
15 Ⅱ类/33 Ⅱ类 16 Ⅰ类/34 Ⅰ类	2	152400

4-2 2011年全国民航运输机场

序号	机场名称	所在地	飞行区指标	跑道号码	跑道尺寸 长×宽 （米）
106	揭阳潮汕机场	广东揭阳	4D	04 22	2800×45
107	佛山沙堤机场	广东佛山	4C	01 19	2800×50
108	湛江机场	广东湛江	4C	16 34	2400×45
109	梅县长岗岌机场	广东梅州	3C	04 22	1800×40
110	重庆江北 国际机场	重庆	4E	02L/20R 02R/20L	3200×45 3600×45
111	万州五桥机场	重庆万州	4C	11 29	2400×45
112	黔江舟白机场	重庆黔江	4C	03 21	2400×45
113	昆明巫家坝 国际机场	云南昆明	4E	03 21	3400×45
114	丽江三义机场	云南丽江	4D	02 20	3000×45
115	迪庆香格里拉机场	云南迪庆	4D	16 34	3600×45
116	腾冲驼峰机场	云南腾冲	4C	18 36	2350×45
117	文山普者黑机场	云南文山	4C	02 20	2400×45
118	临沧机场	云南临沧	4C	16 34	2400×45
119	普洱思茅机场	云南普洱	4C	18 36	2500×45
120	保山云瑞机场	云南保山	4C	01 19	2400×45

基本情况（续 7）

目视助航灯光	平行滑行道条数	航站楼面积（平方米）
均为 I 类	1	56800
01：I 类 19：简易	无	4000
均为 I 类	无	6600
04：I 类 22：简易	无	7047
02L 跑道： 两端均为 I 类 02R 跑道： 两端均为 I 类	2	104900
11：简易 29：I 类	无	5780
03：I 类 21：简易	无	2900
均为 I 类	1	91000
均为 I 类	1	38200
16：简易 34：简易	无	17255
18：简易	无	4054
02：简易 20：简易	无	3200
16：简易 34：简易	无	3290
18：简易 36：I 类	无	5320
01：简易 19：I 类	无	2845.5

4-2 2011 年全国民航运输机场

序号	机场名称	所在地	飞行区指标	跑道号码	跑道尺寸 长×宽 （米）
121	德宏芒市机场	云南德宏	4C	05 23	2200×45
122	昭通机场	云南昭通	4C	04 22	2600×45
123	大理机场	云南大理	4C	17 35	2600×45
124	西双版纳 嘎洒机场	云南西双版纳	4C	16 34	2400×45
125	拉萨贡嘎机场	西藏拉萨	4E	09L 27R	4000×45
126	林芝米林机场	西藏林芝	4D	05 23	3000×45
127	昌都邦达机场	西藏昌都	4D	14 32	4200×45
128	阿里昆莎机场	西藏阿里	4D	15 33	4500×45
129	日喀则 和平机场	西藏日喀则	4C	09 27	5000×45
130	成都双流 国际机场	四川成都	4F	02L/20R 02R/20L	3600×45 3600×60
131	绵阳南郊机场	四川绵阳	4D	14 32	2400×45
132	西昌青山机场	四川西昌	4D	18 36	3600×50
133	甘孜康定机场	四川甘孜	4C	15 33	4000×45
134	宜宾菜坝机场	四川宜宾	4C	08 26	2200×45
135	达州河市机场	四川达州	4C	02 20	2000×45
136	南充高坪机场	四川南充	4C	06 24	2400×45

基本情况（续 8）

目视助航灯光	平行滑行道条数	航站楼面积（平方米）
05：简易 23：I 类	无	13000
04：I 类 22：简易	无	1906
17：简易	无	4197.11
两端均为 I 类	1	10000
09L：简易 27R：I 类	1	25604
05：I 类 23：简易	无	3196
14：I 类/RNP 32：简易	1	5018.32
两端均为简易	无	3696
09：简易 27：I 类	无	4502
02L Ⅱ类/20R I 类 02R Ⅱ类/20L I 类	4	138000
14：简易 32：I 类	1	24000
18：简易 36．I 类	1	1540
15：简易 33：只有 PAPI 灯	无	5500
08：简易 26：I 类	无	4326
02：I 类 20：简易	无	3500
06：简易 24：I 类	无	3140

4-2　2011 年全国民航运输机场

序号	机场名称	所在地	飞行区指标	跑道号码	跑道尺寸 长×宽 （米）
137	攀枝花 保安营机场	四川攀枝花	4C	02 20	2800×45
138	九寨黄龙机场	四川阿坝	4C	02 20	3370×45
139	泸州蓝田机场	四川泸州	4C	07 25	2400×45
140	广元盘龙机场	四川广元	4C	08 26	2500×45
141	贵阳龙洞堡 国际机场	贵州贵阳	4E	01 19	3200×45
142	黔南州荔波机场	贵州黔南	4C	03 21	2300×45
143	黎平机场	贵州黎平	4C	06 24	2200×45
144	安顺黄果树机场	贵州安顺	4C	07 25	2800×50
145	兴义机场	贵州兴义	4C	16 34	2300×45
146	铜仁凤凰机场	贵州铜仁	4C	04 22	2000×45
147	西安咸阳 国际机场	陕西西安	4E	05 23	3000×45
148	延安二十 里堡机场	陕西延安	4C	06 24	2800×45
149	榆林榆阳机场	陕西榆林	4C	16 34	2800×45
150	安康机场	陕西安康	3C	11 29	1600×30
151	汉中西关机场	陕西汉中	3C	13 31	1800×30
152	西宁曹家堡机场	青海西宁	4D	11 29	3800×45

基本情况（续 9）

目视助航灯光	平行滑行道条数	航站楼面积（平方米）
两端均为简易	无	3500
两端均为简易	1	17000
07：简易 25：简易	无	5460
两端均为简易	无	8000
两端均为Ⅰ类	1	34923
两端均为简易	无	3334
两端均为Ⅰ类	无	3040
两端均为简易	无	2817
16：Ⅰ类 34：简易	无	3306
04：Ⅰ类 22：简易	无	2415
05：Ⅰ类 23：Ⅱ类	1	73300
06：无 24：简易	无	3540
16：简易 34：Ⅰ类	无	10614
无	无	1200
无	无	625
均为Ⅰ类	1	10727

4-2　2011 年全国民航运输机场

序号	机场名称	所在地	飞行区指标	跑道号码	跑道尺寸 长×宽 （米）
153	格尔木机场	青海格尔木	4D	09 27	4800×50
154	玉树巴塘机场	青海玉树	4C	10 28	3800×45
155	银川河东机场	宁夏银川	4D	03 21	3200×45
156	中卫香山机场	宁夏中卫	4C	09 27	2800×45
157	固原六盘山机场	宁夏固原	4C	18 36	2800×45
158	嘉峪关机场	甘肃嘉峪关	4D	14 32	3000×45
159	兰州中川机场	甘肃兰州	4D	18 36	3600×45
160	金昌金川机场	甘肃金昌	4C	13 31	3000×45
161	敦煌机场	甘肃敦煌	4C	08 26	2800×45
162	天水麦积山机场	甘肃天水	3C	10 28	2800×45
163	庆阳机场	甘肃庆阳	3C	14 32	2000×30
164	张掖甘州机场	甘肃张掖	4C	11L 29R	3000×50
165	喀什机场	新疆喀什	4E	08 26	3200×45
166	乌鲁木齐 地窝堡国际机场	新疆乌鲁木齐	4E	07 25	3600×45
167	和田机场	新疆和田	4D	11 29	3200×50
168	库尔勒机场	新疆库尔勒	4D	04 22	2800×50

基本情况（续10）

目视助航灯光	平行滑行道条数	航站楼面积（平方米²）
无	无	1694
10：简易 28：I类	无	4258.42
均为I类	1	47000
09：简易 27：I类	无	3345.62
18：I类 36：简易	无	3195
14：简易 32：I类	无	10567
均为I类	1	27000
13：简易 31：I类	无	3960
08：I类 26：简易	无	4386
10：简易 28：无	无	2158
14：无 32：简易	无	1078
11L：I类 29R：简易	无	4189
08：简易 26：I类	1	24250
07：I类 25：II类	1	180534
11：简易 29：I类	无	2981
04：I类 22：简易	无	5107

4-2 2011 年全国民航运输机场

序号	机场名称	所在地	飞行区指标	跑道号码	跑道尺寸 长×宽 （米）
169	克拉玛依机场	新疆克拉玛依	4D	13 31	2600×45
170	吐鲁番交河机场	新疆吐鲁番	4D	09 27	2800×45
171	哈密机场	新疆哈密	4C	11 29	2400×50
172	阿克苏温宿机场	新疆阿克苏	4C	09 27	2800×45
173	库车龟兹机场	新疆库车	4C	08 26	2600×45
174	布尔津 喀纳斯机场	新疆布尔津	4C	12 30	2500×45
175	新源那拉提机场	新疆新源	4C	08 26	2300×45
176	阿勒泰机场	新疆阿勒泰	4C	12 30	2200×45
177	博乐 阿拉山口机场	新疆博乐	4C	10 28	2600×45
178	塔城机场	新疆塔城	4C	12 30	2400×45
179	伊宁机场	新疆伊宁	4C	06 24	2400×45
180	且末机场	新疆且末	3C	01 19	1700×30

注：1. 本表数据截至 2011 年底。
　　2. 本表数据由机场司提供。

基本情况（续 11）

目视助航灯光	平行滑行道条数	航站楼面积（平方米）
13：简易 31：I 类	无	4319.34
09：I 类 27：简易	无	5300
两端均为简易	无	4875
09：简易 27：I 类	无	5459.24
08：简易 26：I 类	无	5382
两端均为简易	无	3379.44
08：无夜航设施 26：简易	无	2896.51
12：简易 30：I 类	无	4702
10：简易 28：I 类	无	4977.73
两端均无夜航设施	无	3133.7
06：I 类 24：简易	无	16680
两端均无夜航设施	无	602.32

4-3 机场起降架次和客货吞吐量

年份	起降架次	旅客吞吐量（万人）	货邮吞吐量（吨）
1958		10	14079
1959		12	23891
1960		17	29950
1961		16	27175
1962		13	18455
1963		14	19154
1964		21	20695
1965		23	25003
1966		22	31063
1967		30	38041
1968		24	29415
1969		21	32223
1970		21	36296
1971		34	32751
1972		47	29563
1973		60	29059
1974		94	35635
1975		136	46462
1976		145	53194
1977		164	52408
1978		232	62967
1979		293	77236
1980		328	83455
1981		401	89990
1982		444	101471
1983		349	102620
1984		500	132075
1985	205792	1393	390783

4-3 机场起降架次和客货吞吐量（续 1）

年份	起降架次	旅客吞吐量（万人）	货邮吞吐量（吨）
1986	302425	1912	431507
1987	297036	2406	543234
1988	306622	2607	600059
1989	305972	2374	548622
1990	362779	3042	658392
1991	488100	3985	789556
1992	544602	5339	998266
1993	695195	6538	1229064
1994	843102	7859	1499717
1995	1018692	9998	1965955
1996	1166271	10902	2288502
1997	1403395	11102	2571312
1998	1565261	11371	2883601
1999	1652705	12002	3467351
2000	1757117	13369	3991777
2001	1940712	14874	3392759
2002	2117009	17137	4018341
2003	2118790	17432	4517441
2004	2666309	24193	5525765
2005	3056521	28435	6330844
2006	3486397	33197	7531935
2007	3940777	38759	8610983
2008	4226742	40576	8833590
2009	4840710	48606	9455645
2010	5531716	56431	11289872
2011	5979664	62054	11577677

注：1. 1985 年以前为机场发运量，以下各表同。
2. 2005 年开始旅客吞吐量包含直接过站人数。
3. 本章表 4-3 至表 4-187 数据均根据《中国民航统计资料汇编(1949—2000)》和《中国民航统计年鉴》整理。

4-4　北京首都国际机场吞吐量

年份	起降架次	旅客吞吐量（人）	货邮吞吐量（吨）
1958		19592	2891
1959		24430	5033
1960		27294	5469
1961		20273	5416
1962		16602	3409
1963		25135	4111
1964		36498	4175
1965		44585	4995
1966		45559	6644
1967		38135	7614
1968		27017	5901
1969		25374	6408
1970		28291	6942
1971		52087	5905
1972		75796	5955
1973		101263	6314
1974		158265	8216
1975		246695	11482
1976		248785	12030
1977		295544	11749
1978		464724	14369
1979		532067	17377
1980		504620	18266
1981		707406	21424
1982		787512	22035
1983		783053	26244
1984		1090725	32464
1985	33265	3278091	105333

4-4 北京首都国际机场吞吐量（续 1）

年份	起降架次	旅客吞吐量（人）	货邮吞吐量（吨）
1986	38436	4255784	124044
1987	42452	4665858	137891
1988	41081	4604796	138968
1989	37145	3516389	101740
1990	46472	4820811	141972
1991	59767	6309538	152168
1992	68040	8699677	187115
1993	80054	10288534	225287
1994	95020	11641438	242120
1995	121010	15044668	371385
1996	133643	16384982	390098
1997	141184	16907954	457540
1998	161014	17318821	511142
1999	164829	18190424	628209
2000	187070	21691077	774205
2001	221648	24176495	591195
2002	242338	27159665	629045
2003	233776	24283818	662746
2004	304882	34883190	668690
2005	341681	41004008	782068
2006	378888	48748298	1201815
2007	399209	53611747	1416452
2008	429646	55938136	1367710
2009	487918	65375095	1475657
2010	517585	73948114	1551472
2011	533166	78674513	1640232

4-5 北京南苑机场吞吐量

年份	起降架次	旅客吞吐量（人）	货邮吞吐量（吨）
1993	3722	263556	
1994	3461	210835	
1995	3578	222754	
1996	4073	227596	
1997	4262	193903	
1998	4153	198139	
1999	3026	158272	
2000	2634	179623	
2001	3185	265714	
2002	2478	203765	
2005	444	27313	106
2006	3454	301045	2143
2007	7111	753415	7999
2008	12245	1357038	13243
2009	13252	1607595	12528
2010	16507	2140474	17476
2011	21642	2644598	23557

4-6 天津滨海（张贵庄）机场吞吐量

年份	起降架次	旅客吞吐量（人）	货邮吞吐量（吨）
1958		147	318
1959		380	442
1960		3	532
1961		534	563
1962		55	299
1963		17	409
1964		126	479
1965		237	519
1966		275	720
1967		328	1034
1968		148	822
1969		197	740
1970		197	642
1971		333	644
1972		904	642
1973		1554	1049

4-6　天津滨海（张贵庄）机场吞吐量（续 1）

年份	起降架次	旅客吞吐量（人）	货邮吞吐量（吨）
1974		2570	1120
1975		4067	1740
1976		3597	1225
1977		3807	1144
1978		5429	1428
1979		12750	1806
1980		33081	1815
1981		20189	1577
1982		13665	1411
1983		6729	1422
1984		14790	1849
1985	3620	55430	4970
1986	4532	103931	5640
1987	4528	147116	5273
1988	5434	150184	6983
1989	4376	129361	3744
1990	4726	120779	5517
1991	8202	161857	6647
1992	12352	302435	13038
1993	17868	644348	27281
1994	25766	821586	34763
1995	21589	757106	57311
1996	25739	888350	116728
1997	26306	838297	128743
1998	24400	824160	88500
1999	19878	781243	57372
2000	19677	884448	53156
2001	20062	941178	36503
2002	19681	1092121	41722
2003	20053	1103491	48681
2004	28087	1705271	70995
2005	47460	2193914	80192
2006	54948	2766504	96756
2007	65664	3860752	125087
2008	70279	4637299	166558
2009	75116	5780281	168103
2010	85034	7277106	202484
2011	84831	7554172	182857

注：标题中机场名称，括号内为机场曾用名。以下各表同。

4-7 石家庄大郭庄、正定机场吞吐量

年份	起降架次	旅客吞吐量（人）	货邮吞吐量（吨）
1984		853	10
1985	460	5098	15183
1986	260	3950	245
1987	376	7788	462
1988	706	27225	631
1989	752	26987	747
1990	742	21611	406
1991	744	31305	451
1992	34	1782	166
1993	333	15601	197
1994	388	21649	335
1995	2801	156319	1580
1996	5397	213353	2726
1997	11904	182703	17446
1998	7017	138931	29110
1999	6199	139007	39776
2000	7640	205265	30772
2001	7594	192859	39726
2002	4658	167326	27631
2003	6269	192426	26479
2004	6565	255147	19892
2005	36271	456209	16566
2006	50593	630239	12129
2007	31870	802167	11851
2008	28953	1043688	15344
2009	32481	1320241	18672
2010	51929	2723596	25710
2011	54903	4021167	33229

注：标题中机场名称，顿号前后分别为迁建前后机场名称。表中分割线下为转场时间。以下各表同。

4-8 唐山三女河机场吞吐量

年份	起降架次	旅客吞吐量（人）	货邮吞吐量（吨）
2010	838	14895	86
2011	2537	151051	1005

4-9 秦皇岛山海关机场吞吐量

年份	起降架次	旅客吞吐量（人）	货邮吞吐量（吨）
1985	196	1110	6
1986	34	146	4
1987	186	8711	62
1988	444	20477	140
1989	398	19475	147
1990	532	19235	147
1991	474	24163	172
1992	158	12094	78
1993	212	9998	68
1994	608	38804	327
1995	1278	56391	435
1996	2203	57547	367
1997	2273	56834	369
1998	1350	34120	169
1999	1088	31543	194
2000	1685	27261	99
2001	1556	20056	13
2002	618	13659	12
2003	475	18144	8
2004	502	22936	8
2005	292	21282	
2006	187	11916	13
2007	892	79571	108
2008	840	55793	153
2009	1005	61721	193
2010	2900	200976	257
2011	3046	191378	349

4-10 邯郸机场吞吐量

年份	起降架次	旅客吞吐量（人）	货邮吞吐量（吨）
2007	6436	17568	1
2008	29262	70779	112
2009	1767	82107	33
2010	2497	126464	31
2011	2879	154176	11

4-11 太原亲贤、武宿机场吞吐量

年份	起降架次	旅客吞吐量（人）	货邮吞吐量（吨）
1958		692	132
1959		954	459
1960		1511	676
1961		1141	555
1962		603	274
1963		995	292
1964		805	251
1965		920	238
1966		992	290
1967		1873	453
1968		1348	236
1969		1708	367
1970		1079	295
1971		2263	222
1972		3565	157
1973		6676	191
1974		12005	261
1975		14347	475
1976		15214	572
1977		15781	426
1978		18822	389
1979		19400	460
1980		13822	371
1981		13559	220

4-11 太原亲贤、武宿机场吞吐量（续 1）

年份	起降架次	旅客吞吐量（人）	货邮吞吐量（吨）
1982		11529	237
1983		7666	433
1984		13441	578
1985	902	40220	679
1986	1086	68403	1465
1987	2343	77193	1640
1988	2731	115119	3086
1989	2577	131397	2497
1990	2428	128269	2482
1991	2832	159652	2643
1992	2733	228406	3205
1993	3351	262189	3504
1994	3650	284801	4115
1995	4834	405686	4602
1996	4645	406081	4703
1997	5118	385477	4535
1998	10344	414248	10799
1999	10392	435313	32471
2000	11323	460824	40829
2001	16037	580634	51169
2002	17594	817668	38016
2003	19799	1032959	37227
2004	21712	1680127	28086
2005	31761	2240291	29759
2006	38356	2843482	27889
2007	43061	3613308	27909
2008	47909	4312910	31511
2009	52236	4632179	34496
2010	57525	5252783	41227
2011	62746	5876005	39703

4-12 大同怀仁、倍加皂机场吞吐量

年份	起降架次	旅客吞吐量（人）	货邮吞吐量（吨）
1994	12	80	
1995	28	339	4
1996	44	1523	6
1997	24	1034	5
1998	94	2047	51
2005	2	39	3
2006	762	42942	388
2007	952	73322	239
2008	1882	117423	214
2009	1668	112844	485
2010	2305	166420	1194
2011	3428	217027	1799

4-13 长治王村机场吞吐量

年份	起降架次	旅客吞吐量（人）	货邮吞吐量（吨）
1982		2831	
1983		1585	59
1984		1355	34
1985	144	2375	53
1986		1881	40
1987	114	1723	35
1990	144	3128	15
1991	236	7040	24
1992	81	2712	7
1993	14	450	1
1995	184	7009	
1996	110	1555	6
1997	173	1111	3
1998	184	1555	4
1999	413	2543	11
2000	184	1360	4
2003	234	3633	1
2004	2254	47331	50
2005	2350	96282	117
2006	2649	104500	87
2007	2546	160046	192
2008	3534	260828	230
2009	4595	340613	466
2010	4982	390379	770
2011	5555	412167	1641

4-14　运城张孝机场吞吐量

年份	起降架次	旅客吞吐量（人）	货邮吞吐量（吨）
2005	1017	64774	73
2006	2233	145636	241
2007	3044	208740	722
2008	4718	303571	715
2009	6116	506642	1024
2010	6820	618463	1678
2011	8132	749924	2193

4-15　呼和浩特白塔机场吞吐量

年份	起降架次	旅客吞吐量（人）	货邮吞吐量（吨）
1966		2041	308
1967		3180	36
1968		2178	195
1969		11229	521
1970		1157	123
1971		2909	142
1972		5278	155
1973		6872	209
1974		10274	188
1975		14048	184
1976		15219	265
1977		11187	119
1978		16600	271
1979		21364	311
1980		18419	259
1981		16419	232

4-15 呼和浩特白塔机场吞吐量（续 1）

年份	起降架次	旅客吞吐量（人）	货邮吞吐量（吨）
1982		15851	238
1983		10183	184
1984		13763	185
1985	1367	32888	653
1986	559	17137	260
1987	1695	67153	817
1988	1965	96564	1055
1989	2453	111345	1024
1990	2742	100618	1141
1991	12653	156547	1574
1992	11967	153102	1432
1993	15905	188965	1978
1994	10394	221821	2279
1995	10034	253536	2231
1996	6141	261146	2365
1997	4818	255182	2332
1998	5078	273253	7070
1999	5740	289397	19644
2000	6477	376963	13426
2001	9141	448246	4657
2002	8703	477233	10269
2003	8625	507625	13252
2004	13009	819195	12991
2005	16089	1101698	8554
2006	21468	1509643	9642
2007	24993	1838754	12415
2008	26529	2121905	13311
2009	33190	2898661	14513
2010	43331	3663383	20675
2011	48870	4331529	25218

4-16　包头二里半机场吞吐量

年份	起降架次	旅客吞吐量（人）	货邮吞吐量（吨）
1982		2049	65
1983		604	33
1984		411	24
1985	352	931	191
1986	455	8185	172
1987	378	6536	196
1988	204	4496	134
1989	190	6091	108
1990	610	9429	148
1991	1690	12161	97
1992	1037	17119	159
1993	848	25948	278
1994	763	30981	403
1995	699	46021	524
1996	1238	75356	632
1997	1694	94551	875
1998	1782	95730	870
1999	1957	111041	1084
2000	2159	132443	1415
2001	2224	142336	937
2002	2202	152817	1063
2003	2346	186560	1189
2004	3517	293932	1823
2005	4736	342582	1674
2006	5643	410628	2063
2007	4316	452942	2732
2008	6989	753293	4518
2009	10099	1070122	4679
2010	11502	1332132	6075
2011	11261	1345598	7492

4-17 乌海机场吞吐量

年份	起降架次	旅客吞吐量（人）	货邮吞吐量（吨）
2003	28	542	
2004	734	12781	
2005	600	10601	2
2006	961	51311	10
2007	1134	54050	29
2008	1430	73951	18
2009	1420	115493	29
2010	2115	180883	129
2011	2778	227021	712

4-18 鄂尔多斯伊金霍洛机场吞吐量

年份	起降架次	旅客吞吐量（人）	货邮吞吐量（吨）
2007	1249	77488	390
2008	3552	307513	1085
2009	5588	472656	1823
2010	8862	816737	3074
2011	14118	1301806	5993

4-19 二连浩特赛乌苏机场吞吐量

年份	起降架次	旅客吞吐量（人）	货邮吞吐量（吨）
2011	1466	79725	7

4-20 赤峰机场吞吐量

年份	起降架次	旅客吞吐量（人）	货邮吞吐量（吨）
1982		2111	24
1983		1046	7
1984		2132	18
1985	214	3945	52
1986	72	1794	26
1987	308	9074	79
1988	292	10528	100
1989	498	11941	108
1990	146	2627	18
1991	728	15319	90
1992	392	8640	39
1993	344	11082	51
1994	460	11986	55
1995	686	20015	82
1996	722	22603	90
1997	577	17641	75
1998	590	18094	90
1999	573	19952	101
2000	756	21709	100
2001	1298	31637	38
2002	874	26263	22
2003	988	26100	26
2004	1072	28657	35
2005	1176	29710	54
2006	1668	35679	29
2007	2322	54700	114
2008	2606	82223	118
2009	3243	165202	213
2010	4553	270709	334
2011	4757	304642	509

4-21 呼伦贝尔海拉尔（海拉尔东山）机场吞吐量

年份	起降架次	旅客吞吐量（人）	货邮吞吐量（吨）
1984		336	2
1985	158	3868	37
1986	50	1464	14
1987	206	7016	56
1988	132	3742	23
1989	214	10705	82
1990	298	14216	117
1991	673	15886	131
1992	785	40847	335
1993	610	48305	319
1994	890	51133	322
1995	814	53320	330
1996	1143	65620	482
1997	1327	59326	419
1998	1259	66438	542
1999	1239	57441	404
2000	1101	67679	504
2001	1468	77754	129
2002	1572	85649	138
2003	1300	85082	168
2004	1396	111950	179
2005	2091	129486	280
2006	2584	150561	609
2007	3227	222514	1120
2008	4382	342416	1299
2009	5642	532463	1095
2010	6202	608804	2130
2011	7632	713037	2987

4-22 通辽机场吞吐量

年份	起降架次	旅客吞吐量（人）	货邮吞吐量（吨）
1985	322	2178	21
1986	104	1397	9
1987	412	5732	41
1988	576	6466	40
1989	603	6427	32
1990	748	4144	32
1991	828	4095	31
1992	82	541	4
1993	170	508	3
1994	520	5043	24
1995	561	4534	28
1996	399	4421	25
1997	498	5298	24
1998	348	6210	35
1999	263	8040	47
2000	477	7514	50
2001	526	12132	7
2002	501	9034	9
2003	630	11531	12
2004	762	13986	12
2005	774	22448	44
2006	1191	57664	51
2007	1327	63344	134
2008	1740	66435	219
2009	1868	94894	275
2010	2217	118316	477
2011	3351	178006	1187

4-23　乌兰浩特机场吞吐量

年份	起降架次	旅客吞吐量（人）	货邮吞吐量（吨）
1987	20	588	1
1988	142	4179	23
1989	172	4610	22
1990	184	4266	34
1991	410	5952	41
1992	206	962	7
1993	356	505	5
1994	212	2162	15
1995	292	4425	26
1996	526	5267	32
1997	332	6208	41
1998	764	8948	69
1999	360	8098	73
2000	544	8917	77
2001	881	13331	15
2002	592	10657	11
2003	843	13219	9
2004	941	17216	13
2005	1286	15828	15
2006	1115	20399	20
2007	1480	35576	32
2008	1881	51138	43
2009	2220	77645	128
2010	1980	98204	121
2011	3137	140643	225

4-24　锡林浩特机场吞吐量

年份	起降架次	旅客吞吐量（人）	货邮吞吐量（吨）
1982		8098	71
1983		4740	50
1984		5658	51
1985	440	11479	156
1986	292	9232	102
1987	402	13680	140
1988	414	16605	178
1989	414	16853	181
1990	358	13095	148
1991	400	13150	154
1992	358	8909	89
1993	373	13348	148
1994	532	16546	145
1995	503	13890	103
1996	600	12439	94
1997	534	14269	98
1998	667	14828	96
1999	481	13964	91
2000	508	15767	94
2001	1453	25888	11
2002	944	29545	10
2003	496	16541	9
2004	507	21883	20
2005	666	30649	29
2006	790	47436	24
2007	1439	62603	81
2008	926	51040	46
2009	2300	131786	138
2010	3568	201251	215
2011	4133	258918	446

4-25 阿尔山伊尔施机场吞吐量

年份	起降架次	旅客吞吐量（人）	货邮吞吐量（吨）
2011	16	1083	

4-26 巴彦淖尔天吉泰机场吞吐量

年份	起降架次	旅客吞吐量（人）	货邮吞吐量（吨）
2011	8	434	

4-27 满洲里西郊机场吞吐量

年份	起降架次	旅客吞吐量（人）	货邮吞吐量（吨）
2005	946	55555	234
2006	1390	80788	656
2007	1628	114949	799
2008	1649	122727	576
2009	1872	146901	583
2010	2323	174187	1218
2011	3173	226891	1528

4-28　沈阳东塔、桃仙机场吞吐量

年份	起降架次	旅客吞吐量（人）	货邮吞吐量（吨）
1958		701	173
1959		1513	1241
1960		1476	1290
1961		827	1154
1962		415	613
1963		723	670
1964		1477	746
1965		1635	817
1966		4162	1520
1967		3346	1765
1968		2335	1484
1969		2450	1874
1970		2755	2320
1971		4637	1955
1972		6575	1909
1973		9442	2038
1974		19081	2035
1975		30997	2324
1976		46047	3011
1977		41091	2588
1978		52066	2378
1979		58768	2803
1980		51237	2447
1981		59254	2308
1982		80348	2876
1983		52900	2543
1984		81046	3013
1985	4700	249754	7914

4-28 沈阳东塔、桃仙机场吞吐量（续 1）

年份	起降架次	旅客吞吐量（人）	货邮吞吐量（吨）
1986	4958	339778	9164
1987	7560	520902	13177
1988	8488	612966	14368
1989	9374	555245	13817
1990	10198	602970	13113
1991	11957	808027	12711
1992	10845	1040717	17896
1993	12881	1193514	18076
1994	21088	1388470	22663
1995	17432	1823242	31192
1996	19073	2102182	32781
1997	22165	2208432	56406
1998	23243	2046207	52936
1999	22928	2216249	55211
2000	23876	2420455	58138
2001	28460	2476245	45252
2002	32550	2652340	56799
2003	33539	3010752	69509
2004	41482	4100174	85343
2005	43072	4560162	83351
2006	48931	5343566	85590
2007	56879	6190448	97412
2008	62531	6807235	102487
2009	67027	7504828	112445
2010	70786	8619897	123816
2011	77866	10231185	133904

4-29　大连周水子机场吞吐量

年份	起降架次	旅客吞吐量（人）	货邮吞吐量（吨）
1973		1060	72
1974		3697	175
1975		8913	362
1976		10014	487
1977		9818	545
1978		12422	518
1979		16943	1002
1980		17263	1116
1981		16565	940
1982		43258	637
1983		31134	1145
1984		39478	1284
1985	3088	140631	3227
1986	3154	244085	5814
1987	3526	296869	7208
1988	4207	348097	9382
1989	5736	371650	10528
1990	6428	466502	12007
1991	7039	625790	15800
1992	8952	862208	23494
1993	11623	1023695	27063
1994	13297	1209026	31533
1995	16698	1565963	37969
1996	20564	1757777	44599
1997	22320	1939577	46553
1998	27796	2116693	47582
1999	30119	2362234	60812
2000	34429	2751613	76283
2001	36166	3064040	62144
2002	37534	3333451	72583
2003	35248	3420307	74784
2004	46554	4614166	89699
2005	50387	5407452	99078
2006	56374	6351089	108993
2007	63416	7281084	121693
2008	73082	8205454	129388
2009	85390	9550365	125832
2010	91628	10703640	140554
2011	94344	12012094	137859

4-30　长海大长山岛机场吞吐量

年份	起降架次	旅客吞吐量（人）	货邮吞吐量（吨）
2008	583	3106	
2009	589	5014	
2010	520	4645	
2011	450	3516	

4-31　鞍山腾鳌机场吞吐量

年份	起降架次	旅客吞吐量（人）	货邮吞吐量（吨）
2001	196	15765	
2002	160	11994	
2010	418	24607	
2011	6	319	

4-32　丹东浪头机场吞吐量

年份	起降架次	旅客吞吐量（人）	货邮吞吐量（吨）
1985	172	4724	92
1986	160	3748	134
1987	316	8171	717
1988	544	19831	550
1989	526	22175	680
1990	454	28279	723
1991	303	25440	618
1992	424	37551	959
1993	240	12790	376
1994	320	28597	843
1995	446	41774	918
1996	603	38556	658
1997	610	36669	495
1998	505	30250	420
1999	268	22067	415
2000	445	33842	528
2001	540	30601	264
2002	426	31506	293
2003	286	24997	322
2004	340	31479	393
2005	422	38960	431
2006	719	62684	500
2007	735	63222	611
2008	826	57910	371
2009	999	88601	452
2010	972	99822	634
2011	1160	132362	864

4-33 锦州小岭子机场吞吐量

年份	起降架次	旅客吞吐量（人）	货邮吞吐量（吨）
2001	486	16740	92
2002	391	10833	23
2003	576	16777	36
2004	576	17420	54
2005	626	19714	76
2006	462	29807	164
2007	480	42908	338
2008	786	44989	413
2009	880	57767	546
2010	1144	96355	1205
2011	1090	102801	1206

4-34 朝阳机场吞吐量

年份	起降架次	旅客吞吐量（人）	货邮吞吐量（吨）
1986	44	541	1
1987	282	4648	37
1988	370	14245	57
1989	306	8395	64
1990	240	4522	84
1991	7075	8830	63
1992	66	899	8
1994	136	3791	13
1995	522	17749	73
1996	386	10674	50
1997	828	17966	75
1998	199	3076	16
1999	2716	9654	42
2000	1995	10948	48
2001	679	12498	9
2004	397	1176	
2008	421	17744	
2009	509	21877	
2010	296	16113	1
2011	26094	15380	

4-35 长春大房身、龙嘉机场吞吐量

年份	起降架次	旅客吞吐量（人）	货邮吞吐量（吨）
1959		129	14
1960		198	22
1961		169	24
1962		153	21
1963		237	23
1964		447	21
1967		997	322
1968		543	221
1969		485	234
1970		536	254
1971		864	258
1972		1664	249
1973		2008	233
1974		5093	265
1975		8957	463
1976		12549	655
1977		12705	732
1978		17746	722
1979		16926	734
1980		12082	507
1981		16534	452
1982		14124	510
1983		13383	562
1984		18970	498
1985	294	10701	520
1986	1656	127702	2898
1987	2232	165352	4576

4-35 长春大房身、龙嘉机场吞吐量（续1）

年份	起降架次	旅客吞吐量（人）	货邮吞吐量（吨）
1988	2340	224402	5484
1989	2680	202956	5375
1990	3186	231354	5203
1991	3768	305952	5051
1992	3641	369360	6030
1993	5086	442472	7290
1994	6356	548053	8712
1995	7060	697606	9073
1996	8042	776777	9721
1997	8256	750937	9845
1998	9699	776336	11838
1999	10347	836789	12793
2000	11308	967263	16864
2001	12907	1093439	12583
2002	14832	1224461	14737
2003	13883	1279379	15702
2004	16708	1519384	15839
2005	18677	1753235	20005
2006	21756	2227352	26459
2007	24254	2622682	33467
2008	29366	3049767	36511
2009	35909	3878416	48085
2010	42199	4749471	61672
2011	41364	4971667	62256

4-36 吉林机场吞吐量

年份	起降架次	旅客吞吐量（人）	货邮吞吐量（吨）
1991	229	15650	265
1992	371	33548	655
1993	422	43524	556
1994	474	50442	558
1995	446	84598	663
1996	670	69165	658
1997	710	58945	546
1998	671	47083	450
1999	500	28991	289
2000	480	27719	291
2001	788	46188	96
2002	466	36197	79
2003	398	28160	53
2004	344	28423	52
2005	1084	68624	112

4-37 白山长白山机场吞吐量

年份	起降架次	旅客吞吐量（人）	货邮吞吐量（吨）
2008	86	4452	
2009	792	53386	23
2010	1623	103359	33
2011	2052	127531	26

4-38 延吉朝阳川机场吞吐量

年份	起降架次	旅客吞吐量（人）	货邮吞吐量（吨）
1985	88	2365	17
1986	198	6337	95
1987	160	6481	91
1988	305	10107	95
1989	892	33383	259
1990	1754	64673	540
1991	2432	86390	606
1992	2176	77738	520
1993	174	6292	41
1994	2388	150164	1146
1995	4066	319951	2379
1996	4620	355784	2722
1997	3890	319648	2715
1998	3083	209704	2436
1999	3291	280908	2983
2000	4194	363424	3743
2001	4466	383712	781
2002	4535	430695	970
2003	3964	381849	659
2004	5148	555058	873
2005	6492	639788	1817
2006	6837	700067	2198
2007	7853	811841	3061
2008	7638	790885	2848
2009	7457	808256	3126
2010	7962	943336	4192
2011	7884	1016274	4916

4-39　哈尔滨马家沟、太平（阎家岗）机场吞吐量

年份	起降架次	旅客吞吐量（人）	货邮吞吐量（吨）
1958		383	484
1959		908	755
1960		1517	791
1961		725	542
1962		323	356
1963		387	315
1964		642	454
1965		398	
1966		444	
1967		3344	681
1968		2430	665
1969		2139	750
1970		2803	791
1971		4416	548
1972		5183	519
1973		6296	478
1974		11073	630
1975		17531	731
1976		17745	813
1977		17387	774
1978		20666	838
1979		28739	1008
1980		27797	1013
1981		34674	976
1982		44746	954
1983		37371	1134
1984		62776	1601
1985	2022	174225	5427

4-39 哈尔滨马家沟、太平（阎家岗）机场吞吐量（续1）

年份	起降架次	旅客吞吐量（人）	货邮吞吐量（吨）
1986	3136	263760	6122
1987	3636	287998	7735
1988	3618	330517	9125
1989	4420	336860	10549
1990	5206	401013	11877
1991	6337	579400	11333
1992	8249	848892	15274
1993	10194	1005128	16154
1994	10532	1129423	20771
1995	12206	1435259	22928
1996	14788	1536706	27491
1997	14745	1510423	28072
1998	16778	1510544	26228
1999	17559	1378862	26414
2000	18418	1574980	30699
2001	20169	1702963	23762
2002	21723	1958253	28083
2003	22093	2148086	31351
2004	26585	2726010	35085
2005	30870	3222907	41106
2006	33863	3643232	44921
2007	40194	4432645	52483
2008	46364	4985212	58695
2009	57440	6558796	66152
2010	61002	7259498	71265
2011	62520	7841521	76491

4-40 齐齐哈尔三家子机场吞吐量

年份	起降架次	旅客吞吐量（人）	货邮吞吐量（吨）
1988	160	14052	166
1989	276	20332	105
1990	160	10342	219
1991	90	10933	317
1992	374	43321	632
1993	1242	61739	717
1994	850	56130	760
1995	762	69498	756
1996	776	58809	621
1997	514	42948	631
1998	764	49896	750
1999	508	30173	261
2000	330	20241	221
2001	488	22311	87
2002	954	33639	126
2003	496	32485	93
2004	547	44174	192
2005	759	65135	272
2006	699	59589	473
2007	654	67649	421
2008	999	93196	461
2009	1476	120384	462
2010	1230	123218	507
2011	1354	149995	685

4-41　鸡西兴凯湖机场吞吐量

年份	起降架次	旅客吞吐量（人）	货邮吞吐量（吨）
2009	234	15641	27
2010	1096	80955	214
2011	1236	89567	293

4-42　大庆萨尔图机场吞吐量

年份	起降架次	旅客吞吐量（人）	货邮吞吐量（吨）
2009	1043	101553	310
2010	3577	363404	1308
2011	3645	404083	1940

4-43　佳木斯东郊机场吞吐量

年份	起降架次	旅客吞吐量（人）	货邮吞吐量（吨）
2001	412	15888	48
2002	337	15307	37
2003	411	29912	20
2004	620	48577	37
2005	802	57126	51
2006	761	53765	141
2007	884	86448	190
2008	1134	111044	226
2009	1970	166048	518
2010	2038	191592	1053
2011	2230	212904	759

4-44 伊春林都机场吞吐量

年份	起降架次	旅客吞吐量（人）	货邮吞吐量（吨）
2009	226	10252	
2010	652	43903	2
2011	842	44507	13

4-45 牡丹江海浪机场吞吐量

年份	起降架次	旅客吞吐量（人）	货邮吞吐量（吨）
1985	77	2705	20
1986	398	15132	158
1987	476	14596	282
1988	666	21641	709
1989	596	17174	302
1990	304	5788	181
1991	215	5131	129
1992	53	3181	33
1993	388	34309	247
1994	506	52487	514
1995	820	89319	876
1996	1292	128015	1112
1997	1112	105000	1207
1998	1258	98631	1060
1999	1110	77372	796
2000	1000	75843	736
2001	1275	72923	354
2002	1338	93019	361
2003	1110	91694	346
2004	1978	151166	387
2005	1670	132876	329
2006	1788	147821	318
2007	1746	148892	696
2008	2007	160932	536
2009	3414	260063	760
2010	3126	288742	979
2011	3202	313333	1387

4-46 黑河机场吞吐量

年份	起降架次	旅客吞吐量（人）	货邮吞吐量（吨）
1985	36	1432	5
1986	156	6241	27
1987	30	1178	4
1988	34	1256	6
1989	590	23384	186
1990	938	34336	213
1991	1191	47836	398
1992	1458	61759	325
1993	1662	57985	253
1994	798	22047	177
1995	824	16612	409
1996	448	8389	204
1997	2	24	
1998	162	3914	28
1999	80	1599	4
2001	100	1884	
2002	718	14098	6
2003	124	4151	11
2004	320	10608	2
2005	490	17146	5
2006	676	21126	8
2007	606	20680	13
2008	670	41823	396
2009	960	84987	140
2010	1036	94878	154
2011	1232	90568	110

4-47 漠河古莲机场吞吐量

年份	起降架次	旅客吞吐量（人）	货邮吞吐量（吨）
2008	324	24304	5
2009	1100	75263	38
2010	814	65729	52
2011	1026	79115	43

4-48 上海虹桥机场吞吐量

年份	起降架次	旅客吞吐量（人）	货邮吞吐量（吨）
1967		21780	4620
1968		11396	3680
1970		10774	4792
1971		20030	4500
1972		35784	4180
1973		54017	3972
1974		91686	5327
1975		129305	7028
1976		129530	9062
1977		146860	7524
1978		205549	8824
1979		267708	11056
1980		312657	13218
1981		372961	14785
1982		434755	16461
1983		420073	20280
1984		621348	25584
1985	21964	1888751	67963
1986	25120	2507656	80792
1987	30356	3181328	98905
1988	32882	3547585	112642
1989	31282	3036704	106288

4-48　上海虹桥机场吞吐量（续1）

年份	起降架次	旅客吞吐量（人）	货邮吞吐量（吨）
1990	37105	3983825	126768
1991	44284	4939282	155619
1992	50711	6152441	186632
1993	59279	7594743	139231
1994	71789	8717522	270216
1995	85670	11076018	366303
1996	101166	12344826	408021
1997	112737	13274305	476011
1998	128022	13707093	571774
1999	135110	14349100	752353
2000	102222	12139462	612220
2001	116495	13761410	451924
2002	117875	13667094	439905
2003	109403	9692386	208524
2004	150794	14889198	294020
2005	169957	17797365	359595
2006	177626	19336517	363581
2007	187045	22632962	388904
2008	185304	22877404	415726
2009	189071	25078548	439072
2010	218985	31298812	480438
2011	229846	33112442	454069

4-49 上海浦东机场吞吐量

年份	起降架次	旅客吞吐量（人）	货邮吞吐量（吨）
1999	3917	296846	13467
2000	58306	5543667	266682
2001	77575	6898999	352541
2002	107335	11047695	634966
2003	134276	15063622	1189303
2004	178681	21021723	1642176
2005	205046	23664967	1857120
2006	231994	26788586	2168072
2007	253532	28920432	2559246
2008	265735	28235691	2603027
2009	287916	31921009	2543394
2010	332126	40578621	3228081
2011	344086	41447730	3085268

4-50 南京大校场、禄口机场吞吐量

年份	起降架次	旅客吞吐量（人）	货邮吞吐量（吨）
1958		850	274
1959		1174	449
1960		1235	640
1961		1221	551
1962			396
1963		2039	450
1964		2831	582
1965		3185	668
1966		3295	627
1967		5233	903
1968		2118	521
1970		1932	615
1971		3889	791
1972		4862	650
1973		6946	647
1974		12560	683
1975		15977	874
1976		16954	1478

4-50　南京大校场、禄口机场吞吐量（续 1）

年份	起降架次	旅客吞吐量（人）	货邮吞吐量（吨）
1977		20454	1370
1978		33520	1308
1979		44281	1637
1980		62448	1945
1981		70828	2082
1982		82333	2205
1983		62104	2074
1984		97231	2255
1985	5244	242370	5236
1986	6856	401429	6235
1987	8666	533515	4446
1988	7500	573471	10299
1989	7656	537362	9060
1990	9690	721594	10459
1991	9980	841493	11904
1992	10412	1036498	13719
1993	14275	1295812	17553
1994	16498	1506218	20747
1995	21306	1964781	26677
1996	26686	2196439	30497
1997	29690	2121225	28311
1998	32227	2108030	31301
1999	32443	2167103	42503
2000	34055	2436455	53751
2001	36207	2793706	49690
2002	37776	3170346	52198
2003	39589	3329477	80678
2004	51561	4573987	117802
2005	55508	5385933	139369
2006	64591	6269103	152063
2007	82392	8037189	180401
2008	91242	8881261	187604
2009	106142	10837222	200099
2010	116087	12530515	234359
2011	120534	13074097	246572

4-51　无锡硕放机场吞吐量

年份	起降架次	旅客吞吐量（人）	货邮吞吐量（吨）
1993	642	64097	
1994	646	47998	
1995	668	45822	
1996	638	41710	
1997	659	31548	
1998	676	38352	
1999	529	31598	
2000	532	32232	
2001	500	36259	
2002	390	28035	
2004	3012	326704	7005
2005	6296	619131	11525
2006	9469	924883	13877
2007	13740	1359830	19711
2008	16380	1642497	39569
2009	19723	2217932	47021
2010	21978	2535277	57071
2011	26040	2940122	66208

4-52　徐州观音机场吞吐量

年份	起降架次	旅客吞吐量（人）	货邮吞吐量（吨）
1997	150	7669	60
1998	1656	69245	695
1999	1557	78795	895
2000	2184	98357	1384
2001	1872	71166	909
2002	3030	85148	803
2003	2105	78581	655
2004	3121	134447	1015
2005	3758	216622	1294
2006	4789	300059	1880
2007	6258	414057	2695
2008	8424	401046	2561
2009	9065	511469	3251
2010	8951	658395	3772
2011	11523	846267	4930

4-53 常州奔牛机场吞吐量

年份	起降架次	旅客吞吐量（人）	货邮吞吐量（吨）
1986	226	22532	322
1987	577	46057	1070
1988	560	56449	1089
1989	580	53535	1006
1990	802	64820	1053
1991	834	64765	1002
1992	1040	89549	1226
1993	1496	121182	1874
1994	2582	206298	3178
1995	1786	147518	2199
1996	3035	238149	2989
1997	3766	269221	4513
1998	4070	231594	4821
1999	3993	224154	5231
2000	3102	187428	5527
2001	2058	126471	2586
2002	2232	148848	2340
2003	2542	161161	2397
2004	3004	241386	2774
2005	3176	316180	3623
2006	4546	438442	4299
2007	5628	509725	5456
2008	6096	550808	6393
2009	5800	535198	6173
2010	6765	658033	6720
2011	10160	933663	8363

4-54　南通兴东机场吞吐量

年份	起降架次	旅客吞吐量（人）	货邮吞吐量（吨）
1993	159	18386	220
1994	926	90129	1406
1995	1166	125025	1995
1996	1622	145020	2214
1997	1574	126371	2067
1998	1156	97844	1466
1999	1128	87953	1542
2000	1216	87387	1773
2001	1454	73509	1158
2002	1587	68712	946
2003	1632	64086	807
2004	1758	82077	964
2005	1276	89337	1269
2006	10222	113185	1570
2007	16771	168283	2010
2008	22954	161365	1842
2009	30634	220260	1878
2010	28435	271440	4654
2011	27538	249494	6497

4-55 连云港白塔埠机场吞吐量

年份	起降架次	旅客吞吐量（人）	货邮吞吐量（吨）
1985	346	7527	62
1986	466	12863	91
1987	520	13071	112
1988	424	13495	102
1989	418	11347	102
1990	608	19736	171
1991	712	28607	196
1992	655	31983	242
1993	246	15731	156
1994	630	62100	796
1995	1120	98363	1087
1996	1230	108413	1173
1997	1360	89032	1184
1998	1330	75369	1086
1999	848	41257	802
2000	1348	46904	961
2001	1278	39742	512
2002	1446	35341	415
2003	1704	44527	444
2004	2434	82290	500
2005	1837	96154	544
2006	2177	154753	542
2007	2677	199515	790
2008	3216	208630	993
2009	3747	291059	945
2010	5548	423031	1149
2011	5408	460784	1374

4-56　淮安涟水机场吞吐量

年　份	起降架次	旅客吞吐量（人）	货邮吞吐量（吨）
2010	642	39174	1
2011	5060	230462	1557

4-57　盐城南洋机场吞吐量

年　份	起降架次	旅客吞吐量（人）	货邮吞吐量（吨）
2001	464	19826	384
2002	588	22142	342
2003	541	16549	219
2004	1042	27972	234
2005	1186	38022	277
2006	1126	50674	365
2007	1162	73892	579
2008	1628	101278	605
2009	2216	161682	1212
2010	2092	191336	1615
2011	2558	232315	2323

4-58 杭州笕桥、萧山机场吞吐量

年 份	起降架次	旅客吞吐量（人）	货邮吞吐量（吨）
1958		650	25
1959		979	66
1960		690	133
1961		1080	114
1962		760	74
1963		1444	83
1964		2981	118
1965		4638	192
1966		4091	
1967		1174	308
1968		474	145
1970		351	191
1971		1073	167
1972		3891	175
1973		8837	376
1974		14608	367
1975		17831	463
1976		14485	518
1977		16053	669
1978		27176	707
1979		40308	880
1980		54313	1243
1981		81795	1945
1982		86137	1977
1983		83405	3067
1984		103208	3335
1985	2780	223055	5976
1986	4740	357635	7143
1987	6220	515370	10504
1988	7389	594264	11970
1989	6694	430765	7730

4-58 杭州笕桥、萧山机场吞吐量（续 1）

年 份	起降架次	旅客吞吐量（人）	货邮吞吐量（吨）
1990	5310	399016	6959
1991	12680	1044112	15339
1992	13182	1330013	20530
1993	14882	1503107	25736
1994	16814	1724696	30542
1995	18822	2046132	36999
1996	20234	2183917	39369
1997	21129	2213025	40600
1998	22233	2275750	55575
1999	23634	2191418	70561
2000	26448	2492442	74631
2001	36475	2981341	73148
2002	44912	3879259	86734
2003	50654	4352301	91318
2004	67000	6338042	128209
2005	79262	8092641	165918
2006	100799	9919532	185518
2007	114672	11729983	195711
2008	118560	12673198	210793
2009	134058	14944716	226308
2010	146289	17068585	283427
2011	149480	17512224	306243

4-59 宁波庄桥、栎社机场吞吐量

年　份	起降架次	旅客吞吐量（人）	货邮吞吐量（吨）
1984		741	12
1985	426	10012	366
1986	764	22314	348
1987	1004	38827	552
1988	1310	60026	864
1989	1262	63669	823
1990	2016	110005	1348
1991	3584	211971	2687
1992	4214	286029	4064
1993	4852	439245	6253
1994	7306	660897	8850
1995	9922	920449	11775
1996	12364	1066122	12064
1997	14290	1081548	12449
1998	15135	1095053	14703
1999	16119	1049949	17831
2000	16271	1179888	21922
2001	17606	1219045	15005
2002	16325	1265057	18661
2003	16048	1300934	19879
2004	20616	1852107	25524
2005	27006	2532910	30748
2006	30865	2972429	38768
2007	31541	3300626	39643
2008	34002	3574352	39769
2009	37512	4031447	46840
2010	39289	4517070	55967
2011	44083	5014002	58763

4-60 温州永强机场吞吐量

年 份	起降架次	旅客吞吐量（人）	货邮吞吐量（吨）
1990	1144	66505	368
1991	5163	351758	2704
1992	6824	591274	6057
1993	9241	832994	8642
1994	12382	1110303	13702
1995	16348	1557274	18213
1996	18173	1684171	20299
1997	20116	1644470	20427
1998	23926	1778786	23257
1999	24983	1598757	24778
2000	22661	1627682	31729
2001	22795	1549654	22668
2002	25747	1913201	28387
2003	27363	1983464	27555
2004	29742	2439392	25436
2005	28328	2623149	26100
2006	31524	3045854	31008
2007	34762	3587940	37358
2008	38697	3976546	36848
2009	44800	4821527	44326
2010	49854	5326802	50024
2011	49995	5598674	48997

4-61 义乌机场吞吐量

年　份	起降架次	旅客吞吐量（人）	货邮吞吐量（吨）
1991	303	12794	47
1992	392	16661	75
1993	182	8383	46
1994	38	388	1
1995	622	42263	260
1996	710	75696	679
1997	882	77539	783
1998	992	71738	869
1999	1084	81816	1302
2000	1350	94756	1421
2001	1591	105372	1130
2002	1830	129394	1606
2003	1747	129914	2040
2004	2254	190316	2395
2005	2321	208588	2508
2006	3467	327631	3041
2007	5094	512271	3629
2008	5316	516325	3347
2009	5322	559652	3259
2010	6148	695148	3802
2011	6746	761938	3414

4-62 衢州机场吞吐量

年　份	起降架次	旅客吞吐量（人）	货邮吞吐量（吨）
1993	30	797	3
1994	478	14112	60
1995	862	34620	177
1996	660	29040	173
1997	412	20821	130
1998	442	17747	104
1999	258	11597	76
2000	442	16093	110
2001	460	15155	63
2002	76	2612	14
2003	378	8877	12
2004	436	12535	13
2005	346	8755	32
2006	546	30095	44
2007	506	37424	104
2008	742	61434	87
2009	1674	128389	172
2010	1716	133498	180
2011	1474	148907	264

4-63 舟山普陀山机场吞吐量

年　份	起降架次	旅客吞吐量（人）	货邮吞吐量（吨）
2001	3684	250683	1855
2002	5148	301909	1888
2003	4472	260331	1587
2004	5762	380538	1280
2005	6629	397947	1094
2006	5113	320976	502
2007	5509	338021	570
2008	5322	355645	322
2009	6416	447956	435
2010	7644	356869	377
2011	10314	384859	287

4-64 台州路桥（黄岩）机场吞吐量

年　份	起降架次	旅客吞吐量（人）	货邮吞吐量（吨）
1987	52	1458	7
1988	564	17673	63
1989	570	17315	57
1990	596	19563	70
1991	1156	40218	137
1992	804	29723	141
1993	977	58520	252
1994	1182	73733	524
1995	2192	165288	1581
1996	3446	243242	1987
1997	3070	212844	1756
1998	2840	198596	2045
1999	2740	191329	2449
2000	3270	223780	3501
2001	2922	148118	1927
2002	2178	134338	2368
2003	2390	135897	1873
2004	3268	196710	1887
2005	2900	225874	1727
2006	2956	271279	2013
2007	3974	367637	2781
2008	4580	407698	3235
2009	5340	526738	4293
2010	6278	616861	5483
2011	6212	628268	6179

4-65 合肥三里街、骆岗机场吞吐量

年 份	起降架次	旅客吞吐量（人）	货邮吞吐量（吨）
1967		4474	289
1968		2629	240
1970		2045	306
1971		4679	365
1972		5477	349
1973		6814	342
1974		9026	316
1975		10549	422
1976		11547	430
1977		11628	478
1978		17807	549
1979		17871	531
1980		17877	598
1981		7498	369
1982		22191	439
1983		13061	595
1984		19447	472
1985	1848	45187	1096
1986	2234	84589	1449
1987	2994	123380	1875
1988	3882	150461	1980
1989	3762	154703	2204
1990	4360	172961	2275
1991	15375	220803	3322
1992	11382	261476	2993
1993	25547	396847	4209
1994	12312	464871	5870
1995	12082	578630	7094
1996	13754	662665	8364
1997	18274	570427	7425
1998	14970	549139	7707

4-65 合肥三里街、骆岗机场吞吐量（续 1）

年 份	起降架次	旅客吞吐量（人）	货邮吞吐量（吨）
1999	10926	555774	8803
2000	11634	612169	11501
2001	13748	697268	10298
2002	13742	813381	13171
2003	12210	929053	13272
2004	14849	1237290	18297
2005	18750	1511705	19378
2006	24000	1851464	21455
2007	32662	2230277	21837
2008	32141	2525294	23844
2009	35814	3205694	28116
2010	46452	3817051	31883
2011	48001	4398739	38425

4-66 安庆机场吞吐量

年 份	起降架次	旅客吞吐量（人）	货邮吞吐量（吨）
1993	12	258	0
1994	470	11741	59
1995	848	36920	248
1996	806	41077	361
1997	760	33614	294
1998	576	22852	223
1999	774	18306	212
2000	845	22407	224
2001	768	21763	114
2002	806	15207	25
2003	268	5224	1
2004	300	7191	3
2005	264	5930	20
2006	46	971	5
2007	154	3896	7
2008	780	17122	8
2009	1118	30187	12
2010	1732	76330	26
2011	1720	76241	264

4-67 黄山屯溪机场吞吐量

年 份	起降架次	旅客吞吐量（人）	货邮吞吐量（吨）
1982		7147	48
1983		2325	77
1984		3859	128
1985	386	6315	132
1986	132	1969	25
1989	398	5593	33
1990	2078	61135	470
1991	3413	124251	1000
1992	3556	143556	1279
1993	3292	173958	1523
1994	2892	181288	1682
1995	3848	254341	1848
1996	4460	283213	1964
1997	5476	356019	2479
1998	5023	270526	1354
1999	4956	288159	1799
2000	6002	334316	2558
2001	6100	372970	1019
2002	6306	410814	2448
2003	3240	238655	1340
2004	4370	372800	1727
2005	4572	389380	1061
2006	4200	365660	894
2007	3596	320178	897
2008	2718	227471	637
2009	3396	285179	963
2010	3752	343033	1500
2011	5024	465336	1430

4-68 阜阳机场吞吐量

年　份	起降架次	旅客吞吐量（人）	货邮吞吐量（吨）
1982		3795	29
1983		1523	25
1984		2285	35
1985	172	1545	23
1986	198	2130	33
1987	162	1438	31
1988	244	2149	39
1989	34	303	4
1992	217	1491	5
1998	18	165	
1999	300	5440	30
2000	308	6695	58
2001	112	2593	23
2002	42	920	
2003	148	2957	1
2004	342	8538	1
2007	50	1186	
2008	276	4271	
2009	360	17406	
2010	2512	108630	5
2011	2518	172107	9

4-69 福州义序、长乐机场吞吐量

年 份	起降架次	旅客吞吐量（人）	货邮吞吐量（吨）
1974		396	5
1975		6092	140
1976		8261	242
1977		8442	159
1978		11446	243
1979		11041	261
1980		19354	463
1981		29365	823
1982		45429	1027
1983		45620	1621
1984		66570	2025
1985	2380	168795	3957
1986	3288	234191	4838
1987	5114	338778	7828
1988	5754	433721	11004
1989	5820	466019	10563
1990	7900	720688	11777
1991	10045	891959	13937
1992	10271	1026488	16720
1993	13378	1213261	18055
1994	18481	1592584	26513
1995	21502	1944738	28250
1996	22225	2065640	31248
1997	23458	2013902	30800
1998	28025	2137816	39787
1999	27885	2014476	47495
2000	28996	2158994	53471
2001	31651	2278246	41372
2002	32177	2445025	48242
2003	33450	2543718	46787
2004	35921	3128778	49124
2005	36525	3454812	50076
2006	40793	3794123	54274
2007	43928	4247236	56545
2008	45336	4533889	60152
2009	51575	5451196	64401
2010	62108	6476773	79350
2011	67866	7196800	87574

4-70 厦门高崎机场吞吐量

年　份	起降架次	旅客吞吐量（人）	货邮吞吐量（吨）
1983		6643	81
1984		53246	867
1985	2058	171279	2906
1986	3760	331883	4866
1987	5364	519990	8177
1988	7106	690726	10458
1989	8172	771924	12888
1990	12112	1155221	17883
1991	17065	1648345	24350
1992	19630	2160887	31550
1993	23639	2556692	40136
1994	27421	2920106	57348
1995	32597	3488179	76680
1996	36771	3594081	91589
1997	37457	3546883	89692
1998	40611	3495569	96211
1999	41766	3380023	98245
2000	44505	3551531	99484
2001	44362	3587158	77976
2002	52889	4258635	109984
2003	54899	4296394	120552
2004	62214	5576369	141654
2005	67014	6585489	158740
2006	77355	7501004	175011
2007	85251	8684662	193642
2008	92785	9385436	195463
2009	105939	11327870	196025
2010	116659	13206217	245644
2011	135618	15757049	260575

4-71　泉州晋江机场吞吐量

年　份	起降架次	旅客吞吐量（人）	货邮吞吐量（吨）
1996	110	7378	58
1997	3228	237114	1674
1998	5033	353129	4655
2000	5249	360662	6548
2001	6043	481301	6273
2002	7688	690792	8948
2003	9449	893023	10683
2004	11950	1160985	11563
2005	12323	1204424	10074
2006	12268	1171712	9497
2007	12682	1195916	9952
2008	14677	1401958	11214
2009	16842	1655986	13792
2010	20123	1997126	22932
2011	19992	1975836	31227

4-72　武夷山机场吞吐量

年　份	起降架次	旅客吞吐量（人）	货邮吞吐量（吨）
1994	1282	79495	313
1995	2220	154815	591
1996	2581	212594	892
1997	3481	249290	1142
1998	3431	235233	1117
1999	2936	207380	1114
2000	3440	252673	1155
2001	3985	294295	236
2002	4742	361674	484
2003	4486	384977	474
2004	6053	554911	831
2005	6144	523135	918
2006	5967	541503	805
2007	5609	547538	833
2008	6171	565115	884
2009	5235	535713	800
2010	5740	589554	1048
2011	5249	594562	48997

4-73　连城冠豸山机场吞吐量

年　份	起降架次	旅客吞吐量（人）	货邮吞吐量（吨）
2004	126	9264	
2005	306	15424	2
2006	54	2160	4
2007	326	20623	
2008	192	14342	12
2009	598	43460	
2010	504	41931	
2011	730	47691	

4-74　南昌向塘、昌北机场吞吐量

年　份	起降架次	旅客吞吐量（人）	货邮吞吐量（吨）
1967		4977	467
1968		2815	341
1970		1878	400
1971		5603	373
1972		8356	296
1973		6887	105
1974		12460	146
1975		14989	246
1976		16040	272
1977		14772	294
1978		16382	296
1979		21077	393
1980		22077	462
1981		21500	389
1982		22398	377

4-74 南昌向塘、昌北机场吞吐量（续 1）

年 份	起降架次	旅客吞吐量（人）	货邮吞吐量（吨）
1983		18677	412
1984		27772	438
1985	1952	70280	1279
1986	2698	92693	1296
1987	4072	119877	1475
1988	4570	155390	1716
1989	5387	149101	1654
1990	3338	155861	1659
1991	3886	194678	1799
1992	3660	244593	2457
1993	3936	315254	3206
1994	5786	504484	5237
1995	8290	754551	7409
1996	11059	773234	7832
1997	8930	694598	6558
1998	9300	663194	6652
1999	11390	678159	6678
2000	13242	783419	9463
2001	15656	884096	7667
2002	16182	991078	9281
2003	17649	1172159	13517
2004	20179	1633782	141654
2005	25558	2303545	17370
2006	29547	2764420	23745
2007	32002	3068124	25457
2008	34292	3331776	23571
2009	48050	3937897	24524
2010	51820	4748980	32418
2011	50177	5347853	34331

4-75 景德镇罗家机场吞吐量

年　份	起降架次	旅客吞吐量（人）	货邮吞吐量（吨）
1982		2458	32
1983		1265	52
1984		990	36
1985	228	1143	56
1986	274	2060	60
1987	12	84	2
1996	144	7751	51
1997	488	25226	189
1998	626	29710	239
1999	730	29473	225
2000	722	31137	234
2001	904	30477	66
2002	1070	30303	40
2003	996	30799	219
2004	1456	95938	1747
2005	1485	86386	36
2006	1640	105363	72
2007	2376	155415	140
2008	2424	189256	120
2009	2308	242753	308
2010	2666	307889	467
2011	3104	355930	679

4-76 九江庐山机场吞吐量

年 份	起降架次	旅客吞吐量（人）	货邮吞吐量（吨）
1993	96	8684	
1994	180	16949	
1995	192	16012	
1996	674	51040	166
1997	564	31882	184
1998	730	32535	215
1999	270	7373	49
2000	8	479	3
2002	47	2526	10
2006	32	1558	1
2007	234	7398	1
2008	766	43028	7
2009	1128	62391	15
2010	1442	81555	64
2011	1516	85429	81

4-77 井冈山机场吞吐量

年 份	起降架次	旅客吞吐量（人）	货邮吞吐量（吨）
2004	64	4258	
2005	380	27218	
2006	288	15884	
2007	896	49458	143
2008	1340	64171	17
2009	2336	105766	152
2010	2614	182412	770
2011	3502	302406	1122

4-78　赣州黄金机场吞吐量

年　份	起降架次	旅客吞吐量（人）	货邮吞吐量（吨）
1982		11162	130
1983		7600	102
1984		10627	149
1985	510	19061	235
1988	88	3661	24
1989	336	11113	3950
1990	356	10658	71
1991	521	16525	82
1992	131	4687	26
1993	126	3465	22
1994	564	20765	130
1995	1390	47932	284
1996	1246	43553	273
1997	520	24894	191
1998	228	12870	89
1999	524	17304	107
2000	519	20620	111
2001	714	26942	21
2002	1120	33513	31
2003	1046	28571	53
2004	1106	36903	16
2005	884	28717	103
2006	1705	68821	71
2007	2120	86240	279
2008	3308	120497	810
2009	4241	189105	1460
2010	5066	315246	2206
2011	6106	515068	2948

4-79 济南张庄、遥墙机场吞吐量

年 份	起降架次	旅客吞吐量（人）	货邮吞吐量（吨）
1967		1428	358
1968		815	278
1970		691	254
1971		1194	196
1972		1762	217
1973		2783	252
1974		5271	309
1975		7629	461
1976		8046	427
1977		8917	421
1978		10295	503
1979		11084	432
1980		8336	344
1981		7498	369
1982		6760	240
1983		5095	208
1984		6774	232
1985	490	7515	327
1986	1176	24535	348
1987	2036	43620	586
1988	2102	39364	508
1989	406	8286	109
1990	1688	50725	722
1991	3630	85135	992
1992	2634	147737	1955
1993	4247	316443	4040
1994	5460	498220	6856
1995	7027	714391	9380
1996	14511	968590	14084
1997	16782	1007685	17714
1998	17320	1003548	19113
1999	16438	1036642	19169
2000	18585	1212129	25228
2001	24726	1337148	22367
2002	26191	1589521	23984
2003	27863	1739838	23558
2004	32733	2371786	32237
2005	35805	3063946	34499
2006	41901	3696305	38166
2007	46357	4363483	44974
2008	52557	4828746	48875
2009	63602	5852871	56597
2010	69145	6898936	70175
2011	77856	7879707	77624

4-80 青岛流亭机场吞吐量

年　份	起降架次	旅客吞吐量（人）	货邮吞吐量（吨）
1982		5099	35
1983		12544	408
1984		21399	494
1985	468	21623	695
1986	1190	81539	1468
1987	2336	141609	2369
1988	2556	174826	3118
1989	5406	236993	4380
1990	3738	281293	5440
1991	4442	383550	6971
1992	4762	541685	9525
1993	7547	707692	11781
1994	9471	926418	15394
1995	13398	1327134	20996
1996	18134	1576090	26652
1997	21942	1763415	29605
1998	26678	1846603	31975
1999	28915	2031124	40725
2000	33158	2431490	48381
2001	39868	2810093	36157
2002	43025	3219860	46299
2003	45394	3491026	54590
2004	57557	4808416	75498
2005	62826	5879552	89058
2006	72008	6791240	101267
2007	82367	7867982	115781
2008	87828	8200367	130450
2009	98033	9660129	135364
2010	103975	11101176	163749
2011	105835	11716361	166533

4-81　东营胜利机场吞吐量

年　份	起降架次	旅客吞吐量（人）	货邮吞吐量（吨）
2001	14	73	
2002	188	3116	1
2003	52	704	
2004	593	13501	4
2005	1001	21395	6
2006	1034	35748	59
2007	1064	53158	118
2008	992	57035	217
2009	1490	75574	273
2010	1486	66545	167
2011	1448	67994	96

4-82　烟台莱山机场吞吐量

年　份	起降架次	旅客吞吐量（人）	货邮吞吐量（吨）
1984		3388	44
1985	410	11690	188
1986	886	21509	245
1987	432	8545	98
1988	244	18053	317
1989	612	50079	1012
1990	916	84162	1416
1991	1662	122860	1748
1992	2478	206310	2861
1993	4021	312045	4322
1994	4577	381736	5648
1995	6548	563448	7388
1996	7565	601580	7531
1997	7785	538323	6972
1998	9252	550616	7496
1999	9963	605931	9587
2000	10040	661637	11852
2001	10685	667790	7595
2002	12000	754071	9557
2003	11266	746105	9571
2004	12505	1001632	11890
2005	14881	1216313	18136
2006	17541	1419197	21473
2007	18948	1640387	21609
2008	23595	1707498	25208
2009	25830	2094804	29190
2010	27932	2496318	41514
2011	26573	2547499	40332

4-83 潍坊机场吞吐量

年 份	起降架次	旅客吞吐量（人）	货邮吞吐量（吨）
1993	54	1609	
1994	294	13303	
1995	384	19749	
1996	1128	45375	230
1997	1531	44272	486
1998	1120	37808	392
1999	420	14552	32
2000	306	16359	6
2001	882	27873	23
2002	1086	34646	96
2003	1073	7728	1607
2004	2121	33747	2144
2005	1980	42790	2281
2006	2268	45137	4766
2007	2388	45438	10680
2008	2450	28721	13962
2009	3145	106979	15969
2010	3376	141129	18609
2011	3699	139559	18689

4-84 济宁曲阜机场吞吐量

年 份	起降架次	旅客吞吐量（人）	货邮吞吐量（吨）
1993	334	24259	
1994	403	19477	
1995	384	19250	
1996	398	17194	
1997	351	9460	
1998	208	12850	
1999	219	9587	
2000	74	3822	
2001	188	14623	
2002	148	11043	
2008	6	473	
2009	1658	119332	414
2010	3284	243684	882
2011	2712	189365	259

4-85 威海大水泊机场吞吐量

年　份	起降架次	旅客吞吐量（人）	货邮吞吐量（吨）
1993	183	6486	
1994	108	3157	
1995	96	2074	
1996	676	27680	389
1997	634	32526	322
1998	920	31286	460
1999	986	36653	471
2000	1174	60221	757
2001	1882	70507	325
2002	1338	45407	281
2003	948	52848	347
2004	1746	117679	568
2005	3024	232105	1411
2006	5530	405408	2548
2007	7961	622100	3394
2008	9657	651270	3239
2009	9850	675451	3003
2010	10579	824938	3752
2011	12006	935450	4570

4-86 临沂沐埠岭机场吞吐量

年　份	起降架次	旅客吞吐量（人）	货邮吞吐量（吨）
2001	5779	57606	566
2002	6838	62035	595
2003	4330	45102	396
2004	1802	52523	408
2005	4411	117890	324
2006	4477	159301	488
2007	9649	217627	511
2008	9172	230577	730
2009	26241	301341	1163
2010	6979	542759	2017
2011	7181	666024	3200

4-87 郑州燕庄、新郑机场吞吐量

年　份	起降架次	旅客吞吐量（人）	货邮吞吐量（吨）
1985	2736	55211	1591
1986	3050	84306	1693
1987	4051	115172	2217
1988	1408	31811	535
1989	1629	114253	2196
1990	4716	179226	3083
1991	5698	201352	3813
1992	3712	244082	3430
1993	6776	457530	5471
1994	8962	759347	8612
1995	13036	1136093	12016
1996	16057	1408204	16729
1997	18841	1445570	17313
1998	22680	1459247	19700
1999	26276	1450582	21390
2000	22945	1516658	25950
2001	22897	1523442	18975
2002	23398	1667681	20985
2003	24340	1868550	22402
2004	31569	2572679	27600
2005	33403	2969318	44714
2006	44211	3879949	50824
2007	54470	5002102	65600
2008	62288	5887598	64655
2009	75743	7342427	70533
2010	84180	8707873	85798
2011	93014	10150075	102802

4-88 洛阳北郊机场吞吐量

年　份	起降架次	旅客吞吐量（人）	货邮吞吐量（吨）
1987	116	5899	59
1988	850	54164	830
1989	366	24983	473
1990	432	27633	495
1991	736	46985	813
1992	768	56190	916
1993	2829	99550	1205
1994	950	78367	1185
1995	1540	98573	1406
1996	1516	100197	1123
1997	148024	82477	900
1998	149674	36522	372
1999	162760	22869	165
2000	147270	33341	246
2001	145510	50534	297
2002	128633	43478	311
2003	115650	48470	259
2004	128979	72062	280
2005	162944	157760	898
2006	166899	149420	467
2007	196720	170784	587
2008	212568	182879	796
2009	212008	231968	1240
2010	212738	285774	1170
2011	198086	354677	1158

4-89　南阳姜营机场吞吐量

年　份	起降架次	旅客吞吐量（人）	货邮吞吐量（吨）
1982		1908	
1983		1042	40
1984		586	41
1985	292	1312	75
1986	179	1667	66
1987	220	1268	63
1988	20	89	4
1993	355	25335	154
1994	1040	37021	324
1995	3582	39761	459
1996	340	37440	491
1997	1150	38937	460
1998	403	28291	382
1999	456	21122	380
2000	542	20836	429
2001	443	21277	388
2002	529	25622	386
2003	391	23181	293
2004	622	28245	344
2005	1282	37407	333
2006	2614	51114	296
2007	10479	67983	343
2008	23338	94198	402
2009	27765	134135	582
2010	39850	190072	721
2011	16256	227056	677

4-90 武汉南湖、天河机场吞吐量

年 份	起降架次	旅客吞吐量（人）	货邮吞吐量（吨）
1955		1966	151
1956		3455	255
1957		2353	237
1958		4338	671
1959		4871	378
1960		4955	1046
1961		3205	820
1962		2329	483
1963		2774	569
1964		3957	587
1965		4162	756
1967		6787	1244
1968		5151	726
1969		6214	834
1970		3135	890
1971		5981	1081
1972		8450	830
1973		10628	617
1974		11300	596
1975		35799	789
1976		25677	828
1977		26873	935
1978		41898	1360
1979	3263	59398	1722
1980	3105	62689	1601
1981	2933	64006	1319
1982	3009	70075	1428
1985	5654	233391	4764
1986	6028	348076	5565
1987	9796	476904	8216

4-90 武汉南湖、天河机场吞吐量（续 1）

年　份	起降架次	旅客吞吐量（人）	货邮吞吐量（吨）
1988	9944	503486	8713
1989	9512	464962	7227
1990	12277	563268	8172
1991	15068	782805	9920
1992	12892	1023166	13730
1993	12804	1088860	14700
1994	17902	1415196	18514
1995	21978	1938653	25129
1996	26676	2315886	34464
1997	31218	2335344	35257
1998	32984	1981731	36371
1999	30307	1608319	35806
2000	34158	1756733	34418
2001	47288	2744146	44507
2002	48831	3200864	51882
2003	41347	3305600	55022
2004	48263	4327101	61378
2005	51793	4743877	64017
2006	66876	6100582	73770
2007	93498	8356340	89596
2008	98372	9202629	89853
2009	1133322	11303767	101875
2010	112521	11646789	110191
2011	117010	12462016	122762

4-91　宜昌三峡机场吞吐量

年　份	起降架次	旅客吞吐量（人）	货邮吞吐量（吨）
1982		11551	119
1983		6001	115
1984		8810	145
1985	824	23559	339
1986	1048	31100	337
1987	1012	27989	345
1988	964	27441	310
1989	736	14380	177
1990	1140	23536	342
1991	1198	33285	265
1992	1150	33400	269
1993	756	20793	200
1994	498	9392	65
1995	360	9693	41
1996	7	230	1
1997	2368	122504	620
1998	3898	161780	1331
1999	2913	138037	1625
2000	3737	173484	1834
2001	4496	202471	1196
2002	4766	291410	1227
2003	4026	245625	807
2004	5045	346537	986
2005	5860	419046	1169
2006	6260	508386	2074
2007	6911	538112	2412
2008	7519	523234	2676
2009	9082	657507	3498
2010	8204	724121	3185
2011	45492	778004	3769

4-92　襄阳襄樊（刘集）机场吞吐量

年　份	起降架次	旅客吞吐量（人）	货邮吞吐量（吨）
1990	423	16732	117
1991	32	510	19
1992	676	33907	320
1993	548	42925	457
1994	815	66074	762
1995	951	90429	1021
1996	1246	94235	1041
1997	1177	75140	833
1998	952	58970	687
1999	607	30961	513
2000	677	35177	493
2001	875	35819	217
2002	461	21650	63
2003	478	24438	35
2004	852	55087	131
2005	824	57244	149
2006	1134	77292	189
2007	1764	100796	219
2008	2179	103611	221
2009	33633	137335	354
2010	39388	161645	474
2011	40434	203722	612

4-93　沙市机场吞吐量

年　份	起降架次	旅客吞吐量（人）	货邮吞吐量（吨）
1982		1631	3
1983		655	46
1984		670	47
1985	462	958	121
1986	103	35	10
1988	287	5759	47
1989	574	11626	98
1990	824	15427	137
1991	926	17588	179
1992	1190	31354	348
1993	1175	11733	79
1994	2094	54732	438
1995	557	60334	715
1996	664	64265	823
1997	358	34171	407
1998	349	26047	427
1999	311	17873	429
2000	334	16777	323
2001	392	14960	256
2002	93	5551	

4-94 恩施机场吞吐量

年　份	起降架次	旅客吞吐量（人）	货邮吞吐量（吨）
1982		10775	72
1983		2973	56
1984		7046	114
1985	602	17325	195
1993	49	1684	7
1994	584	24086	88
1995	596	25643	153
1996	57	24130	160
1997	876	30608	172
1998	1628	51461	174
1999	1649	50582	178
2000	1656	46677	183
2001	1689	48713	51
2002	1303	35861	45
2003	1689	47355	53
2004	1544	49553	53
2005	2362	70075	83
2006	1961	163023	183
2007	2388	236974	349
2008	3548	318833	461
2009	5637	472839	948
2010	2962	295660	840
2011	1677	170845	1215

4-95 长沙大托铺、黄花机场吞吐量

年 份	起降架次	旅客吞吐量（人）	货邮吞吐量（吨）
1981	1989	33686	1029
1982	1098	34135	1120
1983		16820	1164
1984		21007	1235
1985	1838	50029	2138
1986	2755	106241	2610
1987	3936	143355	4054
1988	2960	103722	2154
1989	3622	136165	2155
1990	5232	275496	3882
1991	6194	381487	4921
1992	7412	509832	7355
1993	14136	890173	10380
1994	17446	1295890	14619
1995	20266	1598210	18023
1996	23163	1785310	21247
1997	26041	1718306	20369
1998	33128	1754299	20722
1999	34700	1776424	24312
2000	37722	2034526	27966
2001	39194	2217088	20375
2002	42920	2598508	25438
2003	46993	2992543	34988
2004	55054	3802550	43133
2005	59534	5301396	52360
2006	71139	6592602	62571
2007	82041	8069989	68669
2008	85339	8454808	71152
2009	110023	11284282	86995
2010	115635	12621333	108635
2011	116727	13684731	114831

4-96 常德桃花源（斗姆湖）机场吞吐量

年　份	起降架次	旅客吞吐量（人）	货邮吞吐量（吨）
1985	54	48	3
1991	30	911	2219
1992	172	5153	25
1993	155	2808	13
1996	429	5195	31
1997	428	43788	324
1998	554	50752	457
1999	1087	41711	429
2000	930	31879	337
2001	440	25848	79
2002	827	29913	29
2003	947	46198	26
2004	1073	56547	55
2005	1090	70120	73
2006	2399	115668	79
2007	2411	140573	98
2008	2259	157789	78
2009	2930	236263	110
2010	16717	268789	251
2011	60399	308559	160

4-97 张家界荷花（大庸）机场吞吐量

年　份	起降架次	旅客吞吐量（人）	货邮吞吐量（吨）
1994	284	23457	81
1995	1832	132244	380
1996	1963	154846	421
1997	3582	206436	640
1998	4935	238857	989
1999	5363	323259	1624
2000	7790	547037	2550
2001	9486	664796	1149
2002	9982	713188	1937
2003	8057	668814	1872
2004	13169	1318102	2905
2005	14768	1584834	3363
2006	14494	1537453	3903
2007	14148	1516721	3127
2008	10396	1019961	1163
2009	10760	1201976	1633
2010	9363	1126361	1272
2011	9381	1148396	2076

4-98 永州零陵机场吞吐量

年　份	起降架次	旅客吞吐量（人）	货邮吞吐量（吨）
2001	270	3177	5
2002	412	4471	6
2003	614	9754	
2004	120	2120	
2005	110	2313	1
2006	228	3168	4
2008	360	4494	10
2009	412	5932	11
2010	678	33216	33
2011	632	28131	6

4-99 怀化芷江机场吞吐量

年 份	起降架次	旅客吞吐量（人）	货邮吞吐量（吨）
2005	16	697	
2006	473	25839	
2007	780	69944	7
2008	962	55767	6
2009	1049	72995	4
2010	1753	133109	1
2011	1096	88268	5

4-100 广州白云机场吞吐量

年 份	起降架次	旅客吞吐量（人）	货邮吞吐量（吨）
1955		1966	127.2
1956		6335	347.2
1957		5739	266.7
1958		7003	777.8
1959		8901	1704.8
1960		10110	2123.9
1961		12175	1457.4
1962		10765	1318.6
1963		11381	1667.4
1964		17941	1553.3
1965		23490	1995.8
1967		22575	3070
1968		15678	2364
1969		11467	2379
1970		14184	2288
1971		27532	2507
1972		44728	2371
1973		69272	2510
1974		125859	2707
1975		163125	4009

4-100　广州白云机场吞吐量（续 1）

年　份	起降架次	旅客吞吐量（人）	货邮吞吐量（吨）
1976		176472	4441
1977		215092	4632
1978	6009	332292	6420
1979	9221	498431	10040
1980	11598	652335	13185
1981	12547	721149	12853
1982	12784	801323	14150
1983		708787	15662
1984		997746	22080
1985	34544	2895249	57789
1986	41246	3893917	71048
1987	51431	5052057	98553
1988	53839	5420677	112489
1989	50398	5270165	105580
1990	54231	6045088	125356
1991	62757	7445800	151216
1992	66491	9015072	171374
1993	70211	9268574	188262
1994	93441	10701895	233856
1995	105254	12574882	278797
1996	109214	12643710	320951
1997	111739	12511995	351770
1998	119892	12412400	407570
1999	126586	11899348	448117
2000	132776	12790999	491868
2001	137355	13829250	456270
2002	147740	16014411	496880
2003	142283	15012696	453738
2004	182780	20326138	506988
2005	211309	23558274	600604
2006	232404	26222037	653261
2007	260828	30958467	695093
2008	280392	33435472	685868
2009	308863	37048712	955270
2010	329214	40975673	1144456
2011	349259	45040340	1179968

4-101 深圳宝安（黄田）机场吞吐量

年　份	起降架次	旅客吞吐量（人）	货邮吞吐量（吨）
1991	201	24685	436
1992	16217	1661108	21715
1993	27488	2546160	43464
1994	33372	3190703	61545
1995	41583	4120697	78623
1996	50118	4347079	90435
1997	51559	4439063	98902
1998	56888	5150356	114725
1999	64214	5246279	154639
2000	74251	6422685	202743
2001	87875	7774969	211554
2002	106718	9352662	288644
2003	119523	10842652	353597
2004	140452	14253046	423271
2005	151430	16283071	466476
2006	169493	18356069	559244
2007	181450	20619164	616172
2008	187942	21400509	598036
2009	202627	24486406	605469
2010	216897	26713610	809125
2011	224329	28245738	828376

4-102 珠海三灶机场吞吐量

年 份	起降架次	旅客吞吐量（人）	货邮吞吐量（吨）
1995	3188	253609	3098
1996	10489	713385	9815
1997	12586	737606	10354
1998	13664	713247	11695
1999	11660	578518	9995
2000	17369	558485	8833
2001	23298	603837	7785
2002	23260	744110	8160
2003	14965	585264	7544
2004	22389	753904	9732
2005	22742	657117	7981
2006	24352	799125	8873
2007	25405	1041080	10750
2008	30430	1121831	11139
2009	23149	1385858	13760
2010	37651	1819051	17579
2011	48059	1797306	16768

4-103 汕头外砂机场吞吐量

年　份	起降架次	旅客吞吐量（人）	货邮吞吐量（吨）
1976		21362	501
1977		21627	513
1978		32601	584
1979	1150	51603	854
1980	1279	61658	957
1981	1404	61468	919
1982	1380	60932	828
1983		47126	680
1984		40553	650
1985	1264	60606	1060
1986	618	22977	308
1987	1844	200653	2424
1988	3197	321107	4228
1989	3419	414639	5804
1990	4304	593089	9401
1991	5386	758553	13017
1992	8006	1107745	17977
1993	10364	1210970	21470
1994	14026	1600017	28378
1995	17280	1962181	29734
1996	18374	1838326	28787
1997	16153	1498687	23781
1998	14890	1255964	19533
1999	14326	1128163	19577
2000	15023	1119825	20336
2001	12869	870084	11398
2002	11524	806690	9856
2003	9202	691935	7983
2004	11017	827295	8083
2005	11158	913276	8758
2006	11644	985874	8730
2007	12296	1115179	9013
2008	11753	1091095	8491
2009	13517	1266407	9089
2010	16761	1727934	10843

4-104 揭阳潮汕机场吞吐量

年　份	起降架次	旅客吞吐量（人）	货邮吞吐量（吨）
2011	17903	1901856	10161

4-105 佛山沙堤机场吞吐量

年　份	起降架次	旅客吞吐量（人）	货邮吞吐量（吨）
1993	1996	207608	
1994	1418	139578	
1995	1446	131299	
1996	1686	135627	
1997	1203	75947	
1998	1248	87948	
1999	1422	87828	
2000	1203	93850	
2001	1394	122928	
2002	1110	95207	
2009	70	4578	
2010	1075	118192	421
2011	1016	142337	2200

4-106 湛江机场吞吐量

年　份	起降架次	旅客吞吐量（人）	货邮吞吐量（吨）
1955		301	2
1956		783	40
1957		650	155
1958		1463	343
1959		2079	351
1960		2860	502
1961		4404	384
1962		3814	442
1963		1878	371
1964		3010	806
1965		3060	1099
1966		2296	404
1967		6415	337
1968		5307	169
1969		4108	100
1970		5246	102
1971		5581	101
1972		7342	94
1973		10097	101
1974		16105	118
1975		20955	176
1976		20056	229
1977		22553	227
1978		26660	269
1979	1095	30920	280
1980	1112	32016	277
1981	1154	36215	266
1982	1168	39003	331

4-106 湛江机场吞吐量（续 1）

年　份	起降架次	旅客吞吐量（人）	货邮吞吐量（吨）
1983		26829	266
1984		18330	199
1985	1866	57266	671
1986	922	69326	704
1987	954	78235	802
1988	976	106170	912
1989	1204	119226	952
1990	2608	129856	935
1991	1446	138549	1201
1992	1832	182066	1505
1993	2385	220283	1754
1994	3997	389791	2498
1995	8339	613601	3902
1996	9754	606010	4822
1997	10329	546323	4141
1998	13244	519591	4186
1999	10785	393601	4193
2000	7802	334146	3257
2001	6701	321482	2006
2002	6377	348997	1840
2003	5529	329777	1285
2004	6826	400127	1708
2005	5061	313650	1530
2006	4621	308233	1606
2007	4622	314410	1536
2008	4685	302837	1330
2009	5213	396263	1590
2010	8993	484499	1970
2011	9065	488835	2104

4-107 梅县长岗岌机场吞吐量

年 份	起降架次	旅客吞吐量（人）	货邮吞吐量（吨）
1987	814	39866	385
1988	417	46614	386
1989	598	67078	360
1990	996	104754	624
1991	1022	117802	783
1992	1528	148650	1033
1993	1712	149198	1060
1994	1749	164202	1158
1995	1620	121006	848
1996	1292	95589	788
1997	942	80119	701
1998	678	51828	440
1999	626	46816	418
2000	636	47502	420
2001	548	38813	23
2002	616	43244	12
2003	618	44003	10
2004	940	46637	6
2005	994	30360	5
2006	790	19344	7
2007	752	24785	4
2008	930	25324	6
2009	1223	33879	12
2010	1566	49372	21
2011	2052	61539	28

4-108 南宁吴圩机场吞吐量

年　份	起降架次	旅客吞吐量（人）	货邮吞吐量（吨）
1956		1479	110
1957		1208	128
1958		2016	298
1959		2072	389
1960		2894	407
1961		2798	183
1962		2712	168
1963		2918	144
1964		4164	205
1965		4626	478
1968		4930	759
1969		2866	1081
1970		2952	1376
1971		8186	552
1972		12025	368
1973		15073	369
1974		21098	391
1975		25762	343
1976		23631	475
1977		31457	616
1978		43040	721
1979	710	42411	617
1980	866	54377	733
1981	1063	63469	694

4-108 南宁吴圩机场吞吐量（续 1）

年 份	起降架次	旅客吞吐量（人）	货邮吞吐量（吨）
1982	1014	53658	516
1985	1658	97576	1658
1986	1570	122310	1686
1987	2002	135861	2061
1988	1862	131331	2091
1989	343	13234	190
1990	292	32996	342
1991	1386	147342	1868
1992	2568	277376	2993
1993	3380	370067	4403
1994	5581	543989	7284
1995	7539	726306	9129
1996	9471	791368	11458
1997	10350	757143	11782
1998	12734	773558	10744
1999	13260	751027	11212
2000	13477	808198	13955
2001	15520	922017	10632
2002	15992	1032327	12129
2003	16877	1222900	13923
2004	20241	1645874	18568
2005	23916	1878047	22618
2006	27248	2244234	28272
2007	32022	2917272	34316
2008	35718	3394846	37638
2009	44597	4520212	46269
2010	52396	5632933	55634
2011	59181	6464428	67634

4-109　桂林奇峰岭、两江机场吞吐量

年　份	起降架次	旅客吞吐量（人）	货邮吞吐量（吨）
1983		212371	3166
1984		300165	4285
1985	8883	735522	38286
1986	11529	1001686	11928
1987	13709	1240194	15183
1988	13748	1346776	17360
1989	14377	939108	11491
1990	12746	1398749	15738
1991	13220	1457573	16400
1992	14728	1734804	20294
1993	14715	1576464	18935
1994	16817	1435395	16712
1995	17647	1690737	18731
1996	19502	1733534	18336
1997	22393	1792470	18889
1998	26631	1810096	19992
1999	29131	2058469	27861
2000	33439	2316011	39216
2001	32321	2436795	25800
2002	33417	2671961	34631
2003	24463	1970615	22608
2004	31621	2902168	21075
2005	34018	3384709	23829
2006	39519	3998958	24844
2007	43733	4665021	30520
2008	42919	4259410	27419
2009	49525	5319362	29636
2010	48103	5259260	32543
2011	47431	5489481	33614

4-110　北海福成机场吞吐量

年　份	起降架次	旅客吞吐量（人）	货邮吞吐量（吨）
1987	162	5831	41
1988	174	5691	40
1989	310	8773	68
1990	394	10209	48
1991	272	14125	67
1992	812	55679	251
1993	3240	217531	1449
1994	4796	289077	2091
1995	6662	329443	2711
1996	6438	318086	2770
1997	6634	337777	2925
1998	8881	344469	2479
1999	9124	343357	2953
2000	6711	377607	3483
2001	5531	317439	2470
2002	5439	345918	2699
2003	3321	240101	906
2004	3723	268863	1381
2005	3593	200002	1261
2006	2844	162637	1038
2007	2924	195561	1289
2008	3165	267168	837
2009	5357	505440	1131
2010	10553	694177	2849
2011	24931	699148	4028

4-111 柳州帽合、白莲机场吞吐量

年　份	起降架次	旅客吞吐量（人）	货邮吞吐量（吨）
1986	224	8791	54
1987	398	17028	154
1988	182	6340	74
1989	172	6752	49
1990	256	10297	68
1991	286	11868	93
1992	206	7141	45
1994	2	356	
1995	994	91486	658
1996	1226	113598	895
1997	1006	80870	515
1998	1362	86867	543
1999	976	62694	453
2000	1250	63149	456
2001	803	47684	138
2002	1262	52783	200
2003	1528	68048	447
2004	2239	113357	644
2005	1503	74593	447
2006	2072	157153	1518
2007	4174	268604	2398
2008	2633	163736	1529
2009	4083	309354	3286
2010	3949	321610	3844
2011	9136	600856	5035

4-112　梧州长洲岛机场吞吐量

年　份	起降架次	旅客吞吐量（人）	货邮吞吐量（吨）
1995	274	4396	12
1996	689	7173	27
1997	413	1848	14
1998	664	1235	8
1999	561	349	3
2000	1091	1663	7
2001	305	4116	5
2002	90	1051	1
2003	30		
2004	133	16	
2005	144		
2006	111		
2007	2991	8965	
2008	20311	27181	7
2009	26800	46663	8
2010	12113	42218	10
2011	5357	32569	15

4-113　百色机场吞吐量

年　份	起降架次	旅客吞吐量（人）	货邮吞吐量（吨）
2006	4	337	
2007	182	8790	2
2008	843	17574	
2009	1428	68016	
2010	1400	60310	
2011	1167	26421	

4-114 海口大英山、美兰机场吞吐量

年 份	起降架次	旅客吞吐量（人）	货邮吞吐量（吨）
1981	1260	55346	442
1982	2479	59978	420
1983		49837	377
1984		32665	305
1985	1464	122616	1754
1986	2182	223701	2497
1987	3134	316828	2956
1988	4770	472991	4777
1989	5374	549920	6047
1990	6642	718096	7371
1991	8138	941654	10051
1992	9366	1291294	14871
1993	13219	1802384	19205
1994	21155	2366845	28862
1995	28785	2807066	33729
1996	31375	2961689	39678
1997	34284	3070788	42336
1998	40969	3293078	45493
1999	48490	3565107	58262
2000	56767	4362743	71064
2001	53786	5078532	54128
2002	62498	5600511	53829
2003	64136	6029249	56970
2004	68282	7478210	66583
2005	68879	7027397	60590
2006	61738	6668795	62510
2007	60579	7265349	69830
2008	66411	8221997	74063
2009	69114	8390478	77780
2010	73824	8773771	91667
2011	83057	10167818	97827

4-115　三亚凤凰机场吞吐量

年　份	起降架次	旅客吞吐量（人）	货邮吞吐量（吨）
1984		1380	9
1985	362	12580	98
1986	342	12812	105
1987	456	18301	152
1988	324	12378	100
1989	488	16816	106
1990	454	16906	101
1991	544	13796	99
1992	408	11967	44
1993	1379	39999	159
1994	2242	82014	487
1995	6064	256068	1834
1996	6578	262078	2265
1997	10614	338598	3495
1998	20653	395507	4588
1999	15784	500268	5977
2000	9987	654473	6845
2001	13964	987508	5775
2002	18219	1491558	10941
2003	15611	1694298	11034
2004	21167	2525851	17055
2005	26351	3087045	21378
2006	32850	3905956	23828
2007	42292	5311622	28634
2008	47373	6006300	29299
2009	59811	7941345	38397
2010	70575	9293959	45256
2011	74932	10361821	48291

4-116 重庆白市驿、江北机场吞吐量

年　份	起降架次	旅客吞吐量（人）	货邮吞吐量（吨）
1985	5232	251944	6027
1986	5454	291223	6171
1987	5720	329725	7498
1988	4696	255867	5000
1989	4116	220903	4627
1990	7408	441332	8570
1991	17521	741757	12529
1992	22186	1018556	16899
1993	21089	1358513	21880
1994	23841	1859081	30179
1995	26884	2332974	37162
1996	27661	2352144	44448
1997	28401	2422007	49464
1998	35266	2352535	55838
1999	25918	2453466	60877
2000	36405	2780359	75721
2001	41192	3192759	64597
2002	49012	3865788	71465
2003	56108	4287505	76922
2004	64750	5233774	87568
2005	72674	6631420	100910
2006	88929	8050007	120178
2007	105092	10355730	143523
2008	112565	11138432	160256
2009	132619	14038045	186006
2010	145705	15802334	195687
2011	166763	19052706	237573

4-117　万县五桥机场吞吐量

年　份	起降架次	旅客吞吐量（人）	货邮吞吐量（吨）
1990	1078	50982	111
1991	1426	67359	150
1992	490	45600	130
1993	1844	68788	14
1994	3468	146240	405
1995	2050	82164	225
1996	2051	67229	220
1997	993	32759	150
1998	934	41004	361
1999	722	34709	416
2000	474	30561	581
2001	302	17396	373
2002	298	17016	269
2003	2921	151717	448
2004	1681	69073	444
2005	1573	73682	512
2006	1720	69177	360
2007	1973	136576	660
2008	1740	126696	694
2009	3202	209154	1624
2010	4471	244045	2078
2011	3846	251169	2001

4-118　黔江舟白机场吞吐量

年　份	起降架次	旅客吞吐量（人）	货邮吞吐量（吨）
2010	36	1258	
2011	614	21686	

4-119　成都双流机场吞吐量

年　份	起降架次	旅客吞吐量（人）	货邮吞吐量（吨）
1958		8341	997
1959		10226	1843
1960		13438	2562
1961		14528	2367
1962		10512	1048
1963		10436	1064
1964		17324	1109
1965		22647	1535
1966		19338	2207
1967		23288	2365
1968		22888	1786
1969		22063	2044
1970		22340	2473
1971		25953	2165
1972		32632	1889
1973		34112	1541
1974		41304	1443
1975		58484	1769
1976		73327	1933
1977		84581	2293
1978		112655	2940
1979	3459	141934	3329
1980	3532	146453	3572
1981	3113	163466	4248
1982	3081	161058	5085
1983		117924	3759
1984		225244	7276
1985	8232	607845	18284
1986	9480	853039	19401

4-119 成都双流机场吞吐量（续 1）

年　份	起降架次	旅客吞吐量（人）	货邮吞吐量（吨）
1987	11452	1094198	27330
1988	11222	1026092	26108
1989	13132	1115746	33790
1990	16515	1414098	34604
1991	18264	1669747	38352
1992	24732	2232857	45765
1993	27778	2840049	56443
1994	33044	3485757	72973
1995	39210	4155243	86008
1996	43191	4295283	99727
1997	46513	4376255	102231
1998	49499	4389987	110770
1999	53405	4985883	127934
2000	58614	5524709	158635
2001	66539	6244726	143489
2002	77844	7548680	162391
2003	83102	8196742	177310
2004	110186	11685643	213040
2005	132901	13899929	251018
2006	155484	16280225	295498
2007	166312	18574284	325945
2008	158615	17246806	373067
2009	190094	22637762	373515
2010	205537	25805815	432153
2011	222421	29073719	477695

4-120　泸州蓝田机场吞吐量

年　份	起降架次	旅客吞吐量（人）	货邮吞吐量（吨）
1990	382	16175	21
1991	554	24940	34
1992	498	17393	25
1993	858	36542	79
1994	926	35754	117
1995	1352	37654	137
1996	804	21313	98
1997	504	14698	69
1998	524	15360	81
1999	1144	85907	1342
2000	1420	91832	2310
2001	1388	73721	1191
2002	1233	67441	1092
2003	1370	73143	1116
2004	1438	82024	1032
2005	822	41913	317
2006	1778	102875	1335
2007	2624	136851	1229
2008	2633	163736	1529
2009	2854	203567	1663
2010	2974	246357	1792
2011	3518	284886	2426

4-121　绵阳南郊机场吞吐量

年　份	起降架次	旅客吞吐量（人）	货邮吞吐量（吨）
2001	800	64854	843
2002	1910	116287	2305
2003	1198	89055	1407
2004	1843	161082	2523
2005	1440	130295	2255
2006	1296	146335	2020
2007	1930	230265	2980
2008	2426	208442	3806
2009	2897	280903	3812
2010	189906	577236	4834
2011	207140	622816	4492

4-122　攀枝花保安营机场吞吐量

年　份	起降架次	旅客吞吐量（人）	货邮吞吐量（吨）
2003	58	6424	4
2004	2070	185999	961
2005	2004	179424	1969
2006	3138	237843	1865
2007	3030	229457	1797
2008	2595	211069	2150
2009	1858	177234	2379
2010	1696	162796	2848
2011	588	58974	546

4-123　广元盘龙机场吞吐量

年　份	起降架次	旅客吞吐量（人）	货邮吞吐量（吨）
2001	954	14293	181
2002	264	10065	136
2003	64	2253	17
2004	62	2266	
2009	200	16535	1
2010	646	48540	153
2011	1066	85277	176

4-124　南充火花、高坪机场吞吐量

年　份	起降架次	旅客吞吐量（人）	货邮吞吐量（吨）
1982		1964	5
1983		102	
1989	812	21024	152
1990	1070	37669	230
1991	841	35221	76
1992	348	7643	13
1993	320	14311	30
1994	470	15053	69
1995	462	19214	89
1996	464	17972	71
1997	797	24962	98
1998	482	13719	72
1999	70	910	8
2000	50	391	1
2004	386	12181	10
2005	1279	44279	191
2006	1552	58219	399
2007	8511	45413	305
2008	20447	45443	190
2009	36798	63727	124
2010	39188	124570	306
2011	33690	170908	695

4-125　宜宾菜坝机场吞吐量

年　份	起降架次	旅客吞吐量（人）	货邮吞吐量（吨）
1992	10	288	
1993	622	24199	66
1994	1588	65658	293
1995	1810	78295	495
1996	2219	13112	1216
1997	2297	158305	1522
1998	2440	173446	1669
1999	1666	130364	2090
2000	1800	133376	2800
2001	1932	118927	2061
2002	1880	111304	1990
2003	2106	128673	1703
2004	1914	133016	1503
2005	1670	149666	1639
2006	1881	169418	1678
2007	1874	165983	1920
2008	2152	177596	1772
2009	2468	211197	2008
2010	3429	289541	2205
2011	3859	325560	2738

4-126　甘孜康定机场吞吐量

年　份	起降架次	旅客吞吐量（人）	货邮吞吐量（吨）
2008	2	158	
2009	365	11165	
2010	445	21687	
2011	542	27616	

4-127 西昌青山（锅盖梁子）机场吞吐量

年 份	起降架次	旅客吞吐量（人）	货邮吞吐量（吨）
1982		6955	38
1983		3184	35
1984		4734	48
1985	200	7943	65
1986	212	8520	54
1987	284	10886	81
1988	320	11806	60
1989	314	11641	49
1990	364	15061	50
1991	587	17152	37
1992	1184	11532	36
1993	362	14575	64
1994	542	20677	112
1995	1784	56450	290
1996	1595	74583	423
1997	1510	68982	420
1998	1209	65903	368
1999	1363	64021	327
2000	1011	51433	315
2001	817	32602	83
2002	1116	44522	99
2003	1491	58193	70
2004	2348	115176	110
2005	2704	152280	277
2006	2866	181578	497
2007	2771	238065	1094
2008	2925	263153	1494
2009	4134	374504	2037
2010	4702	445329	2551
2011	5156	522093	3367

4-128　达州河市机场吞吐量

年　份	起降架次	旅客吞吐量（人）	货邮吞吐量（吨）
1982		1007	3
1983		43	
1994	6	264	
1995	660	28777	51
1996	621	23198	82
1997	630	26979	84.6
1998	533	15699	68
1999	342	5626	27
2000	32	659	4.6
2006	538	27750	43
2007	1052	78385	60
2008	1422	108149	458
2009	1728	144383	1188
2010	1986	164435	1691
2011	2462	215948	1993

4-129　九寨黄龙机场吞吐量

年　份	起降架次	旅客吞吐量（人）	货邮吞吐量（吨）
2003	1607	174456	19
2004	7081	904264	59
2005	8868	1097204	60
2006	9866	1123636	112
2007	14147	1559117	
2008	9132	660384	
2009	13411	1749316	
2010	15126	1740728	
2011	14946	1717603	

4-130　贵阳磊庄、龙洞堡机场吞吐量

年　份	起降架次	旅客吞吐量（人）	货邮吞吐量（吨）
1985	1384	64902	1459
1986	1994	127542	1912
1987	2146	141685	2006
1988	1700	130851	1937
1989	1732	154902	2418
1990	2402	211151	2797
1991	3306	299755	3927
1992	4003	378887	4559
1993	6358	508138	5998
1994	8552	700590	7808
1995	9365	858804	9443
1996	11083	933897	10767
1997	15082	1013408	13078
1998	19709	1192979	16102
1999	19223	1310607	17749
2000	21286	1389477	20198
2001	21986	1529857	17111
2002	25040	1748848	23308
2003	25972	1976768	24106
2004	32482	2719799	30019
2005	35318	3125390	33311
2006	43205	3717999	39713
2007	47685	4248005	39730
2008	46259	4324085	41968
2009	57354	5687652	51619
2010	61231	6271701	61653
2011	67759	7339228	69130

4-131　铜仁凤凰（大兴）机场吞吐量

年　份	起降架次	旅客吞吐量（人）	货邮吞吐量（吨）
2001	487	33280	10
2002	954	54344	34
2003	1159	41510	7
2004	1266	61921	5
2005	1005	52243	27
2006	1569	71359	13
2007	1790	79703	22
2008	1508	55175	16
2009	1882	37363	8
2010	1355	42249	105
2011	1326	43430	118

4-132　安顺黄果树机场吞吐量

年　份	起降架次	旅客吞吐量（人）	货邮吞吐量（吨）
2005	430	8190	8
2006	28	960	
2007	288	13650	3
2009	26	491	
2010	2077	219	
2011	2790	4251	

4-133　黎平机场吞吐量

年　份	起降架次	旅客吞吐量（人）	货邮吞吐量（吨）
2006	94	3240	
2007	480	14789	3
2008	307	8517	4
2009	488	15099	2
2010	624	25784	2
2011	522	14466	2

4-134　黔南州荔波机场吞吐量

年　份	起降架次	旅客吞吐量（人）	货邮吞吐量（吨）
2008	90	7886	1
2009	14	151	
2010	175	4387	
2011	348	5013	

4-135　兴义机场吞吐量

年　份	起降架次	旅客吞吐量（人）	货邮吞吐量（吨）
2004	264	10804	1
2005	398	18427	
2006	1012	38745	8
2007	834	32325	21
2008	826	32538	18
2009	772	32911	5
2010	1012	31882	10
2011	1990	62176	45

4-136 昆明巫家坝机场吞吐量

年 份	起降架次	旅客吞吐量（人）	货邮吞吐量（吨）
1958		8314	1121
1959		9890	1744
1960		14002	1903
1961		15472	1813
1962		15179	1104
1963		15829	1255
1964		19245	1024
1965		20153	1497
1966		17320	1943
1967		18822	1475
1968		20589	1177
1969		11660	1428
1970		12525	1392
1971		21288	1155
1972		25504	946
1973		27391	710
1974		37885	776
1975		50151	1099
1976		51879	1266
1977		57558	1253
1978		68098	1262
1979	2008	94008	1791
1980	1925	95200	1685
1981	2035	113043	1795
1982	2056	121005	2177
1983		107968	2156
1984		156030	2723
1985	5530	388655	7836

4-136 昆明巫家坝机场吞吐量（续 1）

年 份	起降架次	旅客吞吐量（人）	货邮吞吐量（吨）
1986	6730	535586	9006
1987	7054	588990	9835
1988	5938	542631	9600
1989	6231	483606	7922
1990	6742	619597	9619
1991	9228	949777	13528
1992	11864	1407547	20249
1993	17110	1847126	29043
1994	21173	2387771	35393
1995	29807	3365454	42027
1996	42228	4007685	58705
1997	46154	4445482	81175
1998	52638	4924650	102276
1999	72115	7626209	125874
2000	68642	5604090	125034
2001	71429	6446539	107526
2002	79937	7087156	122488
2003	78706	7432596	136899
2004	92385	9797260	171013
2005	109035	11818682	196530
2006	135573	14443607	219198
2007	148128	15725791	232656
2008	150353	15877814	236348
2009	172572	18944716	258755
2010	181466	20192243	273651
2011	191744	22270130	272465

4-137　昭通机场吞吐量

年　份	起降架次	旅客吞吐量（人）	货邮吞吐量（吨）
1982		3211	22
1983		2066	32
1993	4	242	
1994	238	30256	169
1995	344	44225	309
1996	414	45708	365
1997	358	39008	321
1998	370	42540	403
1999	490	50392	343
2000	572	50402	387
2001	686	58929	206
2002	920	62725	183
2003	809	66920	192
2004	578	37935	188
2005	502	35213	72
2006	703	64967	236
2007	836	77246	371
2008	624	38162	164
2009	520	34716	73
2010	488	37372	42
2011	694	55431	50

4-138　文山普者黑机场吞吐量

年　份	起降架次	旅客吞吐量（人）	货邮吞吐量（吨）
2006	178	10913	4
2007	1968	136164	662
2008	817	48236	5
2009	740	56916	6
2010	774	56771	157
2011	1563	84336	126

4-139　思茅机场吞吐量

年　份	起降架次	旅客吞吐量（人）	货邮吞吐量（吨）
1982		15128	131
1983		11850	130
1984		16999	187
1985	810	36621	360
1986	876	39515	363
1987	886	40816	345
1988	588	25697	211
1989	746	31513	222
1990	200	8777	58
1991	98	12747	79
1992	282	37551	199
1993	472	60741	354
1994	308	40154	221
1995	318	41634	275
1996	419	50719	415
1997	498	56370	523
1998	604	67650	598
1999	725	83030	734
2000	676	67679	666
2001	132	12212	39
2002	815	79849	354
2003	786	85510	394
2004	514	25158	156
2005	512	45422	74
2006	836	58739	57
2007	1824	97066	71
2008	1934	135888	44
2009	2002	191090	215
2010	2628	219689	508
2011	2572	238486	734

4-140 西双版纳嘎洒机场吞吐量

年 份	起降架次	旅客吞吐量（人）	货邮吞吐量（吨）
1990	162	21746	153
1991	461	60927	331
1992	718	98461	472
1993	2146	292973	1247
1994	1788	243397	799
1995	3842	521124	1177
1996	5364	696181	4039
1997	6444	795761	5521
1998	7858	911117	8761
1999	11164	1355157	8032
2000	8458	853824	9158
2001	9240	922006	5482
2002	9400	900409	5690
2003	9257	951341	3887
2004	10804	1174006	4925
2005	11397	1217734	6854
2006	15606	1594186	6265
2007	17508	1807633	6155
2008	15872	1637454	5192
2009	18193	1942323	6665
2010	17772	1887362	7401
2011	17729	1918825	4815

4-141　大理机场吞吐量

年　份	起降架次	旅客吞吐量（人）	货邮吞吐量（吨）
1995	32	3383	9
1996	491	55387	266
1997	996	114990	635
1998	1954	209773	931
1999	3578	358877	1337
2000	2978	252934	1492
2001	3329	286168	803
2002	4667	361726	
2003	2236	198218	781
2004	2694	276442	554
2005	3564	323440	527
2006	4314	365999	401
2007	4018	369587	530
2008	3516	290255	557
2009	2688	210475	361
2010	2764	227072	465
2011	3559	274486	953

4-142 保山云瑞机场吞吐量

年 份	起降架次	旅客吞吐量（人）	货邮吞吐量（吨）
1982		12449	75
1983		9067	81
1984		12141	105
1985	558	24363	286
1986	594	26204	302
1987	620	27926	273
1988	350	13716	118
1989	484	17817	114
1990	114	4049	30
1994	154	16938	100
1995	302	30510	364
1996	305	33680	457
1997	332	38895	515
1998	510	52047	446
1999	640	57151	431
2000	614	55241	463
2001	719	66849	270
2002	898	55782	176
2003	682	42239	221
2004	696	52828	178
2005	1206	89168	148
2006	1186	109894	185
2007	1564	137719	184
2008	1618	149792	187
2009	1680	136203	138
2010	1704	154372	362
2011	1740	153616	307

4-143 腾冲驼峰机场吞吐量

年　份	起降架次	旅客吞吐量（人）	货邮吞吐量（吨）
2009	3016	257637	134
2010	5228	465778	539
2011	5258	517838	981

4-144 德宏芒市机场吞吐量

年　份	起降架次	旅客吞吐量（人）	货邮吞吐量（吨）
1990	154	20201	147
1991	398	53528	374
1992	672	93326	1002
1993	2449	330700	4960
1994	1224	158247	2599
1995	1458	183233	2554
1996	1438	178383	2688
1997	1452	185352	3150
1998	1374	171832	2531
1999	1464	178748	1939
2000	1386	155767	2006
2001	1482	163912	1718
2002	1625	157449	1452
2003	1558	150593	1221
2004	2004	217469	1202
2005	3044	304205	1307
2006	3654	355900	2717
2007	4032	399338	3159
2008	3671	354574	2669
2009	3870	380265	2888
2010	4528	443843	3654
2011	4927	506452	3930

4-145 丽江三义机场吞吐量

年　份	起降架次	旅客吞吐量（人）	货邮吞吐量（吨）
1995	162	18719	95
1996	462	46875	410
1997	1086	115437	675
1998	2482	245309	1234
1999	4510	507335	1825
2000	4836	436905	1874
2001	5956	541966	474
2002	9021	752831	1150
2003	6723	607761	816
2004	8772	888708	691
2005	11414	1114264	606
2006	15431	1542722	1126
2007	18721	1906250	1286
2008	19428	1881745	1280
2009	22143	2295323	1675
2010	21085	2217824	3059
2011	20138	2183597	4370

4-146 迪庆香格里拉（中甸）机场吞吐量

年　份	起降架次	旅客吞吐量（人）	货邮吞吐量（吨）
2000	808	61984	397
2001	1236	98681	403
2002	1504	124501	331
2003	1462	110558	356
2004	2004	167522	450
2005	2854	224124	273
2006	3894	303939	542
2007	3942	345291	708
2008	2093	161476	541
2009	2904	221331	698
2010	3440	263323	872
2011	4167	374710	513

4-147 临沧机场吞吐量

年 份	起降架次	旅客吞吐量（人）	货邮吞吐量（吨）
2001	269	21957	3
2002	892	60908	
2003	704	66617	339
2004	702	70249	216
2005	894	78307	236
2006	1307	118174	285
2007	1481	142589	580
2008	1414	114892	329
2009	1406	114543	338
2010	1412	126636	589
2011	1304	119067	501

4-148 拉萨贡嘎机场吞吐量

年 份	起降架次	旅客吞吐量（人）	货邮吞吐量（吨）
1965		2160	8
1966		2722	134
1967		6733	104
1968		9303	140
1969		9202	146
1970		11757	176
1971		12164	179
1972		15160	221
1973		12583	190
1974		13544	203
1975		19845	283

4-148 拉萨贡嘎机场吞吐量（续 1）

年 份	起降架次	旅客吞吐量（人）	货邮吞吐量（吨）
1976		24300	342
1977		26134	385
1978		28917	411
1979	468	31764	455
1980	560	40359	632
1981	527	40952	597
1982	486	37094	554
1983		31098	417
1984		55283	944
1985	1400	135993	4729
1986	1208	136840	4517
1987	1216	134583	4340
1988	1196	130507	4371
1989	1406	144405	6797
1990	1792	188363	5979
1991	1722	190772	5989
1992	1790	211611	5069
1993	1596	230205	5551
1994	1800	262772	6619
1995	2028	291424	7809
1996	2118	304687	8506
1997	2228	309242	7164
1998	2282	342031	8015
1999	2050	400697	10153
2000	2607	489534	12460
2001	3218	540923	6881
2002	3351	656394	9071
2003	3380	645662	7479
2004	4194	778438	7130
2005	5991	857671	7284
2006	9168	1043051	10587
2007	10819	1187104	11699
2008	7074	699876	9756
2009	10064	1121613	12873
2010	11720	1296328	13827
2011	13932	1581538	11347

4-149　昌都邦达机场吞吐量

年　份	起降架次	旅客吞吐量（人）	货邮吞吐量（吨）
1995	88	7663	68
1996	154	13846	134
1997	138	11559	127
1998	184	16963	186
2001	501	42515	79
2002	514	50141	91
2003	542	53939	69
2004	502	48969	81
2005	552	51274	96
2006	524	50190	149
2007	552	51050	172
2009	776	76780	298
2008	566	53879	194
2010	872	88842	316
2011	816	85213	292

4-150　日喀则和平机场吞吐量

年　份	起降架次	旅客吞吐量（人）	货邮吞吐量（吨）
2011	148	11463	4

4-151　阿里昆莎机场吞吐量

年　份	起降架次	旅客吞吐量（人）	货邮吞吐量（吨）
2010	110	6434	2
2011	214	9350	12

4-152　林芝米林机场吞吐量

年　份	起降架次	旅客吞吐量（人）	货邮吞吐量（吨）
2006	72	7620	24
2007	508	74311	122
2008	502	65758	365
2009	918	119702	436
2010	1296	148796	544
2011	1362	143793	477

4-153　西安西关、咸阳机场吞吐量

年　份	起降架次	旅客吞吐量（人）	货邮吞吐量（吨）
1959	2174	3256	760
1960	2824	4989	979
1961	2002	3219	639
1962	1288	2050	370
1963	1622	4718	450
1964	2146	6327	674
1965		8611	1023
1966		7441	1021
1967		8008	1090
1968		5670	738
1969		5250	1091
1970		5626	1417
1971		11982	1229
1972		16673	1069
1973		22968	898
1974		36293	1054
1975		52953	1316
1976		59276	1472
1977		64720	1562
1978		96062	1977
1979	3739	108184	2423
1980	3501	113540	2209
1981	3548	154131	2733
1982	4013	167354	3063
1983		150695	3548
1984		227859	4838

4-153　西安西关、咸阳机场吞吐量（续 1）

年　份	起降架次	旅客吞吐量（人）	货邮吞吐量（吨）
1985	9822	584297	10543
1986	10120	750160	13635
1987	13648	998604	20395
1988	15430	1168854	24408
1989	12584	834277	18282
1990	14630	1007062	18779
1991	16794	1272656	21995
1992	18164	1659703	28838
1993	27842	1867081	31565
1994	32878	2007720	32897
1995	35232	2429621	39612
1996	39118	2804438	49031
1997	34182	2806991	50379
1998	38756	2860351	57531
1999	42570	3112812	69265
2000	51473	3878988	76445
2001	61109	4071658	55006
2002	68164	4433604	65292
2003	60183	4397991	62859
2004	77655	6362409	73369
2005	91372	7942034	83256
2006	99315	9368958	99434
2007	119341	11372630	112054
2008	121992	11921919	117085
2009	146272	15294948	127000
2010	164430	18010405	158054
2011	185079	21163130	172567

4-154　延安二十里铺机场吞吐量

年　份	起降架次	旅客吞吐量（人）	货邮吞吐量（吨）
1982		10151	23
1983		5669	31
1984		7385	35
1985	340	10475	93
1986	326	11925	61
1987	330	12076	122
1988	374	13860	105
1989	304	10521	77
1990	306	8811	68
1991	220	6167	36
1992	70	2365	10
1993	8	99	0.3
1994	168	3328	15
1995	160	3918	22
1996	132	3224	17
1997	215	4187	22
1998	204	4322	21
1999	312	5413	23
2000	550	12249	44
2001	956	21430	13
2002	940	18039	4
2003	666	14754	5
2004	1162	35638	25
2005	1399	35900	12
2006	1646	48935	15
2007	1516	31358	14
2008	1524	32727	41
2009	2256	86285	28
2010	2860	120121	43
2011	2614	112098	39

4-155 汉中机场吞吐量

年 份	起降架次	旅客吞吐量（人）	货邮吞吐量（吨）
1982		8830	43
1983		4645	119
1984		6382	167
1985	244	6863	263
1986	236	8344	204
1987	242	7929	372
1988	274	10884	444
1989	306	11379	358
1990	304	10403	259
1991	300	12756	290
1992	338	9737	179
1993	472	6328	319
1994	500	8225	210
1995	246	8274	223
1996	286	10011	211
1997	272	8446	142
1998	272	7791	105
1999	308	8612	110
2000	378	10920	126
2001	194	5359	30
2002	412	9944	37
2003	650	16470	44
2004	1512	37351	48
2005	1564	41207	22
2006	1608	44069	75
2007	1723	45300	35
2008	600	12214	25
2009	618	11366	24
2010	480	11651	31
2011	74	1436	

4-156 安康机场吞吐量

年 份	起降架次	旅客吞吐量（人）	货邮吞吐量（吨）
1982		6400	36
1983		3073	22
1984		4346	36
1985	188	5056	46
1986	38	1001	9
1995	52	2186	6
1996	330	11496	29
1997	290	8419	34
1998	278	7991	33
1999	318	8775	26
2000	392	10669	35
2001	171	2629	3
2006	108	1603	
2007	573	11143	
2008	346	5526	2
2009	250	2854	1
2010	200	1844	1

4-157　榆林西沙、榆阳机场吞吐量

年　份	起降架次	旅客吞吐量（人）	货邮吞吐量（吨）
1982		509	5
1983		267	3
1988	18	717	5
1989	228	9731	59
1990	326	13666	71
1991	488	19780	105
1992	324	12639	47
1993	621	20820	77
1994	674	22487	94
1995	500	18395	66
1996	666	19034	81
1997	820	19626	82
1998	860	22731	104
1999	980	24357	123
2000	1174	23447	146
2001	1224	30182	50
2002	1238	35537	71
2003	1448	43814	67
2004	2798	75959	65
2005	2962	95749	62
2006	3988	111742	71
2007	4074	109241	149
2008	4506	236815	134
2009	6675	631769	327
2010	9774	905161	639
2011	10304	910424	1313

4-158 兰州拱星墩、中川机场吞吐量

年　份	起降架次	旅客吞吐量（人）	货邮吞吐量（吨）
1958	465	4519	445
1959	595	6026	748
1960	832	7129	1263
1961	751	6453	1102
1962	541	4229	595
1963	591	4473	548
1964	747	4838	936
1965	677	4364	905
1966		4342	981
1967		5566	1440
1968		4479	1135
1969		4434	1058
1970		3604	1161
1971		5581	901
1972		8632	1055
1973		13275	1081
1974		22578	968
1975		35700	1186
1976		38024	1235
1977		40672	1230
1978		67568	1710
1979	1502	63488	1821
1980	1414	53267	1324
1981	1556	68705	1478
1982	1352	52570	1220
1985	3136	139942	3766

4-158 兰州拱星墩、中川机场吞吐量（续 1）

年　份	起降架次	旅客吞吐量（人）	货邮吞吐量（吨）
1986	3440	184744	3635
1987	3372	228109	4324
1988	3670	235931	4139
1989	3202	202927	3996
1990	3632	236369	3921
1991	4958	289727	4720
1992	6644	347986	5648
1993	10141	392697	6009
1994	10219	383404	5592
1995	14491	515213	7346
1996	13714	584623	7838
1997	12993	550423	8075
1998	13110	528724	7887
1999	13896	571563	9399
2000	12907	679142	10901
2001	11623	664082	9250
2002	12222	701423	9481
2003	13637	804955	10445
2004	17960	1041484	10446
2005	19186	1439164	10686
2006	21902	1861148	14886
2007	28107	2510903	20492
2008	23897	2212306	21748
2009	28353	2861507	27021
2010	33700	3603512	30743
2011	34510	3809023	32033

4-159　嘉峪关机场吞吐量

年　份	起降架次	旅客吞吐量（人）	货邮吞吐量（吨）
1982		2838	37
1983		2839	44
1984		3960	84
1985	1159	8779	189
1986	1322	12687	172
1987	1800	20532	322
1988	514	9168	116
1989	711	8509	129
1990	998	11156	135
1991	1050	18218	232
1992	1160	17174	247
1993	566	25215	296
1994	258	6662	73
1995	254	8791	102
1996	308	11360	112
1997	300	15197	171
1998	100	3533	42
1999	210	4021	48
2000	82	1896	19
2001	386	8448	25
2002	472	10043	21
2003	466	13149	21
2004	960	26857	67
2005	913	25734	34
2006	396	21276	7
2007	1288	60914	36
2008	1454	64669	82
2009	1330	89604	83
2010	1650	133513	201
2011	2521	222134	616

4-160　敦煌机场吞吐量

年　份	起降架次	旅客吞吐量（人）	货邮吞吐量（吨）
1982		1307	12
1983		3231	39
1984		5600	56
1985	384	11885	130
1986	268	17119	147
1987	490	18931	237
1988	788	34530	440
1989	569	17634	218
1990	696	23728	245
1991	808	32225	337
1992	1007	43480	497
1993	484	22007	252
1994	824	44381	413
1995	984	58234	639
1996	1253	74445	599
1997	638	43450	368
1998	1752	89239	731
1999	2388	119461	1037
2000	3146	170853	1404
2001	3388	158883	71
2002	3026	145152	47
2003	1914	95490	35
2004	3892	177808	35
2005	3577	226893	68
2006	3666	238842	116
2007	3698	259124	105
2008	2361	134062	102
2009	2570	152610	109
2010	3312	204242	163
2011	3796	248805	137

4-161　金昌金川机场吞吐量

年　份	起降架次	旅客吞吐量（人）	货邮吞吐量（吨）
2011	142	5671	

4-162　天水麦积山机场吞吐量

年　份	起降架次	旅客吞吐量（人）	货邮吞吐量（吨）
2008	88	1126	
2009	1072	23718	5
2010	344	6768	9
2011	190	4966	2

4-163　张掖甘州机场吞吐量

年　份	起降架次	旅客吞吐量（人）	货邮吞吐量（吨）
2011	70	2630	

4-164　庆阳机场吞吐量

年　份	起降架次	旅客吞吐量（人）	货邮吞吐量（吨）
1982		9376	61
1983		3570	27
1984		4214	27
1985	408	9082	86
1986	244	10761	69
1987	362	10390	81
1988	252	7875	70
1989	142	5592	45
1990	122	2985	18
1991	122	3598	36
1992	108	3819	38
2005	6	98	
2006	700	11910	
2007	1508	36616	1
2008	1378	27419	
2009	1242	20577	
2010	952	18700	

4-165 西宁乐家湾、曹家堡机场吞吐量

年 份	起降架次	旅客吞吐量（人）	货邮吞吐量（吨）
1985	204	3560	256
1986	198	3649	201
1987	192	4098	197
1988	106	2115	158
1989	140	1473	151
1990	86	1131	132
1991	74	2031	118
1992	243	16843	205
1993	543	37755	470
1994	661	44759	577
1995	943	66596	829
1996	1498	101432	1247
1997	1454	107426	1392
1998	1627	110657	1464
1999	2085	134935	1589
2000	3056	200931	2468
2001	5422	250561	1574
2002	7612	294999	1827
2003	7088	320227	2618
2004	7575	448396	3256
2005	6931	537551	3436
2006	7733	742429	4721
2007	8766	920612	5219
2008	9455	951330	6691
2009	12326	1351759	7459
2010	15645	1664823	12266
2011	18176	2030378	11882

4-166　玉树巴塘机场吞吐量

年　份	起降架次	旅客吞吐量（人）	货邮吞吐量（吨）
2009	114	7484	
2010	1358	81131	2130
2011	910	75838	34

4-167　格尔木机场吞吐量

年　份	起降架次	旅客吞吐量（人）	货邮吞吐量（吨）
1982		3242	26
1983		2246	16
1984		1352	11
1985	78	3640	38
1996	86	6082	56
1997	54	3509	38
2001	246	6785	3
2002	628	19260	35
2003	74	1445	
2004	168	6048	18
2005	140	7330	14
2006	277	18761	63
2007	444	26594	105
2008	340	21166	57
2009	555	38479	79
2010	651	41979	109
2011	885	70502	166

4-168 银川西花园（新城）、河东机场吞吐量

年 份	起降架次	旅客吞吐量（人）	货邮吞吐量（吨）
1959	124	140	3
1960	214	178	24
1961	195	195	30
1962	111	109	5
1963	102	69	7
1964	272	109	11
1965		73	10
1966		184	24
1967		132	15
1968		108	14
1969		237	12
1970		120	12
1971		201	22
1972		229	13
1973		276	37
1974		769	39
1975		1878	109
1976		2012	88
1977		2138	98
1978		2806	104
1979	214	3079	86
1980	207	2593	82
1981	189	3956	68
1982	304	3527	63
1985	252	7079	198
1986	128	5837	71
1987	446	15375	199
1988	412	15536	202
1989	514	24228	302
1990	762	34943	369
1991	1112	39567	365
1992	1182	34679	323
1993	1123	67156	429
1994	1508	94656	791

4-168 银川西花园(新城)、河东机场吞吐量（续1）

年　份	起降架次	旅客吞吐量（人）	货邮吞吐量（吨）
1995	1890	126161	1046
1996	2662	161964	1464
1997	2722	149961	1322
1998	4203	175721	1593
1999	4400	175833	1763
2000	7257	257578	3014
2001	6176	274715	1604
2002	9660	357663	3048
2003	8899	445745	3591
2004	11230	697052	5694
2005	12334	876455	7464
2006	13589	1077580	9124
2007	15921	1369961	10537
2008	17111	1642342	11735
2009	21393	2305930	15128
2010	26334	2939822	20343
2011	29889	3376964	23743

4-169 固原六盘山机场吞吐量

年　份	起降架次	旅客吞吐量（人）	货邮吞吐量（吨）
2010	162	5283	
2011	940	28828	

4-170 中卫香山机场吞吐量

年　份	起降架次	旅客吞吐量（人）	货邮吞吐量（吨）
2008	4	145	
2009	1108	41647	
2010	1320	67466	14
2011	14139	88569	46

4-171　乌鲁木齐地窝堡机场吞吐量

年　份	起降架次	旅客吞吐量（人）	货邮吞吐量（吨）
1958	491	5031	391
1959	527	6469	449
1960	892	10725	717
1961	955	9179	768
1962	758	7544	468
1963	776	6960	401
1964	987	9367	784
1965		9220	831
1966		7398	926
1967		10864	1202
1968		10027	654
1969		10053	764
1970		9087	804
1971		10506	650
1972		11152	556
1973		13396	503
1974		18086	2208
1975		26335	768
1976		26942	795
1977		34343	925
1978		54491	1120
1979	1957	68155	1797
1980	1988	72314	1341
1981	1696	72777	1478
1982	1779	76621	1416
1983		64522	1948

4-171　乌鲁木齐地窝堡机场吞吐量（续 1）

年　份	起降架次	旅客吞吐量（人）	货邮吞吐量（吨）
1984		83331	1555
1985	3443	219623	4092
1986	4112	315168	5196
1987	5108	387260	6650
1988	5534	455793	7864
1989	5726	456394	7922
1990	6278	484291	8340
1991	7472	604542	10198
1992	8422	825938	13106
1993	9210	887057	14973
1994	9978	1042593	19412
1995	10690	1238456	23750
1996	11162	1277506	28346
1997	12012	1201384	42951
1998	14278	1274375	49639
1999	14134	1315177	58766
2000	15360	1597575	54457
2001	15501	1530076	37687
2002	20463	1784351	42961
2003	33445	2619411	47987
2004	47340	3891385	48465
2005	48916	4424458	61617
2006	51602	5136028	76215
2007	59284	6169981	85256
2008	59462	5817274	77748
2009	65511	6575375	77632
2010	86491	9148329	95124
2011	97801	11078597	107581

4-172　克拉玛依机场吞吐量

年　份	起降架次	旅客吞吐量（人）	货邮吞吐量（吨）
1982		3691	31
1983		2872	49
1984		3081	45
1985	278	3895	88
1986	422	4574	52
1987	456	5038	58
1988	300	4627	34
1989	248	4006	72
1990	102	830	29
1991	58	321	13
1992	102	1227	8
1993	90	767	8
1994	108	697	8
1995	146	569	9
1996	334	499	2
1997	314	542	2
1998	296	735	2
2006	540	27206	
2007	810	28402	2
2008	763	25065	3
2009	863	32875	4
2010	2659	34051	4
2011	11606	45765	6

4-173　吐鲁番交河机场吞吐量

年　份	起降架次	旅客吞吐量（人）	货邮吞吐量（吨）
2010	72	1224	
2011	240	8424	

4-174　哈密机场吞吐量

年　份	起降架次	旅客吞吐量（人）	货邮吞吐量（吨）
1993	12	216	1
2008	34	1469	1
2009	688	29104	4
2010	808	49538	25
2011	978	72647	39

4-175　博乐阿拉山口机场吞吐量

年　份	起降架次	旅客吞吐量（人）	货邮吞吐量（吨）
2010	310	11798	
2011	560	18397	1

4-176 且末机场吞吐量

年　份	起降架次	旅客吞吐量（人）	货邮吞吐量（吨）
1982		2317	21
1983		1510	18
1984		1492	14
1985	100	2173	27
1986	160	2196	22
1987	100	1454	14
1988	90	1340	10
1989	178	2504	18
1990	178	2553	20
1991	286	4237	14
1992	228	3252	18
1993	254	3377	17
1994	394	5122	24
1995	340	4704	17
1996	264	3462	12
1997	264	3028	16
1998	186	2280	11
2001	2	11	
2003	118	3235	1
2004	122	3574	3
2005	64	1883	
2006	156	3692	1
2007	140	3021	1
2008	284	5502	
2009	200	7501	1
2010	258	8361	6
2011	82	2269	

4-177 库尔勒机场吞吐量

年　份	起降架次	旅客吞吐量（人）	货邮吞吐量（吨）
1982		2244	20
1983		1490	30
1984		1319	15
1985	183	1757	40
1986	414	2198	22
1987	412	1892	19
1988	400	1665	15
1989	550	3462	26
1990	716	3726	29
1991	1154	11016	66
1992	1128	19518	160
1993	1260	22447	110
1994	1620	26558	85
1995	1297	26091	32
1996	1582	36693	61
1997	1616	37446	27
1998	1035	40754	18
1999	502	38345	
2000	486	38804	
2001	502	42652	
2002	392	32721	
2003	3389	181401	90
2004	4682	227085	193
2005	4199	195840	288
2006	3317	168430	281
2007	2640	131697	246
2008	4420	200830	277
2009	5371	270657	564
2010	6360	359137	1131
2011	6160	415277	2116

4-178　阿克苏机场吞吐量

年　份	起降架次	旅客吞吐量（人）	货邮吞吐量（吨）
1982		7543	40
1983		5270	40
1984		6109	49
1985	1702	12361	110
1986	1998	14547	110
1987	1448	15519	132
1988	1430	18576	157
1989	1290	16380	125
1990	1284	16907	138
1991	1846	22221	162
1992	1338	20455	173
1993	1220	16877	173
1994	490	14257	144
1995	424	14364	120
1996	314	5480	44
1997	530	7839	68
1998	1172	29245	249
1999	1088	26968	286
2000	788	22976	230
2001	1216	26324	89
2002	776	26304	98
2003	1297	56369	174
2004	2464	101936	319
2005	2188	87443	311
2006	1421	77249	307
2007	1694	86657	305
2008	1530	70775	147
2009	3996	170488	247
2010	5168	225393	454
2011	5460	412085	834

4-179 库车机场吞吐量

年份	起降架次	旅客吞吐量（人）	货邮吞吐量（吨）
1983		31	1
1984		3	
1985	18	131	2
1986	92	1006	9
1987	94	1008	10
1988	100	1231	12
1989	100	1241	13
1990	168	1647	15
1991	230	2439	11
1992	116	1375	7
1993	142	1437	12
1994	200	1979	12
1995	186	1858	10
1996	184	1867	10
1997	158	1186	10
1998	96	717	7
2001	2	76	
2002	10	96	
2003	780	10478	11
2004	1196	33629	22
2005	796	21704	28
2006	256	11254	15
2007	472	19352	22
2008	766	36211	38
2009	626	30472	20
2010	1140	49669	36
2011	1152	54462	37

4-180 喀什机场吞吐量

年 份	起降架次	旅客吞吐量（人）	货邮吞吐量（吨）
1982		13834	120
1983		10870	128
1984		14353	157
1985	878	32674	378
1986	532	51055	618
1987	428	59953	756
1988	468	70112	965
1989	470	68318	865
1990	508	71181	1049
1991	626	92839	1029
1992	736	113030	1410
1993	824	116294	1440
1994	918	125763	1606
1995	940	138277	1857
1996	1000	134538	1921
1997	868	109011	1525
1998	940	115444	1493
2000	1018	130396	1262
2001	1033	129000	446
2002	1127	163688	537
2003	1696	216946	748
2004	3121	329945	833
2005	3397	389680	1129
2006	4017	444332	1539
2007	4139	502591	2121
2008	3682	427577	1833
2009	5093	574485	2445
2010	6189	792681	3207
2011	9880	912591	3706

4-181　和田机场吞吐量

年　份	起降架次	旅客吞吐量（人）	货邮吞吐量（吨）
1982		10940	94
1983		8210	86
1984		10830	114
1985	580	19217	112
1986	654	21664	250
1987	558	18436	289
1988	554	20415	271
1989	518	19619	256
1990	550	23215	312
1991	752	30339	375
1992	536	23541	313
1993	520	27118	366
1994	334	32117	438
1995	280	28404	401
1996	164	15899	204
1997	258	16443	224
1998	450	16719	220
1999	430	17744	247
2000	366	19221	251
2001	493	20187	37
2002	138	6118	11
2003	172	18007	31
2004	666	78897	131
2005	804	92080	287
2006	848	99400	364
2007	1294	131549	489
2008	1470	146008	460
2009	1728	188434	772
2010	2326	260396	900
2011	3236	359040	1270

4-182 伊宁机场吞吐量

年　份	起降架次	旅客吞吐量（人）	货邮吞吐量（吨）
1982		6383	49
1983		5471	54
1984		2693	28
1985	386	15120	158
1986	446	20359	165
1987	692	31720	253
1988	872	40221	294
1989	844	38028	268
1990	838	37823	265
1991	698	31394	227
1992	1034	45077	321
1993	1158	45196	238
1994	1252	50557	209
1995	1068	41421	171
1996	592	21110	110
1997	506	44338	278
1998	770	49547	256
1999	938	58373	316
2000	1154	88412	378
2001	1012	82107	94
2002	1292	100644	113
2003	3042	193502	169
2004	5282	291025	795
2005	4758	267861	327
2006	4425	267801	368
2007	4869	312637	392
2008	5189	264124	450
2009	3555	202130	353
2010	6201	455584	556
2011	6562	483967	713

4-183　塔城机场吞吐量

年　份	起降架次	旅客吞吐量（人）	货邮吞吐量（吨）
1995	74	1297	1
1996	202	2055	5
1997	182	1670	7
1998	224	4051	17
1999	108	2659	14
2000	148	5332	26
2001	330	13123	5
2002	428	19566	7
2003	446	17117	4
2004	1361	36033	5
2005	508	13674	1
2006	98	3386	
2007	248	7976	1
2008	406	8699	1
2009	668	15399	
2010	749	25896	2
2011	696	25460	2

4-184　布尔津喀纳斯机场吞吐量

年　份	起降架次	旅客吞吐量（人）	货邮吞吐量（吨）
2008	222	16019	
2009	306	19362	4
2010	808	82530	2
2011	1484	130743	2

4-185 富蕴机场吞吐量

年　份	起降架次	旅客吞吐量（人）	货邮吞吐量（吨）
1982		1810	10
1983		745	9
1984		827	15
1985	64	959	14
1986	154	2304	19
1987	256	3815	29
1988	246	4229	25
1989	298	4481	25
1990	256	3768	21
1991	280	4206	14
1992	228	3069	10
1993	208	1484	4
1994	91	441	1

4-186 新源那拉提机场吞吐量

年　份	起降架次	旅客吞吐量（人）	货邮吞吐量（吨）
2006	108	4654	1
2007	342	18722	3
2008	202	10445	
2009	712	43783	33
2010	422	30275	23
2011	310	25818	2

4-187 阿勒泰机场吞吐量

年 份	起降架次	旅客吞吐量（人）	货邮吞吐量（吨）
1982		5576	48
1983		4910	59
1984		5298	58
1985	113	3460	46
1986	287	12221	192
1987	362	14948	158
1988	422	18488	177
1989	380	15541	139
1990	346	13348	114
1991	338	14222	92
1992	308	13358	105
1993	330	10845	77
1994	430	10058	63
1995	332	9296	38
1996	290	4874	17
1997	274	3087	14
1998	222	2070	9
2000	54	2406	23
2001	372	15318	5
2002	674	35106	6
2003	1160	62554	10
2004	3432	170960	11
2005	3414	193323	18
2006	2691	200315	12
2007	4096	281644	19
2008	2386	116275	19
2009	1616	85172	14
2010	2481	164004	20
2011	2814	183280	56

主要统计指标解释

机场 指供飞机起飞、降落、滑行、停放以及进行其他活动使用的划定区域，包括附属的建筑物、装置和设施。

运输机场 指主要为定期航班运输服务的机场。按航线类别分为国内航线定期航班机场和国际航线定期航班机场。机场飞行区按照飞行区指标Ⅰ和指标Ⅱ进行分级。

飞行区指标Ⅰ：按拟使用机场跑道的各类飞机中最长的基准飞行场地长度，分为1、2、3、4四个等级。

飞行区指标Ⅰ	飞机基准飞行场地长度（米）
1	＜800
2	800～＜1200
3	1200～＜1800
4	≥1800

飞行区指标Ⅱ：按使用该机场飞行区的各类飞机中的最大翼展或最大主起落架外轮外侧边的间距，分为A、B、C、D、E、F六个等级，两者中取其较高等级。

飞行区指标Ⅱ	翼展（米）	主起落架外轮外侧边间距（米）
A	＜15	＜4.5
B	15～＜24	4.5～＜6
C	24～＜36	6～＜9
D	36～＜52	9～＜14
E	52～＜65	9～＜14
F	65～＜80	14～＜16

运输起降架次 指报告期内机场运输飞行起降的次数。起飞、降落各算一次。

旅客吞吐量 指报告期内进港（机场）和出港的旅客人数，以人次为计算单位。其中：成人和儿童各按一人次计算，婴儿不计人次。

进港旅客 指旅程终止于本机场的旅客和联程旅客。

出港旅客 指由本机场始发的旅客和中转飞机的联程旅客。其中：始发旅客指客票确定的以本机场为起点、始发乘机的旅客。联运旅客指购买联程客票在本机场中转飞机的旅客。

货邮吞吐量 指报告期内货物和邮件的进出港数量，以公斤和吨为计算单位。其中货物包括外交信袋和快件。

五、航 空 安 全

5-1 飞行事故统计表

年份	二等或重大以上飞行事故次数		旅客死亡人数	百万小时二等或重大以上事故次数		百万架次二等或重大以上事故次数		亿客公里旅客死亡人数
	运输航空	通用航空		运输航空	通用航空	运输航空	通用航空	
1950	0	0	0	0	0	0		0
1951	0	0	0	0	0	0		0
1952	2	0	0	138.18	0	892.06		0
1953	0	0	0	0	0	0		0
1954	0	0	0	0	0	0		0
1955	2	0	0	64.11	0	351.68		0
1956	0	4	0	0	539.81	0		0
1957	0	3	0	0	327.23	0		0
1958	3	2	18	64.25	112.08	242.54		15.15
1959	1	0	0	16.05	0	54.75		0
1960	0	2	0	0	57.69	0		0
1961	1	2	10	14.73	87.61	46.00		7.24
1962	0	1	0	0	61.22	0		0
1963	0	0	0	0	0	0		0
1964	0	1	0	0	46.06	0		0
1965	0	0	0	0	0	0		0
1966	1	2	0	16.38	74.94	50.36		0
1967	0	3	0	0	103.41	0		0
1968	1	1	5	19.04	50.43	59.73		2.42
1969	1	0	2	19.75	0	59.57		1.17
1970	1	3	0	19.00	115.94	59.21		0
1971	0	1	0	0	36.75	0		0
1972	1	3	0	17.20	98.65	52.30		0
1973	1	1	22	16.90	40.30	48.67		3.84
1974	0	2	0	0	87.91	0		0
1975	0	4	0	0	166.49	0		0
1976	1	2	34	11.41	72.38	28.17		2.16
1977	1	3	17	11.39	122.69	26.27		0.93
1978	0	2	0	0	68.98	0		0
1979	1	2	0	7.87	50.33	17.33		0
1980	1	1	19	7.61	23.37	16.48		0.48
1981	0	3	0	0	77.18	0		0

5-1　飞行事故统计表（续 1）

年份	二等或重大以上飞行事故次数		旅客死亡人数	百万小时二等或重大以上事故次数		百万架次二等或重大以上事故次数		亿客公里旅客死亡人数
	运输航空	通用航空		运输航空	通用航空	运输航空	通用航空	
1982	1	1	25	7.01	25.94	14.83		0.42
1983	1	2	11	7.83	46.73	17.01		0.19
1984	0	2	0	0	42.28	0		0
1985	2	5	32	10.79	116.22	23.52		0.28
1986	1	3	6	4.55	68.15	9.72		0.04
1987	0	2	0	0	43.72	0		0
1988	2	3	99	6.47	78.39	14.36		0.46
1989	1	4	28	3.30	116.11	7.34		0.15
1990	0	4	0	0	94.07	0		0
1991	0	4	0	0	81.61	0		0
1992	3	3	240	6.04	68.21	12.66		0.59
1993	4	4	67	6.63	123.51	13.93		0.14
1994	2	1	146	2.88	32.53	5.61	21.07	0.26
1995	0	1	0	0	25.33	0	17.78	0
1996	0	4	0	0	36.38	0	14.53	0
1997	1	1	33	0.91	7.88	1.37	2.83	0.04
1998	0	1	0	0	8.66	0	3.19	0
1999	2	2	50	1.51	15.79	2.11	5.85	0.06
2000	1	4	39	0.69	28.69	0.97	11.07	0.04
2001	0	0	0	0	0	0	0	0
2002	1	2	121	0.54	14.36	0.91	5.64	0.10
2003	0	0	0	0	0	0	0	0
2004	1	2	47	0.42	12.38	0.82	6.14	0.03
2005	0	1	0	0	5.14	0	2.90	0
2006	0	2	0	0	8.45	0	5.02	0
2007	0	0	0	0	0	0	0	0
2008	0	2	0	0	6.93	0	4.14	0
2009	0	1	0	0	2.75	0	1.60	0
2010	1	0	41	0.20	0	0.42	0	0.01
2011	0	2	0	0	3.69	0	2.13	0

注：　本章数据由航空安全办公室提供。

主要统计指标解释

飞行事故　指民用航空器在运行过程中发生人员伤亡，航空器损坏的事件。飞行事故分为特别重大、重大、较大、一般四个等级。

我国民航早期将飞行事故划分为一、二、三等。一等飞行事故指发生了飞机损毁、失踪和人员死亡、失踪的事件；二等飞行事故指发生了飞机损毁或报废和人员受伤但在10日内未发生死亡的事件；三等飞行事故指发生飞机损坏，其修复费用不超过该型飞机当期价格的60%的事件。

六、正常性与服务质量

6-1 民航航班正常统计表

年份	计划 航班	正常 航班	不正常 航班	航班正常率 （%）
1991	140748	123406	16495	87.68
1992	178401	155902	21530	87.39
1993	217398	184919	30271	85.06
1994	310579	260497	50082	83.87
1995	384739	312609	67428	81.25
1996	523948	393429	106508	75.09
1997	539977	426323	113645	78.95
1998	601133	471215	129916	78.39
1999	645929	502553	143375	77.80
2000	673674	521530	152144	77.42
2001	761713	603312	158400	79.20
2002	878249	664146	214103	75.62
2003	910152	725377	184045	79.70
2004	1186421	947993	238428	79.90

6-1 民航航班

年份	航段班次			航班正常率（%）	不正常						
	计划	正常	不正常		天气	流量控制	工程机务	运输服务	机场设施	航行保障	空勤人员
2005	1361852	1116630	245222	81.99	44460	37647	14772	1904	4831	194	1235
2006	1526869	1244080	282789	81.48	55999	57561	12018	1501	2901	285	1070
2007	1618698	1345596	273102	83.12	53691	59395	11288	891	1656	165	870

6-1 民航航班

年份	航段班次			航班正常率（%）	不正常			
	计划	正常	不正常		天气	公司	空管	流控
2008	1668816	1370794	298022	82.14	65540	140085	62916	
2009	1947072	1578149	369023	81.05	81642	163905		83033
2010	2148006	1609877	538129	74.95	103455	226830		146720
2011	2352762	1815248	537514	77.15	106236	206601		145809

数据来源：空中交通管理局。

正常统计表（续 1）

原因分类

公司计划	场区秩序	禁航	飞机清洁	食品供应	油料保障	安全检查	联检	地面事故	飞行事故	旅客	需说明的原因	空防
97868	1545	6707	22	254	37	89	1052	11	12	7608	24940	14
110866	1610	8535	32	215	18	55	924	18	10	6782	22280	96
112075	393	8420	29	123	29	56	459	12	6	4994	18423	110

正常统计表（续 2）

原因分类

机场	联检	油料	离港系统	旅客	军事活动	公共安全	需说明的原因
6159	381	114	43	7911	8988	1630	4255
4167	1354	17	64	5946	27194	1701	
5600	926	43	115	8338	45849	253	
6170	506	45	65	10168	61364	550	

6-2　民航主要机场

年份	航段班次			航班放行率（%）	不正常						
	计划	正常	不正常		天气	流量控制	工程机务	运输服务	机场设施	航行保障	空勤人员
2005	1268718	1183039	85679	93.24	16612	15483	7570	1100	4865	51	779
2006	1470869	1369563	101306	93.11	20992	26655	6114	1119	2017	145	784
2007	1647563	1550418	97145	94.10	21284	26661	6289	596	1153	114	597

6-2　民航主要机场

年份	航段班次			航班放行率（%）	不正常			
	计划	正常	不正常		天气	公司	空管	流控
2008	1732825	1573019	159806	90.78	37049	63039	39216	
2009	1991420	1788894	202526	89.83	49687	70891		45412
2010	2017890	1742910	274980	86.37	53855	102284		68153
2011	2303784	1977248	326536	85.83	57431	117861		80681

数据来源：空中交通管理局。

航班放行正常统计表

原因分类

公司计划	场区秩序	禁航	飞机清洁	食品供应	油料保障	安全检查	联检	地面事故	飞行事故	旅客	需说明的原因	空防
16542	1219	4523	16	162	12	29	1078	7	1	6255	9349	26
19229	1241	5178	4	138	5	39	978	3	7	6003	10596	37
19962	299	5628	8	97	12	41	507	4		4358	9440	93

航班放行正常统计表（续1）

原因分类

机场	联检	油料	离港系统	旅客	军事活动	公共安全	需说明的原因
4700	363	65	32	5407	6939	1497	1499
3308	1309	4	33	4448	25041	2393	
3586	772	56	94	5430	40611	139	
5462	437	10	7	6633	57528	486	

6-3 主要航空公司航班正常率

单位：%

年份	合计	国际航空公司	南方航空公司	东方航空公司	厦门航空公司	上海航空公司	四川航空公司	海南航空公司	深圳航空公司	山东航空公司
1977	73.1	85.1	75.9							
1978	78.9	90.9	78.4	82.6						
1979	79.3	91.5	80.8	82.9						
1980	79.9	91.2	82.6	75.8						
1981	84.3	92.1	87.5	81.3						
1982	85.6	94.8	83.5	84.2						
1983	81.4	94.9	73.7	75.0						
1984	87.3	96.9	82.5	83.7						
1985	84.9	95.6	83.1	76.9						
1986	88.7	97.2	87.1	88.2						
1987	90.1	95.2	88.0	89.4						
1988	86.7	95.5	84.8	87.2						
1989	89.3	90.9	86.4	89.7						
1990	89.1	91.0	86.5	90.8						
1991	87.7	90.1	85.2	88.6						
1992	87.4	89.6	86.9	88.6						
1993	85.1	84.3	80.4	91.0						
1994	83.9	81.6	81.6	86.4						
1995	81.3	75.4	75.2	81.7						
1996	78.7	77.6	73.7	82.9						
1997	79.0	79.9	76.8	82.3						
1998	78.4	79.1	73.3	80.7						
1999	77.9	78.9	76.2	81.0						
2000	77.4	80.7	74.1	81.8						
2001	79.2	82.6	74.0	81.3	79.4	82.8	71.4	85.5	76.3	76.6
2002	75.7	74.8	69.7	78.4	80.0	79.0	71.5	82.5	75.4	77.0
2003	79.8	78.3	79.8	78.4	77.9	87.5	80.0	87.4	72.0	75.0
2004	79.9	79.8	78.2	75.9	84.0	84.6	81.7	85.9	81.7	82.9
2005	82.1	81.1	81.3	83.0	81.3	82.9	82.4	84.5	81.2	81.5
2006	81.6	81.2	81.2	83.3	76.4	81.2	81.2	84.1	75.3	84.1
2007	83.3	82.7	84.0	84.2	82.2	83.5	83.2	84.8	74.3	85.4
2008	82.7	82.7	83.5	84.6	81.0	81.7	82.0	79.7	79.7	81.7
2009	81.9	82.0	82.1	83.5	82.4	81.3	79.8	82.1	80.6	83.4
2010	75.8	75.8	76.8	79.0	78.6	75.2	68.6	73.1	71.3	76.8
2011	77.9	77.9	79.6	79.9	80.9	75.8	70.7	74.7	71.7	80.0

注：本表根据《中国民航统计资料汇编(1949—2000)》、《中国民航统计年鉴》和空中交通管理局提供的资料整理。

6-4 旅客有效投诉统计表

单位：件

年份	有效投诉总计	国内航空公司	机场	销售代理人	国外航空公司
2006	397	320	26	51	
2007	341	255	27	59	
2008	550	401	33	99	17
2009	376	219	23	133	1
2010	243	163	21	55	4
2011	343	220	25	87	11

数据来源：运输司。

6-5 对国内航空公司全部投诉情况统计表

单位：件

年份	合计	航班问题	超售	预定票务登机	票价	退款	行李	旅客服务
2009	1144	480	9	250	17	73	157	118
2010	988	476	30	172	2	49	138	70
2011	1693	859	32	311	2	132	147	126
年份	吸烟	广告	信用	旅行或包机	综合（包括常旅客）	残疾	动物丢失受伤死亡	歧视（残疾人除外）
2009	0	2	7	1	24	4	2	0
2010	1	0	1	1	43	5	0	0
2011	0	0	3	1	75	3	1	1

数据来源：运输司。

6-6 各航空公司投诉率统计表

单位：万分率

年份	合计	国航	东航	南航	海航	上航	厦航	深航
2004	0.041	0.048	0.065	0.040	0.024	0.017	0.006	0.008
2005	0.026	0.038	0.028	0.029	0.029	0.015	0.003	0.005
2006	0.020	0.024	0.020	0.027	0.024	0.011	0.009	0.004
2007	0.014	0.019	0.011	0.017	0.019	0.002	0.004	0.004
2008	0.021	0.029	0.015	0.023	0.023	0.012	0.005	0.008
2009	0.011	0.015	0.009	0.012	0.007	0.005	0.000	0.009
2010	0.006	0.009	0.006	0.006	0.003	0.011	0.001	0.007
2011	0.008	0.010	0.008	0.008	0.003	0.008	0.001	0.008
年份	川航	山航	华夏	春秋	奥凯	鹰联	联航	祥鹏
2004	0.025	0.037						
2005	0.002	0.021		0.070	0.000	0.000	0.000	
2006	0.005	0.008		0.009	0.021	0.016	0.000	0.004
2007	0.007	0.006	0.187	0.008	0.000	0.013	0.040	0.032
2008	0.015	0.011	0.457	0.010	0.000	0.028	0.041	0.029
2009	0.012	0.009	0.100	0.009	0.000		0.013	0.026
2010	0.005	0.001	0.089	0.005	0.000		0.005	0.007
2011	0.008	0.005	0.083	0.004	0.000		0.011	0.003
年份	金鹿	东星	吉祥	大新华	西部	大新华	东北	鲲鹏
2006	0.064	0.000						
2007	0.027	0.024	0.000	0.000	0.000	0.000	0.000	0.000
2008	0.026	0.105	0.007	0.031	0.038	0.000	0.264	0.035
2009	0.027	0.027	0.000		0.008	0.000	0.118	
2010			0.006		0.000	0.000		
2011			0.002		0.010	0.000		
年份	河南	重庆	成都	昆明	幸福	天津	河北	首都
2009	0.060	0.000	0.000	0.000	0.000	0.032		
2010	0.022	0.000	0.014	0.009	0.000	0.003	0.033	0.007
2011	0.000	0.000	0.010	0.022	0.042	0.004	0.092	0.009

注：本表根据《从统计看民航》整理。

主要统计指标解释

《民航航班正常统计办法（2012）》中规定：

正常航班　符合以下条件之一的航班为正常航班：

（1）在计划关舱门时间后规定的机场地面滑行时间之内起飞，且不发生返航、备降等不正常情况；

（2）不晚于计划开舱门时间后10分钟落地。

不正常航班　凡有下列情况之一，则该航班判定为不正常。

（1）不符合正常航班全部条件的航班；

（2）当日取消的航班；

（3）未经批准，航空公司自行变更航班计划的航班。

备注：

（1）机场地面滑行时间：北京、上海虹桥/浦东、广州、深圳、成都、昆明及境外机场30分钟，杭州、重庆、西安25分钟，天津20分钟，其他机场15分钟。

（2）当航班备降时，如备降机场与计划目的地机场属同一城市，且实际（起飞或落地）时间较计划（起飞或落地）时间在规定范围内，则该航班为正常航班。

正常放行　符合以下条件的航班为正常放行：

（1）计划关舱门时间之前完成各项地面服务保障工作，并在规定的机场地面滑行时间内起飞，则该航班放行正常。

（2）当前段航班实际开客舱门时间晚于计划开舱门时间，如在计划过站时间内完成地面服务保障工作，并在规定的机场地面滑行时间内起飞，则该航班放行正常。

备注：

（1）机场地面滑行时间：北京、上海虹桥/浦东、广州、深圳、成都、昆明及境外机场30分钟，杭州、重庆、西安25分钟，天津20分钟，其他机场15分钟。

（2）考虑当前统计手段，前段航班实际开客舱门时间约等于前段航班实际落地时间加上10分钟。

说明：《民航航班正常统计办法》修订多次，最新版的《民航航班正常统计办法（2012）》于2012年11月1日起正式实施。

投诉率　指旅客、托运人或收货人的投诉件数与旅客运输总人数或货物运输总票数之比，一般以万分比表示。计算公式为：

（1）旅客投诉率 ＝ 投诉件数/旅客运输总人数×10000

（2）货运投诉率 ＝ 投诉件数/货物运输总票数×10000

七、财 务

7-1 民航企业利润表

单位：万元

年 份	主营业务收入	主营业务成本	利润总额
1952	216	181	31
1953	557	537	9
1954	1006	696	300
1955	2316	1886	309
1956	3816	3030	708
1957	3381	3519	-183
1958	5155	3809	1559
1959	6672	4740	2244
1960	7374	5353	2426
1961	5221	5048	63
1962	3910	4605	-753
1963	4439	4763	-169
1964	5297	5687	-477
1965	6503	6090	272
1966	6994	6683	144
1967	7052	6840	65
1968	5507	5871	-465
1969	5563	6793	-1385
1970	5979	7898	-1919
1971	6061	8479	-2418
1972	7150	9443	-2220
1973	8259	11159	-2900
1974	12073	14247	-2429
1975	18416	16483	1374
1976	20612	17715	2114
1977	21745	18423	2506
1978	32856	23021	8720
1979	43595	28165	13972
1980	45049	38097	6141
1981	56194	42087	13837

7-1 民航企业利润表（续 1）

单位：万元

年　份	主营业务收入	主营业务成本	利润总额
1982	66900	50220	15585
1983	116540	91172	22967
1984	150457	116305	30868
1985	209292	144633	60976
1986	282435	213460	62249
1987	426920	313398	99012
1988	566998	395334	151091
1989	591099	401742	168691
1990	844683	607984	215660
1991	1177567	845600	279253
1992	1681717	1318907	298419
1993	2245964	1748376	170248
1994	3282947	2313879	107274
1995	4156719	2833170	133877
1996	4821849	3159815	184002
1997	5203806	3506590	204745
1998	5807725	4505789	-251604
1999	6306309	4784299	32341
2000	7105282	5607660	81465
2001	11279112	8856577	98114
2002	11335970	8467192	105623
2003	12693888	10406306	-263950
2004	16899478	13109646	763738
2005	20840664	17173695	294179
2006	26580114	22484568	901190
2007	30476362	26475076	1988125
2008	34987407	33457530	-2777708
2009	35531441	30965755	1128103
2010	50813303	42238105	4499360
2011	64312782	55196124	3809378

注：本章数据均由财务司提供。

7-2　主营业务收入表

单位：万元

年份	收入合计	运输收入	其中：		机场服务收入	保障通航及其他
			国内航线	国际航线		
1950	132	131	-	-	-	1
1951	267	266	-	-	-	1
1952	216	194	-	-	-	22
1953	557	508	-	-	-	49
1954	1006	938	-	-	-	68
1955	2316	2030	-	-	-	286
1956	3816	3356	-	-	-	460
1957	3381	2639	-	-	-	742
1958	5155	3269	-	-	-	1886
1959	6672	4104	-	-	-	2568
1960	7374	4585	-	-	-	2789
1961	5221	3830	-	-	-	1391
1962	3910	2794	-	-	-	1116
1963	4439	3270	-	-	-	1169
1964	5297	4029	-	-	-	1268
1965	6503	5146	-	-	-	1357
1966	6994	5132	-	-	-	1862
1967	7052	5102	-	-	-	1950
1968	5507	4202	-	-	-	1305
1969	5563	3989	-	-	-	1574
1970	5979	4264	-	-	-	1715
1971	6061	4631	-	-	-	1430
1972	7150	5607	-	-	-	1543
1973	8259	6637	-	-	-	1622
1974	12073	10293	8225	2069	-	1780
1975	18415	16088	11368	4719	-	2327
1976	20612	17631	11828	5803	-	2981
1977	21745	19327	13381	5946	-	2418
1978	32856	29797	19550	10248	-	3059
1979	43595	37148	24380	12769	2882	3565
1980	45049	37026	25502	11524	3908	4115
1981	56194	46817	27760	19058	4186	5191
1982	66900	56072	30754	25319	5104	5724

7-2　主营业务收入表（续 1）

单位：万元

年份	收入合计	运输收入	其中：		机场服务收入	保障通航及其他
			国内航线	国际航线		
1983	92964	78443	30858	47585	6329	8192
1984	150457	113148	46402	66746	7458	29851
1985	209292	185160	72531	112629	8451	15681
1986	282435	255785	102968	152818	11861	14789
1987	426920	364682	156189	208493	43907	18331
1988	566998	487334	222136	265198	60801	18863
1989	591099	497486	263526	233960	71291	22322
1990	844683	776418	407720	368698	54831	13434
1991	1177567	1066054	552533	513521	94201	17312
1992	1681717	1502751	841658	661093	156045	22921
1993	2245964	2033695	1171398	862297	203614	8655
1994	3282947	3058355	1698156	1360199	212233	12359
1995	4156719	3856006	2231150	1570542	284530	16183
1996	4821849	4476926	2782793	1637253	328747	16176
1997	5203806	4817399	2930331	1361142	371182	15225
1998	5807725	4338815	2747524	1163452	411306	1057604
1999	6306309	4805866	2928206	1404491	443639	1056804
2000	7105282	5281285	3200603	1594740	526063	1297934
2001	11279112	7688048	5480307	1631398	945997	2645067
2002	11335970	8368058	5680933	2122162	1925805	1042107
2003	12693888	8151028	5745291	1983896	1251651	3291209
2004	16899478	11681092	8002082	3100938	1633389	3584997
2005	20840664	13337568	9148430	3563221	2088814	5414282
2006	26580114	16347226	11324172	4371207	2285376	7947512
2007	30476362	19111323	13379568	5138004	2672393	8692646
2008	34987407	20000537	14004064	5442808	3306922	11679948
2009	35531441	20420978	15596687	4273458	4359533	10750930
2010	50813303	28762820	21106048	6782383	4919268	17131215
2011	64312782	34067159	25820095	7299908	5308714	24936909

7-3 主营业务成本表

单位：万元

年 份	成本合计	运输成本	机 场 服 务 成 本	保障 通航 及其他
1950	-	-	-	-
1951	-	-	-	-
1952	181	162	-	19
1953	537	492	-	45
1954	696	655	-	41
1955	1886	1768	-	118
1956	3030	2815	-	215
1957	3519	3131	-	388
1958	3809	3071	-	738
1959	4740	3810	-	930
1960	5353	4206	-	1147
1961	5048	4073	-	975
1962	4605	3796	-	809
1963	4763	3902	-	861
1964	5687	4663	-	1024
1965	6096	5005	-	1091
1966	6683	5325	-	1358
1967	6840	5436	-	1404
1968	5871	4782	-	1089
1969	6793	-	-	-
1970	7898	-	-	-
1971	8479	-	-	-
1972	9443	-	-	-
1973	11159	-	-	-
1974	14247	12624	-	1623
1975	16483	14690	-	1793
1976	17715	15566	-	2149
1977	18423	16496	-	1927
1978	23021	20632	-	2389
1979	28165	22272	4024	1869
1980	38097	32544	3303	2250

7-3 主营业务成本表（续 1）

单位：万元

年 份	成本合计	运输成本	机场服务成本	保障通航及其他
1981	42087	36341	3524	2222
1982	50220	41822	5293	3105
1983	69042	63774	1394	3874
1984	97761	90920	1089	5752
1985	144633	130325	7312	6996
1986	213460	201056	5871	6533
1987	313398	279303	9883	24212
1988	395334	364983	9883	20468
1989	401742	371361	10900	19481
1990	607984	576240	14990	16754
1991	845600	796002	25303	24295
1992	1318907	1211011	47355	60541
1993	1748376	1402478	-	345898
1994	2313879	2167038	129082	17759
1995	2833170	2639384	168291	25495
1996	3159815	2934520	199350	25945
1997	3506590	3224112	259075	23403
1998	4505789	3294444	295151	916194
1999	4784300	3536384	351809	896107
2000	5607660	4030038	405420	1172202
2001	8856577	5800202	719095	2337280
2002	8467192	6295939	821718	1349535
2003	10406306	6740082	940683	2725541
2004	13109646	9214276	1059578	2835792
2005	17173695	11360053	1503314	4310328
2006	22484568	14212935	1385447	6886186
2007	26475076	16361326	1578554	8535196
2008	33457530	19537120	2167558	11752852
2009	30965755	18260107	3174604	9531044
2010	42238105	23018866	3386206	15833033
2011	55196124	28264914	3658951	23272259

7-4 民航企业固定资产情况表

单位：万元

年 份	年末固定资产原值	年末固定资产净值
1950	-	-
1951	-	-
1952	-	-
1953	-	-
1954	-	-
1955	9334.5	6507
1956	10902.7	7349.9
1957	13681.3	9191.2
1958	18154.6	12969.9
1959	26300.3	20051.5
1960	31603.4	24216.9
1961	33895.7	25612.8
1962	34834.5	25700.6
1963	38072.9	31105.7
1964	48190.8	36749
1965	52639.5	39750.6
1966	57116.1	42614.5
1967	60573.6	44403.4
1968	64345.5	46917.2
1969	65368.6	46445.7
1970	-	-
1971	-	-
1972	-	-
1973	-	-
1974	150326	126992.5
1975	162402.6	135266.1

7-4 民航企业固定资产情况表（续1）

单位：万元

年　份	年末固定资产原值	年末固定资产净值
1976	175732	144373
1977	195059	160956
1978	204791	164504
1979	211015	165108
1980	231497	179378
1981	254174	193130
1982	269043	200497
1983	316835	235340
1984	348878	255864
1985	400982	298821
1986	564113	446793
1987	1047381	906308
1988	1166719	997202
1989	1431878	1228775
1990	1781599	1578745
1991	2332194	2093972
1992	3439689	2979445
1993	4203689	3433984
1994	5808613	4645195
1995	7697730	5753728
1996	9349031	6685061
1997	12119826	8448166
1998	13052131	10758588
1999	17069626	11770991
2000	17978834	11864351

7-4 民航企业固定资产情况表（续 2）

单位：万元

年　份	年末固定资产原值	年末固定资产净值
2001	25437566	17063450
2002	28126291	19296932
2003	30810833	20797313
2004	31462703	23739452
2005	36900909	27268385
2006	40323650	29007207
2007	43704644	30883494
2008	53796871	39114265
2009	60510706	43326560
2010	67815294	47995090
2011	75652677	53488142

八、对外关系

8-1　双边民用航空运输协定和通航情况

所属洲别	国家	签字地点	签字时间	中方开航时间	外方开航时间
亚洲	缅甸	仰光	1955.11.8	1956.4.11	1995.7.15
		北京	2006.2.14		
	越南	北京	1956.4.5	1956.4.24	1956.4.24
		北京	1971.5.30		
		北京	1992.3.8		
	蒙古	乌兰巴托	1958.1.17	1958.5.1	1958.5.1
		北京	1989.4.8		
	朝鲜	北京	1959.2.18	1959.4.3	1959.4.1
		平壤	2008.6.17		
	斯里兰卡	北京	1959.3.26		2005.6.15
	老挝	康开	1962.1.13	1962.2.7	1975.2.28
		北京	1974.8.27		
		万象	1978.6.28		
	巴基斯坦	卡拉奇	1963.8.29	1974.10.29	1964.4.29
	柬埔寨	金边	1963.11.25	1976.1.23	1964.5.19
	印度尼西亚	北京	1964.11.6	1991.6.18	1965.1.6
		雅加达	1991.1.31		
	伊拉克	北京	1969.11.7	1980.7.28	1985.3.31
	阿富汗	喀布尔	1972.7.26		1996.3.1
		北京	2006.6.19		
	土耳其	安卡拉	1972.9.14	1987.4.30	1999.5.19
	伊朗	北京	1972.11.18	1974.11.27	1974.11.19
		北京	2001.8.30		
	日本	北京	1974.4.20	1974.9.29	1974.9.1
	叙利亚	大马士革	1975.11.10		
		北京（草签）	2010.1.13		
	菲律宾	北京	1979.7.8	1979.9.4	1979.8.1
	科威特	科威特	1980.1.20	1985.7.3	
		北京（草签）	2010.5.18		
	泰国	北京	1980.6.26	1980.8.29	1981.4.2

8-1 双边民用航空运输协定和通航情况（续 1）

所属洲别	国家	签字地点	签字时间	中方开航时间	外方开航时间
亚洲	孟加拉国	北京	1980.7.24	2005.5.18	
	也门	萨那	1982.1.31		2010.6.8
		北京（草签）	2005.7.27		
	阿曼	马斯喀特	1983.5.3		
	印度	北京	1988.12.27	2002.3.28	2003.11.1
	马来西亚	北京	1989.3.31	1989.10.6	1989.6.6
	阿联酋	阿布扎比	1989.9.14	1980.7.1	2002.9.8
	约旦	北京（草签）	1992.11.6		
	新加坡	北京	1993.4.21	1985.6.17	1993.2.3
	文莱	北京	1993.5.5		1993.10.2
	哈萨克斯坦	北京	1993.10.18	1989.7.28	1997.10.26
	以色列	北京	1993.10.11	1993.7.28	1994.5.1
	马尔代夫	马累	1994.3.2	2008.7.20	2011.7.16
	阿塞拜疆	北京	1994.3.7	2006.3.7	1999.5.1
		北京（草签）	1999.8.20		
	乌兹别克斯坦	塔什干	1994.4.19	1992.8.26	1992.1.30
	韩国	汉城	1994.10.31	1994.9.9	1996.12.22
	亚美尼亚	北京	1996.5.5		
	吉尔吉斯斯坦	北京	1996.7.4	1998.11.5	1997.4.15
	黎巴嫩	北京	1996.6.13		1998.8.8
	巴林	北京	1998.2.24	1992.6.10	2002.8.1
	土库曼斯坦	北京	1998.3.31	1993.5.25	2002.8.1
	卡塔尔	北京	1999.4.9		2003.9.1
	尼泊尔	北京	2003.8.19	2007.2.1	
	塔吉克斯坦	北京	2007.1.15	2004.5.9	2002.5.16
	沙特阿拉伯	北京	2007.7.23	2007.4.28	2007.7.10
	格鲁吉亚	第比利斯	2011.6.10	2011.6.9	
	东盟	斯里巴加湾	2011.1.13		

8-1 双边民用航空运输协定和通航情况（续 2）

所属洲别	国家	签字地点	签字时间	中方开航时间	外方开航时间
非洲	埃及	北京	1965.5.2	1991.10.8	2003.1.28
	埃塞俄比亚	北京	1972.7.30	1978.3.31	1973.2.21
		北京	2003.3.4		
	刚果（金）	北京	1974.5.31		
	赞比亚	（草签）	1991.9.26		
		卢萨卡	2007.2.3		
	毛里求斯	北京	1995.5.23		2011.7.4
	津巴布韦	哈拉雷	1996.5.21		2004.12.1
	马达加斯加	北京	1997.9.23		2009.7.6
	摩洛哥	北京	1998.12.3		
	南非	开普敦	1999.2.2		2012.1.31
	突尼斯	突尼斯	2002.4.16		
	塞舌尔（草签）	北京	2004.8.6		
	肯尼亚	北京	2005.8.3		2005.10.21
	利比亚（草签）	北京	2006.2.23		2010.11.3
	乌干达（草签）	北京	2006.7.4		
	阿尔及利亚	北京	2006.11.6		2009.2.22
	尼日利亚（草签）	北京	2006.9.11		
	莫桑比克（草签）	北京	2007.1.23		
	加纳（草签）	北京	2007.12.29		
	坦桑尼亚	三亚	2008.4.11		
	安哥拉	北京	2008.12.17	2009.5.25	2010.3.28
	苏丹	喀土穆	2009.11.17	2009.11.17	
	贝宁（草签）	北京	2010.8.18		
	喀麦隆	北京	2011.4.21		

8-1 双边民用航空运输协定和通航情况（续 3）

所属洲别	国家	签字地点	签字时间	中方开航时间	外方开航时间
美洲	加拿大	渥太华	1973.6.11	1987.9.6	1986.4.29
		渥太华	2005.9.9		
	美国	华盛顿	1980.9.17	1981.1.7	1981.1.28
	古巴	北京	1993.6.21		
	巴西	北京	1994.7.11	1997.10.26	2006.12.10
	智利	圣地亚哥	1996.6.3		
		新加坡	2009.11.13		
	秘鲁	北京	2000.3.30		
	阿根廷	北京	2004.6.28		
	墨西哥	北京	2004.8.17		2008.5.29
欧洲	俄罗斯（原苏联）	北京	1954.12.30	1955.1.1	1955.1.1
		莫斯科	1966.4.4		
		北京	1991.3.26		
		圣彼得堡	2010.11.23		
	法国	巴黎	1966.6.1	1974.10.29	1966.9.19
	阿尔巴尼亚	地拉那	1972.3.28	1974.11.27	
	罗马尼亚	布加勒斯特	1972.4.6	1974.11.27	1974.12.20
	塞尔维亚和黑山	贝尔格莱德	1972.4.14	1978.5.4	1979.5.1
	意大利	北京	1973.1.8	1986.6.30	1987.3.29
	挪威	北京	1973.5.12	1988.8.25	
		奥斯陆（草签）	2010.3.2		
	丹麦	北京	1973.5.18	1994.3.29	1988.7.28
		奥斯陆（草签）	2010.3.2		
	希腊	北京	1973.5.23	2007.11.28	
	瑞典	北京	1973.6.1	1988.8.25	1988
		奥斯陆（草签）	2010.3.2		
	瑞士	伯尔尼	1973.11.12	1978.5.4	1975.4.6
		北京	2011.3.1		
	比利时	北京	1975.4.20	1992.6.10	2006.7.20
	芬兰	北京	1975.10.2		1988.6.2

8-1 双边民用航空运输协定和通航情况（续 4）

所属洲别	国家	签字地点	签字时间	中方开航时间	外方开航时间
欧洲	德国	北京	1975.10.31	1979.5.3	1980.4.7
	西班牙	北京	1978.6.19	1993.3.31	2005.5.23
	卢森堡	北京	1979.9.28	2003.12.7	1999.3.28
		北京	2002.11.18		
	英国	伦敦	1979.11.1	1980.11.15	1980.11.12
	奥地利	北京	1985.9.12	1992.6.5	1995.3.26
	波兰	北京	1986.3.20	1987.7.30	1987.3.30
	捷克	北京	1988.5.25	2010.9.1	
	斯洛伐克	北京	1988.5.25		
	保加利亚	北京	1993.6.21		
	乌克兰	北京	1993.7.5		1993.9.8
	匈牙利	布达佩斯	1993.9.15	1998.9.2	1998.9.2
	白俄罗斯	北京	1995.1.17		1997.7.25
	荷兰	北京	1996.5.23	1996.11.26	1996.6.26
	马耳他	北京	1997.9.1		
	爱尔兰	北京	1998.9.14		
	爱沙尼亚	塔林	1999.3.1		
	拉脱维亚	里加	1999.3.4		
	葡萄牙（草签）	里斯本	1999.3.26		
	塞浦路斯（草签）	北京	2000.4.5		
	摩尔多瓦	北京	2000.6.7		
	冰岛	雷克雅未克	2003.4.2		
	克罗地亚	萨格勒布	2009.6.20		
大洋洲	澳大利亚	北京	1984.9.7	1984.9.5	1984.9.5
		堪培拉	2004.3.23		
	新西兰	惠灵顿	1993.10.21	2000.6.28	2005.4.5
	斐济	北京	1997.12.10		
	瓦努阿图（草签）	北京	2004.9.9		

注：本表根据国际司和运输司提供的资料整理。

九、企业基本情况

9-1　我国航空运输企业数量

单位:个

年 份	运输航空公司合计	其中:全货运航空公司	上市公司
1981	6		
1982	6		
1983	6		
1984	7		
1985	10	1	
1986	14	1	
1987	15	1	
1988	15	1	
1989	15	1	
1990	15	1	
1991	18	1	
1992	23	1	
1993	33		
1994	36		
1995	37		
1996	39	1	
1997	39	1	3
1998	36	2	3
1999	36	2	3
2000	36	2	4
2001	33	2	4
2002	34	3	5
2003	31	4	5
2004	30	4	6
2005	27	4	6
2006	35	8	6
2007	42	9	6
2008	40	9	6
2009	42	10	6
2010	43	11	5
2011	47	11	5

注：本章数据均由运输司提供。

9-2 历年成立通航企业数量

单位:个

年　份	成立通航企业合计
1982	2
1983	1
1984	0
1985	0
1986	0
1987	1
1988	1
1989	0
1990	2
1991	0
1992	4
1993	1
1994	1
1995	1
1996	2
1997	1
1998	15
1999	5
2000	4
2001	6
2002	2
2003	8
2004	2
2005	15
2006	6
2007	6
2008	14
2009	18
2010	9
2011	23

9-3 航空运输企业基本情况

企业名称	许可证批准日期	经营范围	注册资金（万元）	企业法人代表
中国国际航空股份有限公司	2010 年	国际、国内（含港澳）航空客、货、邮运输业务；航空器维修；与航空运输业务相关的服务业务	1289195.4673	王昌顺
中国东方航空股份有限公司	2011 年	国际、国内（含港澳）航空客、货、邮运输业务及延伸服务；航空器设备制造与维修业务；与航空运输业务有关的其他业务	1127653.8860	刘绍勇
中国南方航空股份有限公司	2011 年	国内和国际航空客货运输业务；内地至香港、澳门特别行政区的航空客货运输业务；航空器维修业务；与航空运输有关的服务业务	981756.7	司献民
中国新华航空集团有限公司	2011 年	由天津始发（部分航班由北京始发）至国内部分城市的航空客、货运输业务	183000	杨景林
中国货运航空有限公司	2010 年	国际、国内（含港澳）航空货、邮运输业务及相关服务业务	300000	马须伦
中国邮政航空有限责任公司	2011 年	国内航空货邮运输业务；内地至临近国家和香港、澳门特别行政区的航空货邮运输业务	39490	刘明光
中国东方航空江苏有限公司	2010 年	国内航空客货运输业务	200000	巴胜基
厦门航空有限公司	2010 年	国内航空客货运输业务；自福建或其他指定地区始发到邻近国家或地区的航空客货运输业务	300000	车尚轮
山东航空股份有限公司	2011 年	国际、国内航空客货运输业务；与航空运输业务有关的服务业务	40000	张幸福

9-3 航空运输企业基本情况（续 1）

企业名称	许可证批准日期	经营范围	注册资金（万元）	企业法人代表
汕头航空有限公司	2012 年	国内航空客货运输业务；与航空运输业务相关的服务业务	28000	董苏光
珠海航空有限公司	2009 年	珠海始发的国内航空客、货、邮运输业务；与航空运输有关的宣传广告、快件专递、航空旅游、航空食品、宾馆、餐厅、商品业务；航空器维修、维护业务；航空公司间的代理业务；进出口贸易	25000	陈振友
扬子江快运航空有限公司	2010 年	国内(含港澳)、国际航空货邮运输业务	50000	舒伟东
中国东方航空武汉有限责任公司	2011 年	国内航空客货运输业务	60000	吴永良
深圳航空有限责任公司	2010 年	国际、国内航空客货运输业务	81250	蔡剑江
海南航空股份有限公司	2010 年	国际、国内(含港澳)航空客货邮运输业务；与航空运输相关的服务业务	353025.2801	陈　明
四川航空股份有限公司	2010 年	国内（含港澳）、国际航空客、货运输业务	35000	李海鹰
贵州航空有限公司	2010 年	国内航空客货运输业务；航空公司间的代理业务	8000	徐杰波
长安航空有限责任公司	2010 年	由陕西省始发至国内部分城市的航空客、货运输业务	175439	王金生

9-3 航空运输企业基本情况（续 2）

企业名称	许可证批准日期	经营范围	注册资金（万元）	企业法人代表
中国国际货运航空有限公司	2009 年	国内、国际航空货邮运输业务及相关服务业务	220000	樊 澄
奥凯航空有限公司	2011 年	国内航空客货运输业务	30000	王树生
成都航空有限公司	2011 年	国内航空客货运输业务	68000	王文斌
春秋航空股份有限公司	2011 年	国内航空客货运输业务；内地至香港、澳门特别行政区和周边国家的航空客货运输业务；与航空运输业务相关的服务业务	30000	王正华
中国联合航空有限公司	2011 年	国内航空客货运输业务；与航空运输业务相关的服务业务	10000	唐 兵
云南祥鹏航空有限责任公司	2012 年	国内航空客货运输业务	73529.4118	王延刚
翡翠国际货运航空有限责任公司	2012 年	国际、国内航空货邮运输业务及相关服务业务	3000	冯 刚
北京首都航空有限公司	2012 年	国际和国内商务、旅游包机及货运业务	77650	胡明波
东海航空有限公司	2012 年	国际、国内航空货运业务	10000	黄楚标

9-3　航空运输企业基本情况（续 3）

企业名称	许可证批准日期	经营范围	注册资金（万元）	企业法人代表
华夏航空有限公司	2012 年	国内航空客货运输业务及相关服务业务	8000	胡晓军
上海吉祥航空股份有限公司	2009 年	国内航空客货运输业务;内地至香港、澳门特别行政区和周边国家的航空客货运输业务	50000	王均金
天津航空有限责任公司	2010 年	国内航空客货运输业务；天津至香港、澳门特别行政区和周边国家的航空客货运输业务	295000	辛　笛
大新华航空有限公司	2010 年	国内国际航空客货运输业务；与航空运输业务相关的服务业务	600832.3967	陈　峰
西部航空有限责任公司	2010 年	国内航空客货运输业务；与航空运输业务有关的服务业务	61460.1440	关　磊
重庆航空有限责任公司	2010 年	国内航空客货运输业务；与航空运输业务有关的服务业务	120000	刘德俊
河南航空有限公司	2007 年	支线航空客货运输业务；与航空运输业务相关的服务业务	50000	张　沛
河北航空有限公司	2010 年	国内航空客货运输业务；与航空运输相关的服务业务	100000	张建公
银河国际货运航空有限公司	2010 年	国内和国际航空货邮运输业务及相关服务业务	6500 万美元	张建卫
昆明航空有限公司	2011 年	国内航空客货运输业务	8000	王清民

9-3 航空运输企业基本情况（续 4）

企业名称	许可证批准日期	经营范围	注册资金（万元）	企业法人代表
幸福航空有限责任公司	2012 年	国内航空客货运输业务及相关服务业务	100000	杨尤昌
顺丰航空有限公司	2009 年	国内、国际航空货邮运输业务及相关服务业务	50000	于国强
上海航空有限公司	2010 年	国内航空客货运输业务；经批准的自上海始发至临近国家或地区的航空客货运输业务；与航空运输业务相关的服务业务	50000	唐 兵
友和道通航空有限公司	2010 年	国内、国际航空货邮运输业务	15000	张煊楠
西藏航空有限公司	2011 年	国内航空客货运输业务	28000	严 伟
东方航空云南有限公司	2011 年	国内（含港澳）、国际航空客货运输业务及相关服务业务	366154	李养民
大连航空有限责任公司	2011 年	国内航空客货运输业务及相关服务业务	100000	赵晓航
云南英安航空有限公司	2011 年	云南省内及云南省至周边省（区）的支线航空客货运输业务	8066.8	黎桂英
长龙国际货运航空有限公司	2012 年	国际、国内航空货邮运输业务及相关服务业务	20000	刘启宏

注：本表数据截至 2012 年底。下表同。

9-4 通用航空企业基本情况

企业名称	许可证批准日期	经营范围	注册资金（万元）	企业法人代表
中国飞龙通用航空有限公司	2010年	甲类（国内陆上石油服务、直升机机外载荷飞行、人工降水、医疗救护、航空探矿、私用或商用飞行驾驶执照培训、航空器代管业务、出租飞行、通用航空包机飞行、空中游览）、乙类（航空摄影、空中广告、海洋监测、渔业飞行、科学实验、空中巡查）以及丙类(航空护林、空中拍照)项目。兼营：航空器科研试验、航空器维修	17000	李瑞义
中信海洋直升机股份有限公司	2012年	国内航空摄影、空中广告、海洋监测、渔业飞行、气象探测、科学试验、城市消防、空中巡查、航空护林、空中拍照；国内陆上石油服务、海上石油服务、人工降水、医疗救护、航空探矿、直升机引航作业（限华东、中南地区范围内）；通用航空包机飞行、公务飞行、空中游览、出租飞行、直升机机外荷载飞行、航空器代管业务、私用飞行驾驶执照培训	51360	毕 为
大庆通用航空有限公司	2010年	乙类、丙类通用航空经营项目	1080	艾桂娟
石家庄冀华通用航空有限责任公司	2010年	乙、丙类：航空摄影，飞机播种，空中施肥，空中喷洒植物生长调节剂，空中除草，防治农林业病虫害，草原灭鼠，防治卫生害虫，航空护林，空中拍照。甲类：航空探矿，空中游览项目（限河北省、北京市范围内）	2270	张枢纬
荆门通用航空公司	2011年	乙丙类：含中南地区范围内航空摄影、空中广告、海洋监测、渔业飞行、气象探测、城市消防、空中巡查；全国范围内飞机播种、空中施肥、空中喷洒植物生长调节剂、空中除草、防治农业病虫害、草原灭鼠、防治卫生害虫、空中护林、空中拍照，遇抢险救灾，按民航总局有关规定执行	1900	钱瑞方
中飞通用航空公司	2010年	乙、丙类：航空摄影、科学实验；飞机播种、空中施肥、空中喷洒植物生长调节剂、空中除草、防治农林业病虫害、草原灭鼠；机场场道校准、技术咨询；甲类：国内航空探矿、人工降水、航空器代管业务	3000	顾益龙

9-4　通用航空企业基本情况（续 1）

企业名称	许可证批准日期	经营范围	注册资金（万元）	企业法人代表
新疆通用航空有限责任公司	2010 年	乙、丙类：航空摄影，空中广告，气象探测，空中拍照，空中巡查及为农林牧业服务的通用航空经营项目；甲类：国内陆上石油服务，人工降水，航空遥感，航空探矿，公务飞行，私用飞行驾驶执照培训，航空器代管业务，出租飞行，通用航空包机飞行，空中游览（新疆维吾尔自治区范围内）	9021.95	赵景祥
北大荒通用航空公司	2010 年	甲类（人工降水、航空器代管业务、私用或商用飞行驾驶执照培训）乙类（除海洋监测、渔业飞行外项目）以及丙类全部项目	10466	郭庆才
东北通用航空有限公司	2010 年	乙类(在东北三省范围内航空摄影、空中广告、气象探测、科学实验、城市消防，空中巡查)及全部丙类项目	1005.3	任速聪
沈阳通用航空有限公司	2010 年	乙类（航空摄影、空中广告）及全部丙类项目	1300	夏细华
浙江东华通用航空有限公司	2009 年	甲类：国内医疗救护、航空探矿、空中游览（限华东地区范围内）；乙、丙类：国内航空摄影、空中巡查、科学实验、空中广告、海洋监测（限华东地区范围内）；飞机播种、空中施肥、空中除草、防治农林业病虫害、空中拍照	2600	赵向阳
广东白云通用航空有限公司	2009 年	甲类：国内医疗救护、航空探矿、航空器代管业务、私用飞行驾驶执照培训；乙、丙类：中南地区范围内航空摄影、空中广告、海洋监测、渔业飞行、气象探测、科学实验、城市消防、空中巡查；飞机播种、空中施肥、空中喷洒植物生长调节剂、空中除草、防治农林业病虫害、草原灭鼠、防治卫生害虫、航空护林、空中拍照，遇抢险救灾按民航总局有关规定执行	2000	莫　群
青岛直升机航空有限公司	2011 年	直升机机外载荷、医疗救护、航空探矿、空中游览、私用或商用飞行驾驶执照培训、直升机引航作业、航空器代管业务；空中广告、海洋监测、城市消防、空中巡查航空护林、空中拍照	5238	郭　风

9-4 通用航空企业基本情况（续 2）

企业名称	许可证批准日期	经营范围	注册资金（万元）	企业法人代表
广东省通用航空有限公司	2009 年	甲类：国内陆上石油服务、直升机机外载荷飞行、医疗救护、航空探矿、私用飞行驾驶执照培训、直升机引航作业和海上石油服务（限华东、中南地区范围内）、航空器代管业务、通用航空包机飞行、公务飞行、空中游览、出租飞行；乙、丙类：国内航空摄影、空中广告、海洋监测、渔业飞行、气象探测、科学试验、城市消防、空中巡查；空中施肥、空中除草、空中喷洒植物生长剂、防治农林业病虫害、草原灭鼠、防治卫生害虫、空中护林、空中拍照	2000	丛志岩
齐齐哈尔鹤翔通用航空有限责任公司	2010 年	全部丙类项目	500	于 鹏
呼伦贝尔通用航空有限责任公司	2011 年	甲类：人工降水、航空探矿、空中游览（现华北地区范围内）、航空器代管、私用或商用飞行驾驶执照培训，乙丙类：空中广告、科学实验、飞机播种、空中施肥、空中喷洒植物生长调节剂、空中除草、防治农林业病虫害、草原灭鼠、防治卫生害虫、航空护林、空中拍照	2000	康智城
常州江南通用航空有限公司	2011 年	空中游览；航空摄影、气象探测、科学实验、空中巡查；飞机播种、空中施肥、防治农林业病虫害	5500	吴 萍
东方通用航空有限责任公司	2010 年	甲类：陆上石油服务、海上石油服务、直升机外挂载荷飞行、直升机引航作业、人工降水、医疗救护、航空探矿、公务飞行、空中游览；乙类：航空摄影、空中广告、海洋监测、渔业飞行、气象探测、科学实验、城市消防、空中巡查、丙类：飞机播种、空中施肥、空中喷洒植物生长调节剂、空中除草、防治农林业病虫害、草原灭鼠，防治卫生害虫、航空护林、空中拍照	20252.47	耿 军
金鹿航空有限公司	2005 年	国内及周边国家和地区公务飞行业务，直升机引航作业（限华东、中南地区范围内），航空器代管业务	30000	杜小平

9-4　通用航空企业基本情况（续 3）

企业名称	许可证批准日期	经营范围	注册资金（万元）	企业法人代表
江西长江通用航空有限公司	2010 年	航空摄影、空中广告、海洋监测、渔业飞行、气象探测、科学试验、城市消防、空中巡查、飞机播种、空中施肥、空中喷洒植物生长调节剂、空中除草、防治农林业病虫害、草原灭鼠、防治卫生害虫、航空护林、空中拍照	2050	夏细华
新疆天山通用航空有限公司	2011 年	丙类：飞机播种、空中施肥、空中喷洒植物生长调节剂、空中除草、防治农林业病虫害、草原灭鼠，防治卫生害虫、航空护林、空中拍照	500	郭俊青
珠海中航通用航空有限公司	2010 年	航空探矿、人工降水、空中游览、航空摄影、空中广告、海洋监测、渔业飞行、气象探测、科学实验、城市消防、空中巡查、飞机播种、空中施肥、空中喷洒植物生长调节剂、空中除草、防治农业病虫害、草原灭鼠、防治卫生害虫、航空护林、空中拍照	8940.6	沙长安
武汉直升机通用航空有限公司	2010 年	直升机机外载荷飞行（仅限电力巡线仪器外挂）、医疗救护、航空探矿；航空摄影、空中广告、海洋监测、渔业飞行、气象探测、科学实验、城市消防、空中巡查；飞机播种、空中施肥、空中喷洒植物生长调节剂、空中除草、防治农林业病虫害、防治卫生害虫、航空护林、空中拍照	2000	刘必超
河南蓝翔通用航空公司	2010 年	乙、丙类：航空摄影、空中广告，海洋监测、渔业飞行、气象探测、科学实验、城市消防、空中巡查；飞机播种、空中施肥、空中喷洒植物生长调节剂、空中除草、防治农林业病虫害、草原灭鼠、防治卫生害虫、空中护林、空中拍照、遇抢险救灾，按民航总局有关规定执行	2000	牛安林
国网通用航空有限公司	2010 年	甲类：直升机外挂载荷飞行，乙类：科学实验、空中巡查、航空护林	2100	邹本国

9-4 通用航空企业基本情况（续 4）

企业名称	许可证批准日期	经营范围	注册资金（万元）	企业法人代表
安阳通用航空有限责任公司	2009 年	甲类：医疗救护、航空探矿、私用或商用飞行驾驶执照培训、航空器代管业务；乙丙类：国内航空摄影、空中广告、海洋监测、渔业飞行、气象探测、科学实验、空中巡查；飞机播种、空中施肥、空中喷洒植物生长调节剂、空中除草、防治农林业病虫害、草原灭鼠、防治卫生害虫、航空护林、空中拍照	2046.46	张俊铭
上海东方通用航空有限公司	2010 年	私用飞行驾驶执照培训、航空器代管业务、空中游览、航空摄影、空中广告、城市消防、空中巡查、空中拍照	2625	徐宝平
精功（北京）通用航空有限责任公司	2010 年	甲类：航空探矿、人工降水、空中游览（限华北地区范围内）、航空器代管、私用或商用飞行驾驶执照培训（航空俱乐部）；乙丙类：航空摄影、空中广告、气象探测、飞机播种、空中施肥、空中喷洒植物生长调节剂、空中除草、防治农林业病虫害、草原灭鼠，防治卫生害虫、航空护林	5000	李 晨
湖南衡阳通用航空有限公司	2011 年	乙、丙类：航空摄影，空中广告，气象探测；飞机播种、空中施肥、空中喷洒植物生长调节剂，空中除草，防治农林业病虫害，草原灭鼠，防治卫生害虫，航空护林，空中拍照	1035.50	曹小军
山东航空彩虹公务机有限公司	2009 年	乙、丙类：航空摄影、空中广告、海洋监测、空中巡查、渔业飞行；甲类：国内海上石油服务、医疗救护、航空探矿，国内及周边国家和地区公务飞行，山东、浙江省内的空中游览	5000	赵 宏
四川三星通用航空有限责任公司	2011 年	甲类：国内陆上石油服务、人工降水、医疗救护、航空探矿、公务飞行、通用航空包机；乙丙类：国内航空摄影、空中广告、气象探测、科学实验、城市消防、空中巡查、飞机播种、空中施肥、空中喷洒植物生长调节剂、空中除草、防治农林业病虫害、草原灭鼠、防治卫生害虫、航空护林、空中拍照	5000	黄新建

9-4 通用航空企业基本情况（续5）

企业名称	许可证批准日期	经营范围	注册资金（万元）	企业法人代表
山西三晋通用航空有限责任公司	2012年	甲类：国内陆上石油服务、人工降水、医疗救护、航空探矿、空中游览（限华北地区）、私用或商用驾驶执照培训、通用航空包机飞行；乙丙类：国内航空摄影、空中广告、气象探测、科学实验、城市消防、空中巡查；飞机播种、空中施肥、空中喷洒植物生长调节剂、空中除草、防治农林业病虫害、草原灭鼠、防治卫生害虫、航空护林、空中拍照；俱乐部类：航空运动训练飞行、航空运动表演飞行、个人娱乐飞行	2000	郭福林
白城通用航空有限责任公司	2009年	甲类（人工降水）；乙类（航空摄影、空中广告、气象探测、科学实验、空中巡查）及丙类全部项目	3375	袁树山
湖南楚天通用航空有限公司	2009年	乙丙类：国内航空摄影，空中广告，海洋监测，渔业飞行，气象探测，科学实验，空中巡查；飞机播种，空中施肥，空中喷洒植物生长调节剂，空中除草，防治农林业病虫害，草原灭鼠，防治卫生害虫，航空护林，空中拍照	1000	何珍国
陕西腾飞通用航空有限责任公司	2009年	乙、丙类：飞机播种、空中施肥、空中喷洒植物生长调节剂、空中除草、防治农林业病虫害、草原灭鼠、防治卫生害虫、航空护林、空中拍照。航空摄影、空中广告、气象探测、科学实验、城市消防、空中巡查、空投	1041.98	刘伟荣
鄂尔多斯市通用航空有限责任公司	2009年	甲类：航空物探、人工降水、医疗救护、空中游览（限华北地区范围内）私用或商用飞行驾驶执照培训；乙、丙类：国内航空摄影、气象探测、飞机播种、空中施肥、空中喷洒植物生长调节剂、空中除草、防治农林业病虫害、草原灭鼠、防治卫生害虫、航空护林、空中拍照	5000	连广明
新疆开元通用航空有限公司	2009年	甲类：国内陆上石油服务、医疗救护、公务飞行、空中游览（限新疆维吾尔自治区范围内）；乙丙类：国内空中广告、科学实验、城市消防、空中巡查；防治农林业病虫害、草原灭鼠、防治卫生害虫、航空护林、空中拍照	5680	张文程

9-4 通用航空企业基本情况（续 6）

企业名称	许可证批准日期	经营范围	注册资金（万元）	企业法人代表
中信通用航空有限责任公司	2010 年	甲类：国内陆上石油服务、海上石油服务（限华北、东北地区）、直升机引航作业（限华北、华东地区）、直升机外挂载重、航空器代管业务、医疗救护、公务飞行；乙、丙类：国内航空摄影、空中广告、科学实验、空中巡查、航空护林	8292.55	李建一
海南亚太通用航空有限责任公司	2009 年	航空器私用驾驶执照培训、航空运动训练飞行、航空运动表演飞行、个人娱乐飞行、航空摄影、空中广告、海洋监测、渔业飞行、气象探测、科学实验、空中巡查；飞机播种、空中施肥、空中喷洒植物生长调节剂、空中除草、防治农林业病虫害、草原灭鼠、防治卫生害虫、航空护林、空中拍照	2000	何玉明
北京华教通用航空有限公司	2009 年	乙丙类：航空摄影、空中广告、气象探测、科学实验、空中巡查、海洋监测、空中拍照、城市消防	1000	吕世勇
四川奥林通用航空有限责任公司	2010 年	甲类：公务飞行、出租飞行、包机飞行、空中游览、航空器代管。乙类：航空摄影、空中广告、气象探测、科学实验、城市消防、空中巡查。丙类：飞机播种、空中施肥、空中喷洒植物生长调节剂、空中除草、防治农林业病虫害、草原灭鼠、防治卫生害虫、航空护林、空中拍照。通用航空俱乐部：航空运动训练飞行、表演飞行、个人娱乐飞行	1500	叶家郁
四川天翼飞行俱乐部有限公司	2011 年	航空俱乐部：中国境内航空运动训练飞行、表演飞行、个人娱乐飞行	108	王明吉
沈阳金鹰航空俱乐部	2011 年	（航空俱乐部类）航空运动训练飞行、航空运动表演飞行、个人娱乐飞行（限棋盘山风景区内）	60	王长河
太原航空摄影有限公司	2009 年	航空摄影、航拍、航空录像及相关服务、通用航空业务代理	5630	郑宪文

9-4 通用航空企业基本情况（续 7）

企业名称	许可证批准日期	经营范围	注册资金（万元）	企业法人代表
黑龙江凯达通用航空有限公司	2011 年	乙类（航空摄影、空中广告、空中巡查）以及丙类通用航空经营项目	1100	王达文
沈阳蜂鸟航空俱乐部有限公司	2011 年	（航空俱乐部类）使用限制类适航证的航空器和轻于空气的航空器从事私用飞行驾驶执照培训、航空运动表演飞行、航空运动训练飞行、个人娱乐飞行	400	王昌生
天津飞人通用航空有限公司	2011 年	（俱乐部类）限于使用限制类适航证的航空器和轻于空气的航空器从事航空运动训练飞行、航空运动表演飞行、个人娱乐飞行	2000	孙国栋
天津天航通用航空有限公司	2005 年	甲类：国内私用或商用飞行驾驶执照培训；乙、丙类：航空摄影、空中广告、气象探测、科学实验、空中巡查；飞机播种、空中施肥、空中喷撒植物生长调节剂、防治农林业病虫害、草原灭鼠、防治卫生害虫、航空护林、空中拍照	901.83	刘金元
大连通用航空有限公司	2011 年	乙类（空中广告、科学实验）、丙类（空中拍照）项目	1000	杜东海
天津市塘沽通用航空有限公司	2011 年	甲类：航空探矿、空中游览；乙、丙类：航空摄影、空中广告、空中巡查；飞机播种、空中施肥、空中喷撒植物生长调节剂、空中除草、防治农林业病虫害、草原灭鼠、防治卫生害虫、航空护林、空中拍照	2050	张铁臣
甘肃敦煌福莱德航空俱乐部	2009 年	使用限制类适航证的航空器和轻于空气的航空器从事私用飞行驾驶执照培训、航空运动训练飞行、航空运动表演飞行、个人娱乐飞行	369	何彦生
北京泰格尔航空飞行俱乐部有限公司	2009 年	（俱乐部类）限于使用限制类适航证航空器和轻于空气航空器从事航空运动训练飞行、航空运动表演飞行、个人娱乐飞行、私用驾驶执照培训	100	安守功

9-4 通用航空企业基本情况（续 8）

企业名称	许可证批准日期	经营范围	注册资金（万元）	企业法人代表
大连飞鹰航空俱乐部有限公司	2009 年	（航空俱乐部类）限于使用限制类适航证航空器和轻于空气航空器从事航空运动训练飞行、航空运动表演飞行、个人娱乐飞行、私用驾驶执照培训	300	陆 林
江苏华宇通用航空有限公司	2009 年	甲类：陆上石油服务、直升机机外载荷飞行、人工降水、医疗救护、航空探矿、空中游览、直升机引航作业、航空器代管业务、出租飞行、通用航空包机飞行；乙、丙类：航空摄影、空中广告、海洋监测、渔业飞行、气象探测、科学实验、城市消防、空中巡查；航空护林、空中拍照	11000	樊锦文
上海和利通用航空有限公司	2009 年	航空器代管业务、私用或商用飞行驾驶执照培训；航空摄影、空中广告、海洋监测、渔业飞行、气象探测、科学实验、城市消防、空中巡查、飞机播种、空中施肥、空中喷洒、空中除草、防治农林业病虫害、草原灭鼠、防治卫生害虫、航空护林和空中拍照	2000	孙扬旭
荆州同诚通用航空公司	2009 年	医疗救护、航空探矿、航空器代管业务、航空摄影、空中广告、海洋监测、渔业飞行、气象探测、科学实验、城市消防、空中巡查、飞机播种、空中施肥、空中喷洒植物生长调节剂、空中除草、防治农林业病害虫、草原灭鼠、防治卫生害虫、航空护林、空中拍照	500	徐国青
西安中飞航空俱乐部有限公司	2010 年	使用限制类适航证航空器和轻于空气航空器从事私用驾驶执照培训,航空运动训练飞行、航空运动表演飞行、个人娱乐飞行等	1000	宋庆国
河北金鹏航空俱乐部有限公司	2010 年	俱乐部类：使用限制类适航证航空器和轻于空气航空器从事航空运动训练飞行、航空运动表演飞行、个人娱乐飞行、私用驾驶执照培训等	100	杨玉德
青岛九天-斯巴腾国际飞行学院有限公司	2010 年	私用、商用飞行驾驶执照培训	2000	林莲娣

9-4 通用航空企业基本情况（续 9）

企业名称	许可证批准日期	经营范围	注册资金（万元）	企业法人代表
上海金汇通用航空有限责任公司	2010 年	航空器代管业务，出租飞行，直升机引航作业，直升机外载荷飞行，医疗救护；航空摄影，海洋监测，空中巡查，空中广告；航空护林，空中喷洒植物生长调节剂，空中拍照，航空运动训练飞行，航空运动表演飞行，个人娱乐飞行，私用飞行驾驶执照培训	15000	李启勇
亚联公务机有限公司	2010 年	公务飞行、航空器代管、出租飞行和通用航空包机飞行	10000	常秋生
山东通用航空有限公司	2010 年	航空摄影、空中广告、海洋监测、渔业飞行、气象探测、科学试验、城市消防、空中巡查、飞机播种、空中施肥、空中喷洒植物生长调节剂、空中除草、防治农林业病虫害、草原灭鼠、防治卫生害虫、航空护林、空中拍照	1000	吴 德
北京泛亚通用航空有限公司	2011 年	航空摄影、空中广告、空中巡查、飞机播种、空中施肥、空中喷洒植物生长调节剂、防治农林业病虫害、草原灭鼠、防治卫生害虫、航空护林	1000	张会玉
上海金鹿公务航空有限公司（上海海航通用航空有限公司）	2010 年	路上石油服务、海上石油服务、直升机机外载荷飞行、人工降水、医疗救护、航空探矿、空中游览、直升机引航作业、航空器代管业务、出租飞行、通用航空包机飞行、国内（含港、澳）、国际公务飞行	95000	郭亚军
秦皇岛市佰德恩飞行运动有限公司	2011 年	使用限制类适航证航空器和轻于空气航空器从事航空运动训练飞行、航空运动表演飞行、个人娱乐飞行	50	魏关生
北京天鑫爱通用航空有限公司	2011 年	乙类:航空摄影、空中广告、空中巡查,丙类:飞机播种空中喷洒植物生长调节剂、空中除草、防治农林业病虫害、草原灭鼠、防治卫生害虫、空中拍照,俱乐部类:使用限制类适航证航空器和轻于空气航空器从事航空运动训练飞行、航空运动表演飞行、个人娱乐飞行	1000	孙颖斌

9-4　通用航空企业基本情况（续 10）

企业名称	许可证批准日期	经营范围	注册资金（万元）	企业法人代表
广州穗联直升机通用航空有限公司	2011 年	陆上石油服务、直升机机外载荷飞行、人工降水、医疗救护、航空探矿、直升机引航作业、直升机私用飞行驾驶执照培训、直升机商用飞行驾驶执照培训、航空器代管业务；航空摄影、空中广告、海洋监测、渔业飞行、气象探测、科学实验、城市消防、空中巡查、防治农林业病虫害、防治卫生害虫、空中拍照、航空护林	2000	关细文
中山雄鹰通用航空有限公司	2011 年	航空器代管、航空探矿、私用飞行驾驶执照培训、航空摄影、空中广告、气象探测、海洋监测、科学实验、城市消防、空中巡查；空中喷洒植物生长调节剂、空中除草、防治 农林业病虫害、航空护林	2000	胡润华
通辽市神鹰通用航空有限公司	2011 年	丙类：飞机播种、空中施肥、空中喷洒植物生长调节剂、空中除草、防治农林业病虫害、草原灭鼠、航空护林、空中拍照。俱乐部类:使用限制类适航证的航空器或轻于空气的航空器从事私用飞行驾驶执照培训、航空运动训练飞行、航空运动表演飞行、个人娱乐飞行	500	邱志刚
吉林省嘉来宝航空运动有限公司	2011 年	（航空俱乐部类）使用轻于空气的航空器从事私用飞行驾驶执照培训、航空运动训练飞行、航空运动表演飞行、个人娱乐飞行	50	刘春谊
上海中瑞通用航空有限责任公司	2011 年	直升机机外载荷、医疗救护、直升机引航作业、航空器代管业务；航空摄影、空中广告、海洋监测、空中巡查；空中喷洒植物生长调节剂、航空护林、空中拍照；航空运动训练飞行、航空运动表演飞行、个人娱乐飞行	2000	王　蓓
河北张家口动力伞俱乐部有限公司	2011 年	使用限制类适航证航空器和轻于空气航空器从事航空运动训练飞行、航空运动表演飞行、个人娱乐飞行、私用驾驶执照培训	100	周　颖
成都创翼通用航空运动飞行有限公司	2011 年	通用航空俱乐部运动训练飞行、表演飞行和个人娱乐飞行	1000	靳宏亮
武汉飞人航空俱乐部有限公司	2011 年	个人娱乐飞行	100	张宗福

9-4 通用航空企业基本情况（续 11）

企业名称	许可证批准日期	经营范围	注册资金（万元）	企业法人代表
上海豪海通用航空有限责公司	2011 年	陆上石油服务、海上石油服务、直升机机外载荷飞行、人工降水、医疗救护、航空探矿、空中游览、直升机引航作业、航空器代管业务、出租飞行、通用航空包机飞行;航空摄影、空中广告、海洋监测、渔业飞行、气象探测、科学实验、城市消防、空中巡查、飞机播种、空中施肥、空中喷洒植物生长调节剂、空中除草、防治农业病虫害、草原灭鼠、防治卫生害虫、航空护林、空中拍照	8000	王青浦
中一太客商务航空有限公司	2011 年	公务飞行、航空器代管业务、出租飞行、通用航空包机飞行	6600	朱莉莉
中国南方航空股份有限公司	2011 年	陆上石油服务、海上石油服务、直升机外挂载重、人工降水、医疗救护、航空探矿、空中游览、私用飞行驾驶执照培训、直升机引航作业、航空器代管业务、经批准的境外通用航空业务、港澳地区和周边国家的医疗救护、公务飞行;航空摄影、空中广告、海洋监测、渔业飞行、气象探测、科学实验、城市消防、空中巡查、飞机播种、空中施肥、空中喷洒植物生长调节剂、空中除草、防治农业病虫害、草原灭鼠、防治卫生害虫、航空护林、空中拍照	981756.7	司献民
北京中恒飞行俱乐部有限公司	2008 年	俱乐部类：私用驾驶执照培训、航空运动训练飞行、航空运动表演飞行、个人娱乐飞行	500	袁 浩
北京飞人动力体育器材有限公司昌平技术培训中心	2012 年	俱乐部类：使用限制类适航证的航空器从事私用驾驶执照培训、航空运动训练飞行、航空运动表演飞行、个人娱乐飞行	100	罗 娅
湖北蔚蓝国际航空学校有限公司	2011 年	私用或商用飞行驾驶执照培训，航空器代管业务	6000	宋 谨

9-4　通用航空企业基本情况（续 12）

企业名称	许可证批准日期	经营范围	注册资金（万元）	企业法人代表
重庆神州航空体育运动俱乐部有限公司	2009 年	通用航空俱乐部航空运动训练飞行、表演飞行和个人娱乐飞行	50	谢夕中
上海中意通用航空有限公司	2012 年	陆上石油服务、医疗救护、航空探矿、航空器代管业务；航空摄影、空中广告、海洋监测、空中巡查、渔业飞行、气象探测、科学实验、城市消防；空中喷洒植物生长调节剂、航空护林、空中拍照；航空运动训练飞行、航空运动表演飞行、个人娱乐飞行	2000	闵　芮
联旺亚盛通用航空（北京）有限公司	2009 年	甲类：医疗救护、公务飞行、出租飞行、航空器代管业务、通用航空包机飞行	7000	任　炜
山东黄河口通用航空有限公司	2009 年	航空摄影、空中广告、海洋监测、空中巡查、渔业飞行、气象探测、科学实验、城市消防；飞机播种、空中施肥、空中喷洒植物生长调节剂、空中除草、防治农林业病虫害、草原灭鼠、防治卫生害虫、航空护林、空中拍照	1000	岳华峰
天津杰普逊国际飞行学院有限公司	2012 年	私用或商用飞行驾驶执照培训、航空器代理	6000	景一宏
中国国际航空股份有限公司（已经改为北京航空）	2009 年	公务机飞行、航空器代管	1225136.23	孔　栋
浙江新洲通用航空有限公司	2009 年	路上石油服务、人工降水、医疗救护、航空探矿、空中游览、航空器代管业务、出租飞行、通用航空包机飞行；航空摄影空中广告、气象探测、科学实验、城市消防、空中巡查	5000	周时同

9-4　通用航空企业基本情况（续 13）

企业名称	许可证批准日期	经营范围	注册资金（万元）	企业法人代表
成都捷足天下科技发展有限公司	2009 年	通用航空俱乐部运动飞行、表演飞行和个人娱乐飞行	100	邓 婕
阳朔平步青云热气球航空俱乐部有限责任公司	2009 年	使用热气球从事航空运动表演飞行、个人娱乐飞行	50	李勇军
北京天行航空运动发展有限公司	2009 年	（俱乐部类）使用限制类适航证的航空器和轻于空气的航空器从事航空运动训练飞行、航空运动表演飞行、个人娱乐飞行	50	李勇军
青海宇翔通用航空有限责任公司	2009 年	人工降水、空中游览、航空探矿、空中广告、公务飞行、医疗救护、通用航空包机飞行、科学实验、空中巡查、气象探测、飞机播种、含空格摄影、航空护林、空中喷洒植物生长调节剂、空中拍摄、航空运动	500	马聪德
北京首都航空有限公司	2009 年	（甲类）公务机出租飞行、医疗救护、航空器代管和直升机引航作业业务	77650	胡明波
甘肃敦煌飞天通用航空有限责任公司	2009 年	陆上石油服务、人工降水、空中游览、医疗救护、航空探矿、直升机引航作业、航空器代管业务、航空摄影、遥感测量、空中广告、空中巡查、气象探测、科学实验、城市消防、飞机播种、空中施肥、空中喷洒植物生长调节剂、航空护林、空中除草、防治农林业病虫害、防治卫生害虫、草原灭鼠、娱乐飞行	500	何彦生
云南通用航空有限公司	2010 年	甲类：直升机机外载荷、人工降水、航空探矿、直升机引航作业；乙类：航空摄影、空中广告、海洋监测、渔业飞行、气象探测、科学实验、城市消防、空中巡查；丙类：航空护林	5000	赵新波

9-4　通用航空企业基本情况（续 14）

企业名称	许可证批准日期	经营范围	注册资金（万元）	企业法人代表
海南航空学校有限责任公司	2009 年	私用或商用飞行驾驶执照培训	2000	田　伟
北京天行创美航空俱乐部有限公司	2009 年	俱乐部类：使用限制类适航证的航空器和轻于空气的航空器从事航空运动训练飞行、航空运动表演、个人娱乐飞行、私用飞行驾驶执照培训	200	李楚益
四川西华通用航空有限公司	2010 年	乙类：航空摄影、空中广告、科学实验、城市消防、空中巡查；丙类：飞机播种、航空护林	1000	李巍峰
廊坊开发区中航外企热气球运动俱乐部有限公司	2010 年	俱乐部类：使用限制类适航证的航空器和轻于空气的航空器从事航空运动训练飞行、航空运动表演、个人娱乐飞行、私用飞行驾驶执照培训	100	程　鹏
东海公务机有限公司	2010 年	公务飞行、航空器代管业务、通用航空包机飞行	25000	黄楚标
三亚云中浪漫热气球俱乐部有限公司	2011 年	使用热气球从事航空运动训练飞行、航空运动表演飞行、个人娱乐飞行	100	陈星来
东方公务航空服务有限公司	2010 年	甲类：医疗救护、公务飞行、私用或商用飞机驾驶执照培训，航空器代管业务、出租飞行、通用航空包机飞行	5000	赵晋豫

9-4 通用航空企业基本情况（续 15）

企业名称	许可证批准日期	经营范围	注册资金（万元）	企业法人代表
吉林省通用航空有限公司	2011 年	甲类(航空探矿)、乙类（航空摄影、空中广告、科学实验、空中巡查）、丙类（除航空护林外项目）	1100	杨忠仁
云南和谐通用航空有限公司	2010 年	甲类：国内陆上石油服务、直升机机外载荷飞行、人工降水、航空探矿、直升机引航作业；乙类：航空摄影、空中广告、海洋监测、渔业飞行、气象探测、科学实验、城市消防、空中巡查；丙类：飞机播种、空中施肥、空中喷洒植物生长调节剂、空中除草、防治农林业病虫害、草原灭鼠、防治卫生害虫、航空护林、空中拍照	5000	谭 云
云南腾冲火山航空俱乐部有限公司	2010 年	通用航空俱乐部：航空运动训练飞行、表演飞行和个人娱乐飞行	100	谢金位
新疆天翔航空学院有限公司	2010 年	私用或商用飞行驾驶执照培训	6000	景一宏
玉龙雪域飞鹰航空运动俱乐部	2011 年	航空俱乐部：中国境内航空运动训练飞行、表演飞行、个人娱乐飞行	100	王 稀
陕西精功通用航空有限公司	2011 年	陆上石油服务、海上石油服务、直升机机外载荷飞行、人工降水、医疗救护、航空探矿、空中游览、公务飞行、私用或商用飞行驾驶执照培训、直升机引航作业、航空器代管业务、出租飞行、通用航空包机飞行、气象探测、航空摄影、空中广告、空中巡查、航空护林、空中拍照	5000	马寒萍
新疆天翼直升机航空有限公司	2011 年	甲类：医疗救护、空中游览、陆上石油；乙类：航空摄影、空中巡查、空中广告、城市消防；丙类：航空护林、空中拍照	2100	李明华

9-4 通用航空企业基本情况（续 16）

企业名称	许可证批准日期	经营范围	注册资金（万元）	企业法人代表
安徽鼎宏通用航空有限公司	2011 年	甲类：陆上石油、医疗救护、空中游览、航空器代管；乙类：航空摄影、空中广告、海洋监测、渔业飞行、气象探测、科学实验、城市消防、空中巡查；丙类：飞机播种、空中施肥、空中喷洒植物生长调节剂、空中除草、防治农林业病虫害、航空护林、空中拍照	2000	李 涛
陕西凤凰飞行学院有限公司	2011 年	陆上石油服务、海上石油服务、直升机机外载荷飞行、人工降水、医疗救护、航空探矿、空中游览、公务飞行、私用或商用飞行驾驶执照培训、直升机引航作业、航空器代管业务、出租飞行、通用航空包机飞行、航空摄影	4272.73	涂志正
北京航空有限责任公司	2011 年	甲类：公务飞行、出租飞行、通用航空包机飞行、航空器代管	100000	樊 澄
西安直升机有限公司	2011 年	陆上石油服务、海上石油服务、医疗救护、航空探矿、空中游览、公务飞行、直升机引航作业、航空器代管业务、出租飞行、通用航空包机飞行、空中广告、气象探测、科学实验、城市消防、空中巡查、航空护林、空中拍照	3000	孙怀合
西安航空基地金胜通用航空有限公司	2011 年	医疗救护、航空探矿、空中游览、公务飞行、私用或商用飞行驾驶执照培训、航空器代管业务、出租飞行、通用航空包机飞行、航空摄影、空中广告、空中巡查	5000	宋金胜
丽江飞龙飞行航空俱乐部	2011 年	航空运动训练、表演、个人娱乐	100	董 韬
湖北银燕通用航空有限公司	2011 年	人工降水、航空摄影、空中广告、渔业飞行、城市消防、空中巡查、飞机播种、空中施肥、空中喷洒植物生长调节剂、空中除草、防治农林业病虫害、草原灭鼠、防治卫生害虫、航空护林、空中拍照	2000	贾福祥

9-4 通用航空企业基本情况（续 17）

企业名称	许可证批准日期	经营范围	注册资金（万元）	企业法人代表
北京首航直升机通用航空服务有限公司	2011 年	甲类：公务飞行、出租飞行、包机飞行、航空器代管，空中游览	6000	徐立冬
平山县柏坡湖飞行俱乐部有限公司	2011 年	俱乐部类：使用限制类适航证的航空器从事:航空运动训练飞行、航空运动表演飞行和个人娱乐飞行	100	陈永飞
和静汗戈尔迪草原航空俱乐部有限公司	2011 年	通用航空俱乐部：航空运动训练飞行、表演飞行和个人娱乐飞行	100	那 莎
南山公务机有限公司	2011 年	陆上石油服务、海上石油服务、直升机机外载荷飞行、人工降水、医疗救护、航空探矿、空中游览、公务飞行、私用或商用飞行驾驶执照培训、直升机引航作业、航空器代管业务、出租飞行、通用航空包机飞行	10000	宋作文
南航艾维国际飞行学院（南京有限公司）	2011 年	私用或商用飞行驾驶执照培训	2000	岳建军
江苏华西通用航空有限公司	2011 年	甲乙丙全部项目	10000	瞿全兴
河北金雁通用航空股份有限公司	2011 年	甲类：私用或商用飞行驾驶执照培训、航空器代管业务,乙类：航空摄影、空中广告，丙类：空中拍照，俱乐部类：使用限制类适航证的航空器从事私用飞行驾驶执照培训、航空运动训练飞行、航空表演飞行、个人娱乐飞行	2000	丁邦听
陕西天颖航空俱乐部有限公司	2011 年	私用驾驶执照培训、个人娱乐飞行、航空运动表演飞行、航空运动训练飞行	100	张星沂

十、教 育 培 训

10-1 招生及毕业人数

单位：人

年　份	招生数	毕业生	在校生	专职教师数	教师学生比
1956	429		429	99	1:4.33
1957	148		577	346	1:1.67
1958	956		1533	228	1:6.72
1959	1045	231	2077	367	1:5.66
1960	384	591	1813	335	1:5.41
1961		194	1594	333	1:4.79
1962	174	523	1122	265	1:4.23
1963		495	770	315	1:2.44
1964	205	52	926	240	1:3.86
1965	416	264	781	272	1:2.87
1966	322	55	1093	258	1:4.24
1967		109	853	236	1:3.61
1968	936	491	1106	328	1:3.37
1969	291	301	812	221	1:3.67
1970	227	158	719	222	1:3.24
1971	138	77	907	246	1:3.69
1972	169	213	805	265	1:3.04
1973		159	578	286	1:2.02
1974		102	440	264	1:1.67
1975	130		570	273	1:2.09
1976	120	105	521	286	1:1.82
1977	481		962	195	1:4.93
1978	656	328	961	196	1:4.90
1979	575	332	1430	398	1:3.59
1980	1367	608	2350	504	1:4.66
1981	940	265	3067	620	1:4.95
1982	1002	1237	2577	644	1:4.00
1983	1529	1046	2859	770	1:3.71
1984	1098	585	3257	932	1:3.49

10-1 招生及毕业人数（续 1）

单位：人

年　份	招生数	毕业生	在校生	专职教师数	教师学生比
1985	2387	1517	3742	1132	1:3.31
1986	2465	1246	5142	1196	1:4.30
1987	3090	1886	6117	1397	1:4.38
1988	2634	1764	7515	1239	1:6.07
1989	1221	1004	4700	1154	1:4.07
1990	1254	1118	5575	1325	1:4.21
1991	657	1927	2221	745	1:2.98
1992	1683	1908	4991	1161	1:4.30
1993	2773	1831	6687	1346	1:4.97
1994	2694	1724	7255	1351	1:5.37
1995	2738	1832	8032	1345	1:5.97
1996	2560	1932	7651	1174	1:6.52
1997	2941	1970	8390	1192	1:7.04
1998	3187	1893	10369	1153	1:8.99
1999	3209	1970	10478	1018	1:10.29
2000	3782	2461	11133	1044	1:10.66
2001	5189	2177	15023	1290	1:11.65
2002	4255	3795	20463	1361	1:15.04
2003	6816	4501	20478	1522	1:13.45
2004	8628	6092	25237	1733	1:14.56
2005	9125	5832	29115	1889	1:15.41
2006	10281	7252	35006	2034	1:17.21
2007	11297	8448	37452	2159	1:17.35
2008	13382	9849	39865	2343	1:17.01
2009	14020	10131	43908	2501	1:17.56
2010	15225	11338	47249	2713	1:17.42
2011	16187	12310	51155	2912	1:17.57

注：本章数据由人事科教司提供，部分数据根据《中国民航统计资料汇编（1949—2000）》整理。

10-2 中国民航大学招生及毕业人数

单位：人

年 份	招生数	毕业生	在校生	专职教师数	教师学生比
1956	301		301		
1957			301		
1958	360		661		
1959	387		1048		
1960	343	301	1090		
1961		96	994		
1962		360	634		
1963		439	195		
1964	145		340		
1965	225	195	370		
1966			370		
1967			370		
1968		370			
1977	346		346		
1978	347	281	407		
1979	287	303	550	102	1:5.39
1980	292	363	796	133	1:5.98
1981	261	172	1041	186	1:5.60
1982	331	280	1036	286	1:3.62
1983	330	289	1011	333	1:3.04
1984	302	73	1194	312	1:3.83
1985	337	342	1186	333	1:3.56
1986	472	372	1283	329	1:3.90
1987	529	283	1513	334	1:4.53
1988	529	309	1724	349	1:4.94
1989	486	454	1747	347	1:5.03
1990	388	428	1630	399	1:4.09

10-2　中国民航大学招生及毕业人数（续1）

单位：人

年　份	招生数	毕业生	在校生	专职教师数	教师学生比
1991	420	525	1527	399	1:3.82
1992	496	482	1566	394	1:3.97
1993	660	405	1790	388	1:4.61
1994	825	453	2148	399	1:5.38
1995	874	479	2523	407	1:6.20
1996	1013	591	2881	375	1:7.68
1997	1141	759	3259	401	1:8.13
1998	1380	712	3901	394	1:9.90
1999	1647	850	4662	371	1:12.60
2000	2094	950	5777	450	1:12.80
2001	2688	815	7591	457	1:16.60
2002	1273	1947	12007	466	1:25.77
2003	3357	1998	10778	575	1:18.74
2004	4143	3695	12701	752	1:16.89
2005	3602	2941	12722	830	1:15.30
2006	4194	3427	14127	833	1:16.98
2007	4024	3411	14527	847	1:17.20
2008	5324	3804	15733	908	1:17.30
2009	5776	3685	17441	983	1:17.70
2010	6171	3925	19142	1063	1:18.00
2011	6613	4296	21030	1176	1:17.80

注：学校的前身是1951年9月成立的军委民航局第二民用航空学校。1958年12月更名为中国民用航空高级航空学校。1963年6月列入普通高校序列，更名为中国民用航空机械专科学校。1981年8月10日，更名为中国民用航空学院。2006年5月30日，更名为中国民航大学。

10-3 中国民用航空飞行学院招生及毕业人数

单位:人

年 份	招生数	毕业生	在校生	专职教师数	教师学生比
1956	128		128	99	1:1.29
1957	148		276	346	1:0.80
1958	596		872	228	1:3.82
1959	658	231	1029	367	1:2.80
1960	41	290	723	335	1:2.16
1961		98	600	333	1:1.80
1962	174	163	488	265	1:1.84
1963	0	56	575	315	1:1.83
1964	60	52	586	240	1:2.44
1965	191	69	411	272	1:1.51
1966	322	55	723	258	1:2.80
1967	0	109	483	236	1:2.05
1968	936	121	1106	328	1:3.37
1969	291	301	812	221	1:3.67
1970	227	158	719	222	1:3.24
1971	138	77	907	246	1:3.69
1972	169	213	805	265	1:3.04
1973	0	159	578	286	1:2.02
1974	0	102	440	264	1:1.67
1975	130	0	570	273	1:2.09
1976	120	105	521	286	1:1.82
1977	135	0	616	195	1:3.16
1978	163	47	408	186	1:2.19
1979	241	29	687	281	1:2.44
1980	200	99	632	285	1:2.20
1981	44	46	516	319	1:1.61
1982	47	84	282	206	1:1.36
1983	193	92	301	234	1:1.28
1984	184	34	505	425	1:1.18
1985	248	75	774	452	1:1.71
1986	210	181	810	436	1:1.85

10-3　中国民用航空飞行学院招生及毕业人数（续 1）

单位:人

年　份	招生数	毕业生	在校生	专职教师数	教师学生比
1987	178	132	734	431	1:1.70
1988	185	197	526	334	1:1.57
1989	179	184	443	322	1:1.37
1990	209	169	472	342	1:1.38
1991	237	105	694	346	1:2.00
1992	252	163	788	365	1:2.15
1993	640	194	1072	377	1:2.84
1994	648	336	1472	395	1:3.72
1995	553	378	1687	457	1:3.69
1996	557	500	1800	427	1:4.21
1997	632	373	1826	410	1:4.45
1998	692	476	1965	409	1:4.80
1999	446	424	1889	389	1:4.85
2000	543	448	1652	401	1:4.11
2001	814	529	2170	397	1:5.60
2002	1165	392	2904	429	1:6.76
2003	1431	521	3876	462	1:8.38
2004	1772	659	6203	481	1:12.8
2005	2043	1063	8145	527	1:15.4
2006	2205	1613	9292	592	1:15.6
2007	2725	2495	9777	626	1:15.6
2008	2817	2653	10054	703	1:14.3
2009	3153	2448	10642	746	1:14.2
2010	3237	2598	11486	820	1:14.0
2011	3461	2850	12731	864	1:14.7

注：学校 1956 年 5 月 26 日经国务院批准成立，定名为中国民用航空局航空学校。1956 年 9 月 22 日，经国防部同意，更名为中国人民解放军第十四航空学校。1963 年 10 月 25 日，空军、民航局联合决定，更名为中国民用航空高级航空学校。1971 年 5 月 19 日，空军决定将该校再次更名为中国人民解放军第十四航空学校。1980 年 10 月 11 日，教育部根据国务院、中央军委有关决定精神，将该校更名为中国民用航空专科学校，列入全国大专院校序列。1987 年 12 月 15 日，经国家教委批准，升格为本科院校，更名为中国民用航空飞行学院。

10-4 中国民航管理干部学院招生及毕业人数

单位：人

年 份	招生数	毕业生	在校生	专职教师数	教师学生比
1985	292	216	191	52	1:3.67
1986	317	116	392	65	1:6.03
1987	403	470	325	127	1:2.56
1988	163	128	537	89	1:6.03
1989	123	67	232	92	1:2.52
1990	83	98	234	92	1:2.54
1993	168	84	329	99	1:3.32
1994	263	120	427	110	1:3.88
1995	276	221	470	117	1:4.02
1996	234	217	486	115	1:4.23
1997	233	226	498	115	1:4.33
1998	265	225	600	95	1:6.32
1999	218	225	597	115	1:5.19
2000	341	237	677	85	1:7.96
2001	185	259	573	80	1:7.16
2002	337	276	598	110	1:5.44
2003	277	538	815	115	1:7.09
2004	580	239	1075	120	1:8.96
2005	682	495	1260	123	1:10.24
2006	719	800	3020	127	1:23.78
2007	1203	1020	3000	130	1:23.08
2008	1383	800	2600	143	1:18.18
2009	1042	666	3833	147	1:26.07
2010	1463	1595	3322	157	1:21.16
2011	1521	691	3171	167	1:18.99

10-5　广州民航职业技术学院招生及毕业人数

单位：人

年份	实际报到数	毕业生	在校生	专职教师数	教师学生比
2001	1041	405	2869	274	1:10.5
2002	1005	724	2991	270	1:11.1
2003	1063	976	3109	269	1:11.6
2004	1600	863	3542	267	1:13.3
2005	1956	866	4681	289	1:16.2
2006	2146	932	5723	349	1:16.4
2007	2386	1057	6917	395	1:17.5
2008	3054	2073	7891	427	1:18.5
2009	3426	2411	8804	455	1:19.3
2010	3577	2299	9978	502	1:19.9
2011	3369	3028	10262	534	1:19.2

10-6 民航上海中等专业学校招生及毕业人数

单位：人

年份	招生数	毕业生	在校生	专职教师数	教师学生比
2001	461	169	1820	82	1:22.2
2002	475	456	1963	86	1:22.8
2003	688	468	1900	101	1:18.8
2004	533	636	1716	113	1:15.2
2005	842	467	2307	120	1:19.2
2006	1017	480	2844	133	1:21.4
2007	959	465	3231	161	1:20.1
2008	804	519	3587	162	1:22.1
2009	623	921	3188	170	1:18.8
2010	777	921	3321	171	1:19.4
2011	1223	1445	3961	171	1:23.0

十一、世界经济与世界航空

11-1 主要国家定期航班运输总周转量

单位:亿吨公里

年份	世界各国合计	其中：中国 名次	中国 数量	美国 名次	美国 数量	德国 名次	德国 数量	英国 名次	英国 数量	法国 名次	法国 数量	日本 名次	日本 数量
1950	34.2		0.02		19.70						1.40		
1951	42.3		0.03		24.60				2.10		1.60		
1952	48.0		0.04		28.80				2.30		1.90		0.10
1953	54.4		0.07		33.30				3.00		2.80		0.10
1954	60.7		0.10		37.00				3.20		3.20		0.20
1955	71.7		0.10		44.00		0.10		3.90		3.70		0.40
1956	81.8		0.17		50.10		0.30		4.50		4.20		0.50
1957	92.2		0.15		65.50		0.50		5.10		4.60		0.60
1958	95.8		0.23		56.80		0.70		5.40		4.80		0.70
1959	107.5		0.34		65.60		1.00		6.60		5.20		0.90
1960	123.4		0.40		70.30		1.30		8.20		6.10		1.20
1961	134.6		0.37		73.10		2.10		9.30		7.30		1.90
1962	151.3		0.26		81.60		2.70		10.10		7.30		2.50
1963	169.7		0.29		93.60		3.30		11.30		7.10		3.40
1964	197.8		0.37		108.60		4.20		12.40		7.80		3.90
1965	234.6		0.47	1	131.20	6	5.20	2	14.50	3	8.90	8	5.00
1966	274.8		0.50	1	156.00	6	6.50	2	16.60	3	10.70	7	6.10
1967	326.4		0.60	1	190.30	5	7.90	2	17.50	4	12.20	6	7.50
1968	377.4		0.50	1	222.60	6	9.10	2	18.20	4	12.40	5	10.30
1969	515.6		0.50	1	246.70	6	11.10	2	21.60	3	15.50	5	13.60
1970	566.9		0.50	1	265.40	7	12.80	3	22.90	5	17.50	6	17.30
1971	605.3		0.50	1	272.80	7	13.70	3	24.60	6	18.10	4	19.50
1972	681.2		0.60	1	302.90	7	16.60	3	29.80	5	22.60	4	24.70
1973	758.1		0.70	1	324.70	7	19.00	3	34.70	5	26.00	4	29.00
1974	805.5	44	1.10	1	327.40	7	21.40	3	34.40	5	28.90	4	30.10
1975	847.2	40	1.70	1	323.80	7	22.30	3	36.50	5	31.60	4	33.90
1976	930.5	40	1.80	1	352.10	7	24.80	3	41.10	5	36.30	4	37.90
1977	1003.9	43	2.00	1	378.30	7	27.30	3	44.20	5	41.00	4	44.40
1978	1135.2	37	2.90	1	431.30	7	30.30	3	54.90	5	45.10	4	50.80
1979	1259.5	34	3.80	1	477.30	7	34.10	3	62.60	5	49.60	4	59.20
1980	1306.3	35	3.80	1	473.60	7	35.20	3	67.40	5	51.30	4	61.80
1981	1350.4	34	5.10	1	462.20	7	35.90	3	71.10	5	55.10	4	68.40

11-1 主要国家定期航班运输总周转量（续 1）

单位:亿吨公里

年份	世界各国合计	其中:											
		中国		美国		德国		英国		法国		日本	
		名次	数量	名次	数量	名次	数量	名次	数量	名次	数量	名次	数量
1982	1382.2	31	6.00	1	471.50	7	37.30	4	66.60	5	56.60	3	73.10
1983	1455.2	31	6.40	1	512.30	6	42.30	4	66.90	5	60.40	3	72.90
1984	1573.3	28	9.00	1	543.70	6	46.80	4	75.30	5	63.80	3	80.60
1985	1676.2	21	12.90	1	602.90	6	48.50	4	84.10	5	65.10	3	85.70
1986	1780.4	21	15.10	1	657.00	6	55.30	4	87.70	5	67.00	3	91.80
1987	1966.4	17	20.10	1	733.40	6	64.50	4	102.10	5	74.40	3	107.50
1988	2111.5	15	23.10	1	776.50	6	89.00	4	112.20	5	80.10	3	120.80
1989	2234.8	19	20.60	1	803.50	6	74.80	4	123.80	5	85.40	3	132.50
1990	2358.7	16	25.00	1	841.80	6	85.10	4	135.60	5	88.70	3	136.30
1991	2269.3	14	32.10	1	822.30	5	83.20	4	134.00	6	81.90	3	134.30
1992	2440.2	12	42.80	1	880.20	5	91.80	3	154.50	6	88.90	4	145.00
1993	2512.2	12	51.20	1	898.50	5	101.20	2	174.30	6	96.10	3	146.80
1994	2715.0	11	55.40	1	967.00	5	112.40	2	195.90	4	113.40	3	162.50
1995	2923.4	11	67.80	1	1009.10	4	124.10	2	217.60	5	115.10	3	179.20
1996	3146.8	10	76.50	1	1086.70	5	127.70	2	241.10	4	128.50	3	192.40
1997	3411.4	10	82.60	1	1166.60	4	149.80	2	219.50	6	132.60	3	206.30
1998	3487.8	10	87.20	1	1185.20	4	153.10	3	196.10	5	139.20	2	208.60
1999	3688.0	9	101.20	1	1254.20	4	170.20	3	206.00	5	142.50	2	223.50
2000	4007.8	9	116.00	1	1344.60	4	185.50	3	218.70	5	156.10	2	236.50
2001	3854.5	6	138.02	1	1254.59	4	180.04	3	199.44	5	152.24	2	217.17
2002	3971.2	5	162.00	1	1263.97	4	194.25	3	200.41	6	157.82	2	221.70
2003	4076.7	5	176.41	1	1313.89	2	219.37	3	206.89	6	157.27	4	210.71
2004	4589.1	3	229.12	1	1449.59	4	247.36	5	222.60	6	169.73	4	220.27
2005	4878.6	2	257.65	1	1520.09	3	254.57	4	240.08	6	182.94	5	219.92
2006	5147.5	2	300.90	1	1572.11	3	269.24	4	253.85	6	199.17	5	217.06
2008	5553.2	2	371.69	1	1570.72	3	300.74	4	241.01	6	209.82	5	204.58
2009	5396.6	2	421.55	1	1478.19	3	270.97	4	234.49	6	190.31	7	181.70
2010	6030.3	2	533.02	1	1562.86	3	295.18	5	236.50	8	231.26	7	204.01
2011	6467.5	2	574.16	1	1599.51	4	302.11	5	247.84	7	183.08	8	169.35

11-1　主要国家定期航班运输总周转量（续 2）

单位:亿吨公里

年份	其　中：											
	阿联酋		韩国		荷兰		新加坡		加拿大		澳大利亚	
	名次	数量	名次	数量	名次	数量	名次	数量	名次	数量	名次	数量
1982			12	21.70	9	25.90	10	25.00	6	39.00	8	29.50
1983			11	24.50	9	27.70	10	26.10	7	37.90	8	28.30
1984			11	24.00	9	30.60	10	29.10	7	42.10	8	31.80
1985			12	25.10	9	32.20	10	30.80	7	43.50	8	34.60
1986			12	26.80	9	34.20	10	33.10	7	44.00	8	38.60
1987			12	29.80	9	39.10	10	36.80	7	48.10	8	43.40
1988			11	31.00	9	42.00	10	41.00	7	52.60	8	48.70
1989			11	40.40	10	44.80	9	46.00	7	57.90	8	46.60
1990			11	42.90	9	47.50	10	47.00	7	67.30	8	50.10
1991			11	45.40	10	48.70	8	49.90	9	49.10	7	51.70
1992			11	48.30	9	55.00	8	57.80	10	51.10	7	60.90
1993			8	71.90	10	63.90	9	67.10	11	51.40	7	78.10
1994			7	81.90	10	73.70	9	75.90	12	55.30	8	77.70
1995			6	96.50	8	81.50	7	83.90	12	60.10	10	79.60
1996			6	113.00	7	99.70	8	93.50	12	69.60	9	83.10
1997			5	134.10	7	110.30	8	101.30	11	76.60	9	93.10
1998			6	116.10	7	108.50	8	103.60	11	77.50	9	89.30
1999			6	131.40	8	113.30	7	117.50	11	79.30	10	90.20
2000			6	134.30	8	117.70	7	129.90	11	83.70	10	99.20
2001			8	122.65	9	112.05	7	125.95	11	79.79	10	100.50
2002			8	138.75	9	112.94	7	141.40	11	99.42	10	97.26
2003			7	121.34	9	113.82	8	130.62	11	88.16	10	95.24
2004			8	141.40	9	125.44	7	142.06	12	98.86	10	110.75
2005			8	136.87	9	132.35	7	149.13	12	105.90	11	120.81
2006			9	143.07	10	137.10	7	159.02	12	109.16	11	128.28
2008		193.37	8	162.83	10	143.06	9	159.02	12	122.43	11	126.45
2009	5	218.22	8	161.66	9	125.00	10	129.73	11	119.04	12	116.52
2010	4	283.47	6	211.75	10	138.45	9	147.88	12	131.44	13	113.88
2011	3	304.18	6	208.07	13	120.19	10	152.52	11	142.01	12	123.57

11-1 主要国家定期航班运输总周转量（续3）

单位:亿吨公里

年份	其中:											
	俄罗斯		印度		西班牙		爱尔兰		巴西		意大利	
	名次	数量	名次	数量	名次	数量	名次	数量	名次	数量	名次	数量
1982	2	185.20	15	16.30	13	19.70			11	22.70	14	19.10
1983	2	190.50	15	17.90	14	19.40			12	21.40	13	19.90
1984	2	198.00	15	19.60	14	20.90			12	23.50	13	21.70
1985	2	199.90	17	18.10	14	22.20			11	25.20	13	23.80
1986	2	206.80	17	18.90	14	23.30			11	30.50	13	24.60
1987	2	214.80	15	22.00	14	24.50			11	30.60	13	26.50
1988	2	224.20	17	22.50	14	26.20			12	20.70	13	27.80
1989	2	237.00	17	22.40	14	28.10			12	39.10	13	30.90
1990	2	251.70	19	21.60	14	29.50			12	36.00	13	33.40
1991	2	225.20	21	18.85	15	26.60			12	36.40	13	32.50
1992	2	183.70	22	19.70	15	30.50			14	37.70	13	39.60
1993	4	108.70	27	14.20	16	30.20			13	41.50	14	40.30
1994	6	84.70	24	20.90	17	29.80			13	42.90	14	42.60
1995	9	80.90	23	26.20	17	32.40			13	51.70	14	44.60
1996	11	70.60	23	24.70	17	37.20			13	51.80	14	48.30
1997	12	65.00	24	24.90	17	40.50			13	55.50	14	52.00
1998	14	49.30	21	27.70	17	43.80			12	59.90	13	52.20
1999	16	50.40	22	28.50	17	47.50			13	53.20	12	55.70
2000	19	49.50	25	29.10	14	56.40			13	57.00	12	61.50
2001	17	52.92	25	28.54	13	58.97	34	14.58	14	57.26	16	55.68
2002	16	55.80	23	30.35	15	57.15	32	17.56	14	57.63	18	47.98
2003	14	60.18	22	34.10	13	60.96	27	25.73	17	54.47	18	53.43
2004	13	70.64	20	42.38	14	68.59	25	32.16	17	58.44	18	56.26
2005	14	72.85	20	50.46	13	74.59	21	41.56	18	61.73	17	64.26
2006	13	82.42	18	63.06	14	80.93	21	50.26	19	58.79	17	65.50
2008	13	106.69	15	85.03	14	90.11	17	72.91	18	67.98	21	52.64
2009	13	99.18	14	89.42	15	82.79	16	73.70	17	73.64	23	51.51
2010	11	134.74	14	105.78	16	93.67	17	92.29	15	104.51	22	56.45
2011	9	154.29	14	118.15	15	104.10	17	100.20	16	103.59	27	47.59

注：表 11-1 至表 11-3 数据摘自国际民航组织统计年报。

11-2　主要国家定期航班旅客周转量

单位：百万人公里

年份	世界各国合计	其中：					
		中国	美国	德国	英国	巴西	法国
1950	27300	10	16440		1280	851	1120
1951	34700	23	21190		1710	1228	1260
1952	40000	24	25030		2000	1279	1460
1953	46500	33	29360		2610	1482	1650
1954	52500	51	33170		2780	1585	2710
1955	62000	57	39190	80	3290	1684	3140
1956	71000	104	44460	290	3850	1882	3620
1957	82000	80	50310	490	4450	2289	3830
1958	85000	119	50690	660	4710	2289	4140
1959	95000	143	58430	840	5720	2599	4500
1960	109000	162	62540	1280	7280	2679	5230
1961	116500	138	64100	1700	8180	2663	6140
1962	130000	117	70420	2100	8740	2763	6130
1963	147000	140	81050	2580	9610	2868	6010
1964	171000	200	94130	3150	10800	2675	6700
1965	198000	250	110520	3790	12480	3187	7510
1966	229000	220	128570	4620	13970	2863	8990
1967	273000	240	158910	5620	14690	3357	10150
1968	310000	210	183390	6010	14940	3675	9680
1969	421000	170	201830	6920	17390	3914	11720
1970	465900	180	210330	8260	18950	4618	13590
1971	494700	300	218300	8610	20350	4882	14020
1972	559720	420	245270	10450	24320	5820	17480
1973	618530	570	260640	11110	8260	7100	19740
1974	654490	930	262190	12470	27570	8500	21750
1975	696890	1540	262010	13630	30190	9800	23280
1976	762430	1570	288030	14980	34040	10200	25190
1977	817940	1830	310950	15910	35650	10600	27290
1978	936300	2790	363900	17570	45130	12100	30220
1979	1050590	3500	411440	19840	52430	14800	32780
1980	1088740	3960	409060	21060	56750	15900	34130

11-2 主要国家定期航班旅客周转量（续 1）

单位：百万人公里

年份	世界各国合计	其中：					
		中国	美国	德国	英国	巴西	法国
1981	1116920	5020	395880	21640	59240	17000	36720
1982	1143920	5950	410000	21600	55000	17200	37900
1983	1186970	5790	446000	22700	51740	16750	38700
1984	1265450	8240	472000	24280	56400	17200	38900
1985	1366570	12110	531770	24430	63810	18150	39560
1986	1442650	14170	580000	26640	64340	23500	39410
1987	1591400	4510	130700	29080	73220	23130	30120
1988	1695500	5680	152900	31180	79200	23500	32000
1989	1778390	18680	694800	36200	88400	27960	51300
1990	1894080	23050	731400	44900	101800	28000	52200
1991	1826050	30130	718300	43700	99700	28800	47700
1992	1952550	40610	765140	49060	113830	28447	54270
1993	1970840	47760	775900	52990	126240	29560	60100
1994	2086100	42890	819980	56900	137800	31205	67540
1995	2230050	64200	849160	63480	151800	36865	68020
1996	2411010	70610	921480	65940	167490	37339	78380
1997	2570500	72960	964430	87980	157610	41714	80150
1998	2629920	75280	984700	90420	152130	46162	89310
1999	2787880	80580	1044870	105220	160360	42019	102150
2000	3017790	90960	1110960	115610	170680	45737	113030
2001	2929850	105870	1044977	111303	159020	46603	113279
2002	2964530	123908	1021835	124246	156594	46092	117273
2003	3019100	124591	1038955	149672	166518	44192	116228
2004	3445300	176268	1164369	170628	182736	47462	123984
2005	3721690	201961	1244694	182508	200333	50689	135017
2006	3940600	234505	1275382	194128	213335	49218	149410
2007	4201140	275593	1312053	214871	227502	52045	151331
2008	4325900	285295	1278997	220759	232592	66144	160278
2009	4339719	334762	1256996	202681	230644	74049	154407
2010	4684902	400610	1299874	202047	229649	90846	154761
2011	5061711	451162	1310556	222977	243003	105641	145340

11-2　主要国家定期航班旅客周转量（续 2）

单位：百万人公里

年份	其　中：						
	日本	意大利	澳大利亚	俄罗斯	印度	荷兰	加拿大
1950			1268	1200	380	772	857
1951	10	185	1498	1500	410	876	1040
1952	70	206	1481	1700	390	1013	1220
1953	130	229	1468	2100	390	1179	1424
1954	230	307	1557	2400	440	1362	1624
1955	330	369	1724	2800	520	1485	1863
1956	460	429	1953	3100	680	1725	2353
1957	570	555	2065	4500	780	1974	2762
1958	690	759	2198	6400	860	1986	3231
1959	840	1039	2599	9100	940	2229	3739
1960	1050	1338	3007	12100	1110	2672	4267
1961	1680	1864	3061	16400	1330	2794	5032
1962	2240	2634	3387	20300	1460	2847	5508
1963	3130	3050	3892	25300	1690	2563	5785
1964	4000	3589	4630	30900	2000	3011	6296
1965	4590	3967	5719	38100	2060	3367	7579
1966	5370	4680	5613	45100	2160	3902	9006
1967	6600	5243	6102	53500	2520	4294	11101
1968	9050	6218	6952	62100	2870	4654	11629
1969	11570	7334	7892	72000	3240	4977	12839
1970	14950	8426	8966	78230	3560	6020	15000
1971	16500	9446	9784	88330	3610	6432	14885
1972	20840	8920	11120	95290	4560	7930	18440
1973	26020	11140	14270	98420	5450	9200	20900
1974	27800	11350	16150	108580	4530	9400	24400
1975	30060	10900	18600	122400	6000	10200	25100
1976	32330	10600	19400	130530	7370	10850	26200
1977	39040	12800	19400	127060	8320	11300	27800
1978	44210	13400	21200	139790	9290	12700	29500
1979	50630	12400	24900	150710	9800	14600	33900
1980	51220	15600	25500	160300	10770	14600	35800

11-2 主要国家定期航班旅客周转量（续 3）

单位：百万人公里

年份	其中：						
	日本	意大利	澳大利亚	俄罗斯	印度	荷兰	加拿大
1981	55710	13400	24500	171350	12170	15400	34400
1982	56500	15400	25400	172210	13270	16300	32550
1983	55800	15060	23400	176480	14360	16500	23400
1984	61300	16100	26040	183690	15200	17430	34200
1985	64030	17850	28185	187610	14880	18750	35400
1986	65100	17300	31700	193900	15400	19830	36740
1987	39780	19000	35400	13090	8710	22500	40200
1988	45200	19170	40300	14480	9270	24130	44600
1989	92800	21500	37400	226730	17700	25900	47900
1990	99600	23700	40400	244300	16770	27410	56200
1991	98200	22000	41900	221300	15400	29900	39082
1992	107700	29672	50473	179610	17240	32839	41253
1993	110770	29560	57343	104400	12750	38160	40290
1994	118000	31750	63727	56900	16650	42887	43490
1995	131060	33288	65548	78570	19800	46257	48348
1996	141630	36123	69930	67450	21370	62610	56018
1997	151050	37728	77915	62020	22120	70702	61662
1998	154400	37623	73661	44460	24720	68837	63801
1999	162800	39952	76356	45860	25270	71328	66494
2000	173400	44552	81525	42950	26030	73907	70760
2001	162290	40950	84931	48321	25708	69317	68804
2002	160594	34328	86138	49890	27478	69493	80426
2003	146856	40823	83888	53894	31196	69236	76328
2004	151810	43237	94811	62010	38888	76311	87025
2005	153289	51127	99614	63192	47023	82269	94680
2006	151394	52452	106314	69499	60815	86833	98241
2007	147584	52260	107313	74564	74200	90914	107280
2008	140927	41217	108579	91096	78653	95189	110602
2009	127859	43951	100515	83828	85788	84575	107371
2010	138079	50446	96579	109435	99692	87696	115793
2011	121754	43539	103345	126837	108922	82047	123664

11-2　主要国家定期航班旅客周转量（续 4）

单位：百万人公里

年份	其　中：				
	韩国	新加坡	西班牙	爱尔兰	阿联酋
1973	1050	3060	9570		
1974	2750	4020	10300		
1975	3050	5100	10800		
1976	4500	6360	10900		
1977	5250	7860	12500		
1978	6800	9750	14500		
1979	8900	12050	15300		
1980	11500	14720	15000		
1981	11350	17280	16000		
1982	11950	18600	16520		
1983	13200	18400	16360		
1984	11300	20900	17450		
1985	12260	21740	18400		
1986	13420	22700	19060	2496	
1987	14480	24950	20400	2737	
1988	15200	28000	22270	2756	
1989	18160	30470	22900	4299	
1990	19700	31600	24100	4561	
1991	21300	33450	22400	4163	
1992	28004	37280	27236	4867	
1993	35270	41120	27030	4209	
1994	39579	44950	26346	4920	
1995	47642	48400	28232	5361	
1996	54520	53810	33202	6732	
1997	61011	55460	36950	7260	
1998	47711	58080	40042	8510	
1999	55344	64770	44172	11026	
2000	62837	71790	52613	13664	
2001	60143	70232	55324	13917	
2002	65852	75620	54044	18575	
2003	57624	65387	57594	27441	
2004	67131	79085	64141	34597	
2005	69292	82904	70975	44792	
2006	72823	90126	77103	54272	
2007	81387	93685	88404	64173	
2008	83192	96711	87100	79498	124831
2009	83459	84514	80094	80502	154561
2010	91759	87674	88300	100664	186821
2011	93858	108048	90435	109824	206384

11-3　主要国家定期航班货邮周转量

单位：亿吨公里

年份	世界各国合计	其　中：					
		中国	美国	德国	英国	阿联酋	法国
2001	1107.0	42.32	279.20	70.26	45.49		48.25
2002	1198.4	50.14	317.62	71.96	49.41		50.30
2003	1250.3	56.51	351.25	72.96	52.51		50.68
2004	1390.4	70.24	374.50	80.66	56.98		55.84
2005	1425.2	75.79	373.58	77.22	59.98		58.02
2006	1496.5	83.26	398.82	81.34	62.15		61.35
2007	1583.9	111.90	405.43	85.29	61.54		64.25
2008	1570.1	113.86	393.72	83.53	62.84	72.89	61.63
2009	1437.5	119.76	350.84	68.71	58.64	77.81	48.94
2010	1819.6	171.94	391.49	89.06	61.08	96.66	53.43
2011	1818.1	167.65	396.29	77.12	62.89	101.47	50.17
年份	日本	韩国	荷兰	新加坡	加拿大	澳大利亚	俄罗斯
2001	76.14	68.27	41.16	57.74	16.05	16.78	8.98
2002	81.83	78.97	42.04	67.72	17.57	15.45	10.39
2003	82.81	69.36	43.31	66.83	15.74	13.59	11.13
2004	87.08	80.73	47.80	71.93	16.57	18.98	14.16
2005	85.49	74.33	48.94	75.71	15.27	24.45	15.41
2006	84.80	77.52	49.59	79.81	15.03	25.70	19.26
2007	84.35	90.40	50.06	79.56	14.30	23.48	20.80
2008	81.73	87.27	46.45	73.10	13.89	22.12	24.00
2009	70.18	85.51	39.60	65.59	13.47	20.32	23.06
2010	83.03	126.48	23.06	70.88	17.64	21.32	35.32
2011	63.49	122.19	36.99	56.96	20.34	23.22	39.00
年份	印度	西班牙	爱尔兰	巴西	意大利		
2001	5.19	8.79	1.59	14.67	15.21		
2002	5.46	8.07	1.16	15.40	13.94		
2003	5.80	8.73	1.22	13.70	13.74		
2004	7.08	10.44	1.24	14.99	13.93		
2005	7.74	10.22	1.07	15.31	13.65		
2006	8.43	11.00	1.31	14.12	13.77		
2007	9.68	12.04	1.25	14.78	15.50		
2008	12.34	12.51	1.22	18.07	12.79		
2009	12.35	10.02	1.10	17.82	8.89		
2010	16.54	12.86	1.45	21.38	9.91		
2011	20.39	16.90	1.15	10.29	5.36		

11-4 2004-2011年主要航空公司

年份	阿联酋航空公司		汉莎航空公司		达美航空公司		法国航空公司		英国航空公司	
	排名	百万人公里	排名	百万人公里	排名	百万人公里	排名	百万人公里	排名	百万人公里
2004	12	48749	1	103866	17	40265	3	96958	2	102858
2005	10	59299	2	107445	16	45345	3	105514	1	107465
2006	7	73903	3	109384	12	54326	1	112689	2	111336
2007	5	90529	2	116838	10	63201	1	118112	3	110320
2008	4	100672	2	121101	10	71972	1	121498	3	113075
2009	1	118284	2	118264	9	70725	3	116711	4	109402
2010	1	143660	2	124614	3	119055	4	115837	5	103095
2011	1	153264	2	135479	3	124415	4	123106	5	114158

注：表11-4至表11-9数据摘自国际航空运输协会《世界航空运输统计》。

11-5 2004-2011年主要航空公司

年份	达美航空公司		美国航空公司		联合航空公司		合众国航空公司		大陆航空公司	
	排名	百万人公里	排名	百万人公里	排名	百万人公里	排名	百万人公里	排名	百万人公里
2004	2	117516	1	139220	3	116836	6	48217	5	60032
2005	2	121320	1	144637	3	109919	7	47893	5	62955
2006	3	104626	1	143201	2	114106	7	43606	4	70810
2007	3	103008	1	141437	2	114224	7	52017	4	74126
2008	3	97923	1	131178	2	102779	4	77054	6	69814
2009	3	91179	1	120638	2	93362	5	71266	6	66409
2010	1	147935	2	121350	4	91938	5	70553	6	65162
2011	1	145309	2	119842	4	86450	5	72515	6	66809

定期航班国际旅客周转量

国泰航空公司		新加坡航空公司		美国航空公司		荷兰航空公司		联合航空公司	
排名	百万人公里	排名	百万人公里	排名	百万人公里	排名	百万人公里	排名	百万人公里
9	57224	4	77082	5	70036	8	63013	6	67484
8	65058	4	80988	5	77812	7	68311	6	73377
9	71124	4	87646	5	81129	8	71761	6	74578
8	74987	4	90900	6	81324	9	74488	7	77709
6	83542	5	93626	7	80809	8	77550	9	73927
6	81086	5	81552	7	76301	8	73472	10	68073
6	87332	7	84910	8	80531	9	76065	10	72724
6	91990	7	96400	8	83643	9	82047	10	73820

定期航班国内旅客周转量

加拿大航空公司		快达航空公司		全日本航空公司		阿拉斯加航空公司		巴西 TAM 航空公司	
排名	百万人公里	排名	百万人公里	排名	百万人公里	排名	百万人公里	排名	百万人公里
14	20184	13	22761	8	37303	12	23205	20	8576
15	21440	14	21851	8	38944	13	23175	17	12626
15	20228	14	22603	8	39586	13	24278	17	16988
14	20962	13	24195	8	39098	12	26317	15	19991
15	21264	10	35994	9	37619	13	26916	14	22343
16	20788	10	35784	11	33717	12	26962	15	24241
18	21341	10	38178	11	34657	12	30118	13	28880
17	21185	10	39982	12	32271	11	33205	13	31715

11-6　2004—2011 年主要航空公司

年份	国泰航空公司		大韩航空公司		阿联酋航空公司		汉莎航空公司		联邦快递公司	
	排名	百万吨公里	排名	百万吨公里	排名	百万吨公里	排名	百万吨公里	排名	百万吨公里
2004	4	5876	1	8164	13	3508	2	8028	6	5595
2005	4	6458	1	7982	13	4192	2	7669	6	5642
2006	4	6914	1	8680	10	5027	2	8077	5	6136
2007	3	8225	1	9498	8	5497	2	8336	5	6470
2008	2	8245	1	8822	6	6013	3	8194	5	6582
2009	2	7722	1	8225	5	6369	3	6660	6	5808
2010	1	9587	2	9487	3	7913	4	7422	5	7421
2011	1	9109	2	8918	3	8132	4	7668	5	7603

11-7　2004—2011 年主要航空公司

年份	联邦快递公司		UPS航空公司		全日本航空公司		联合航空公司		日本航空公司	
	排名	百万吨公里	排名	百万吨公里	排名	百万吨公里	排名	百万吨公里	排名	百万吨公里
2004	1	8984	2	4260	12	388	8	525	11	394
2005	1	8766	2	5135	10	394	9	405	11	388
2006	1	9009	2	5315	10	404	9	417	11	393
2007	1	9239	2	5892	9	407	7	507	10	399
2008	1	8540	2	5687	8	425	10	381	7	443
2009	1	7947	2	4694	6	423	10	370	7	412
2010	1	8322	2	4979	7	417	8	413	9	405
2011	1	8335	2	5036	7	428	9	341	10	325

定期航班国际货邮周转量

新加坡航空公司		中华航空公司		UPS航空公司		长荣航空公司		法国航空公司	
排名	百万吨公里	排名	百万吨公里	排名	百万吨公里	排名	百万吨公里	排名	百万吨公里
3	7143	5	5642	14	3094	7	5477	8	5384
3	7603	5	6037	14	3939	8	5285	7	5528
3	7991	6	6099	14	4026	9	5160	7	5864
4	7945	6	6301	10	5077	11	4774	7	6123
4	7486	10	5261	9	5289	13	4076	7	5817
4	6455	7	4903	10	4495	13	3629	8	4672
6	7001	7	6410	8	5215	9	5166	11	4736
6	7118	8	5411	7	5530	9	4882	10	4700

定期航班国内货邮周转量

达美航空公司		美国航空公司		快达航空公司		巴西 TAM航空公司		加拿大航空公司	
排名	百万吨公里	排名	百万吨公里	排名	百万吨公里	排名	百万吨公里	排名	百万吨公里
6	557	5	576	18	142	31	65	16	179
7	554	6	557	17	145	23	100	16	147
8	452	7	496	18	155	23	107	19	134
11	364	8	469	18	162	20	131	21	129
11	296	9	406	11	296	19	144	21	114
14	235	11	301	15	179	18	149	24	101
10	363	11	330	14	196	19	169	23	116
11	308	12	302	16	197	13	213	24	91

11-8 2004—2011 年主要机场

年份	美国亚特兰大机场		中国北京首都机场		美国芝加哥奥黑尔机场		英国伦敦希思罗机场		日本东京羽田机场	
	排名	万人	排名	万人	排名	万人	排名	万人	排名	万人
2004	1	8357.9	20	3488.3	2	7537.4	3	6734.4	4	6232.1
2005	1	8589.5	14	4099.0	2	7676.7	3	6791.5	4	6328.2
2006	1	8484.7	9	4850.1	2	7624.9	3	6753.0	4	6522.6
2007	1	8937.9	9	5373.7	2	7615.9	3	6806.9	4	6667.1
2008	1	9003.9	8	5575.7	2	6935.4	3	6705.6	4	6673.6
2009	1	8799.3	3	6533.0	4	6439.8	2	6603.8	5	6190.4
2010	1	8933.2	2	7389.2	3	6666.5	4	6588.4	5	6406.9
2011	1	9237.6	2	7740.4	4	6656.1	3	6943.4	5	6226.3

11-9 2004—2011 年主要机场

年份	中国香港国际机场		美国孟菲斯机场		中国上海浦东机场		韩国汉城仁川机场		美国安克雷奇机场	
	排名	万吨	排名	万吨	排名	万吨	排名	万吨	排名	万吨
2004	2	311.9	1	355.5	14	164.2	5	213.3	4	225.3
2005	2	343.7	1	3598.5	8	185.6	5	215.0	3	250.9
2006	2	360.9	1	369.2	6	215.9	4	233.7	3	280.4
2007	2	377.3	1	384.1	5	249.5	4	255.6	3	282.6
2008	2	365.7	1	372.2	3	259.9	4	242.4	5	234.1
2009	2	338.5	1	369.7	3	253.9	4	231.3	5	199.0
2010	1	416.8	2	391.7	3	322.8	4	268.5	5	257.8
2011	1	396.8	2	391.7	3	310.3	5	253.9	4	262.5

旅客吞吐量

美国洛杉矶机场		法国巴黎戴高乐机场		美国达拉斯沃斯堡机场		德国法兰克福机场		美国丹佛机场	
排名	万人	排名	万人	排名	万人	排名	万人	排名	万人
5	6071.7	8	5086.1	6	5941.2	7	5109.8	10	4239.4
5	6148.5	7	5375.6	6	5906.4	8	5221.9	11	4330.7
5	6104.9	7	5680.9	6	6007.9	8	5281.1	10	4732.5
5	6189.6	6	5991.9	7	5978.5	8	5416.2	11	4986.3
6	5962.8	5	6085.5	7	5707.6	9	5346.7	10	5124.5
7	5651.9	6	5788.5	8	5603.0	9	5093.3	10	5016.7
6	5891.5	7	5816.7	8	5690.5	9	5300.9	10	5221.1
6	6184.8	7	6097.1	8	5780.6	9	5643.6	11	5270.0

货邮吞吐量

法国巴黎戴高乐机场		德国法兰克福机场		阿联酋迪拜机场		日本东京成田机场		美国路易斯维尔机场	
排名	万吨	排名	万吨	排名	万吨	排名	万吨	排名	万吨
7	186.7	8	183.9	18	116.9	3	237.3	11	173.9
11	177.1	6	196.3	18	131.5	4	229.0	10	181.5
11	185.5	7	212.8	17	150.4	5	228.0	8	198.3
6	229.8	8	216.9	13	166.9	7	225.3	9	207.8
6	228.0	7	211.1	11	182.5	8	210.0	9	197.4
10	181.9	8	188.8	7	192.8	9	185.2	6	194.9
6	239.9	7	227.5	8	227.0	9	216.8	10	216.6
9	209.6	7	221.5	6	227.0	10	194.5	8	218.8

11-10 主要国家国内生产总值

单位：亿美元（现价）

国　家	1990	2000	2007	2008	2009	2010	2011
中国	3569	11985	34941	45218	49913	59305	73185
俄罗斯联邦	5168	2597	12997	16608	12226	14875	18578
加拿大	5827	7249	14241	15027	13376	15770	17361
印度	3266	4747	12387	12241	13611	16843	18480
韩国	2638	5334	10492	9314	8341	10149	11162
巴西	4620	6447	13660	16528	16217	21430	24767
德国	17145	18864	33238	36237	32986	32589	35706
意大利	11334	11040	21272	23073	21111	20436	21948
新加坡	361	959	1684	1668	1759	2132	2397
日本	31037	47312	43563	48492	50351	54884	58672
法国	12442	13263	25824	28318	26197	25490	27730
澳大利亚	3141	4169	8571	10616	9242	11316	13718
爱尔兰	478	975	2600	2637	2231	2053	2173
美国	57508	98988	139618	142193	138636	144471	150940
英国	10126	14772	28129	26360	21714	22519	24316
荷兰	2949	3851	7826	8708	7934	7742	8363
西班牙	5210	5803	14414	15934	14556	13833	14908
阿联酋	507	1043	2582	3148	2703	2976	3602

注：本表数据摘自世界银行 WDI 数据库。下表同。

11-11 主要国家人均国民总收入

单位：美元（现价）

国 家	1990	2000	2007	2008	2009	2010	2011
中国	330	930	2480	3040	3620	4240	4940
俄罗斯联邦		1710	7590	9710	9290	9880	10400
加拿大	20150	22130	40320	43460	41890	43250	45560
印度	390	450	950	1030	1150	1260	1410
韩国	6000	9910	21140	21430	19650	19720	20870
巴西	2700	3860	6110	7490	8150	9540	10720
德国	20630	25300	39440	42520	42400	42970	43980
意大利	17900	21010	34030	35760	35570	35530	35330
新加坡	11450	24500	33760	35750	36030	39410	42930
日本	27580	35040	37650	37840	37580	42050	45180
法国	20090	24270	38900	41940	42380	42190	42420
澳大利亚	17460	21260	37110	42270	43860	46200	
爱尔兰			49210	50230	44870	41720	38580
美国	23260	34890	46910	47890	46080	47350	48450
英国	16600	26010	44310	45460	40970	38140	37780
荷兰	18820	26580	46310	48820	48530	48920	49730
西班牙	11880	15420	29400	31850	32020	31460	30990
阿联酋			45210	45630	41940	39640	40760